高等师范院校历史学基础教育教学与研究丛书

总主编 · 陈文海

中外历史上的重大改革

ZHONGWAI LISHISHANG DE ZHONGDA GAIGE

魏恤民 · 主编

长春出版社
全国百佳图书出版单位

图书在版编目(CIP)数据

中外历史上的重大改革/魏恤民主编. — 长春：长春出版社，2013.1
(高等师范院校历史学基础教育教学与研究丛书)
ISBN 978-7-5445-2693-7

Ⅰ.①中… Ⅱ.①魏… Ⅲ.①改革-历史事件-对比研究-中国、国外
Ⅳ.①K105

中国版本图书馆 CIP 数据核字（2012）第 284050 号

中外历史上的重大改革

主　　编:魏恤民
责任编辑:胡　新
封面设计:尹小光

出版发行:長春出版社　　总编室电话:0431-88563443
发行部电话:0431-88561180　　邮购零售电话:0431-88561177
地　　址:吉林省长春市建设街 1377 号
邮　　编:130061
网　　址:www.cccbs.net
制　　版:渲彩工作室
印　　刷:延边新华印刷有限公司
经　　销:新华书店

开　　本:787 毫米×1092 毫米　1/16
字　　数:245 千字
印　　张:17.5
版　　次:2013 年 1 月第 1 版
印　　次:2013 年 1 月第 1 次印刷
定　　价:35.00 元

如有印装质量问题,请与印厂联系调换　　印厂电话:0433-2821865

总序　教育之桥的断裂与重建

陈文海

关于教育的内涵及本质属性，不同的社会阶层在不同的历史时期往往会给出截然不同的解释。但是，从基本层面来说，教育具有相对独立的阶段性、弦歌不辍的传承性和不断前行的创新性，这一点似乎并没有多少的争议。而且，不论从哪个层面来看，教育都是一个由诸多环节所共同组建而成的复杂系统，环环之间必须拥有能够使之有机相连的坚韧的纽带，就如桥梁之于大河两岸的行人一样。从实用角度而言，我们在这里奉献给读者的这套“高等师范院校历史学基础教育教学与研究丛书”在某种程度上说也就是一条纽带、一座桥梁。桥的这头是高等教育，桥的那头则是基础教育。从受众的主体构成来说，桥梁的这一侧是高等教育接受者，另一侧则是基础教育从事者。

之所以要如此投入地修建这么一座桥梁，实在不是什么无事生非之举，而是一个不得以而为之的应激举措，其根本原因就在于：原先架在高等教育与基础教育之间的那座老桥已经断裂。就历史学科而言，在2004年开始启动的高中历史课程改革之前，或者说，从新中国成立之初一直到2004年，高中历史课程体系与高等学校历史学科通史教学体系是一脉相承的，甚至说，高中历史课程就是大学通史课程的浓缩版或精简版。在这种格局下，师范院校历史专业的毕业生在走上高中历史教学的工作岗位之后，一般来说都可很快适应自己的角色。因此，在此时期的学科架构上，高等教育与基础教育之间的联系是非常紧密的。

然而，随着高中历史课程改革的开启和推进，高等教育和基础教育之间原先存在的那种水到渠成式的关联已经不复存在。在新的高中历史课程体系中，出于对“公民教育”理念的追求，原先那种注重学科体系的通史式的课程结构已经完全被政治、经济、文化等专题史必修课程所取代，除此之外，还增加了一系列专题史选修课程，其中，有些选修课程（如世界文化遗产）甚至已经超越了师范院校历史学科原有的课程架构。与之形成鲜明对照的是，在高中历史课程改革已是涛声震天之时，高等师范院校的那池春水却依旧是吹而不皱、悄无声息，传统的课程结构依旧是坚如磐石，而且，这一传统结构对于高中新课改的声讯似乎具有天然的屏蔽功能。其结果就是，师范院校的学生在校学习期间继续因循传统模式，而走上工作岗位之后却要进行脱胎换骨，两者之间出现明显的脱节。可以说，在新课改面前，师范院校的“师范”二字在一定程度上已经名存实亡。

对于基础教育领域里的新课改，虽然说至今仍是争讼不断，但是，新课改所提倡的素质教育、公民教育、全面发展、人文关怀等等诸如此类的基本理念应该说还是颇为中肯的。然而，如果从规划及实施路径来说，这种新课改却存在着明显的前不着村、后不着店之类的毛病，它严重忽视了相关人力资源的前期养成与储备问题。新课改的对象虽然是基础教育，但这种改革在本质上却应该是一个联动性的变革，单靠几位课程标准设计者对课程理念和课程结构的宣讲，单靠寥寥几天的短训班，或者，单靠中学老师们的独自摸索，这一改革都将难以取得预设的效果。

实际上，对于这类颇具颠覆性的新课改，本来应该有一个更为严谨、更为周密的自上而下的前期准备过程。在这一准备过程中，师范院校理应担当起应有的核心角色，即，首先应在师范院校中进行相应的课程改革并对学生展开系统的新课程教育和新理念培育，在培养出一两届具有相应学业基础的毕业生之后，再在基础教育领域逐步推进课程改革。可惜，这个基础教育改革工程并没有遵循这一路径，因此，随之出现的各种问题也就迟迟难以得到真正的化解。也正是基于这一背景，我们才决意编写这么一套“高等师范院校历史学基础教育教学与研究丛书”，其目的在于重新构筑高等教育与基础教育之间的桥梁，以弥补新课改过程中的核心缺失。

虽然这套丛书与基础教育密切相连，但是，它绝不是另外一套高中历史教科书，更不是现有高中历史教科书的扩张版，换言之，这套丛书的读者对象从原则上讲并不是中学生，尽管并不排除某些学有余力或对历史具有特别兴趣的中学生阅读之。在设计写作思路之初，我们就已明确，这套丛书将追寻学术前沿，站在高等学校应有的学术高度，对新课改之后的高中历史教材中涉及的问题进行全面且系统的梳理、阐述和分析。

除了与高中历史课程直接对应的几本专题著作之外，在这套丛书中，我们还从进一步提升的角度，特别设置了两本对师范院校历史专业学生以及中学历史教师具有特殊意义的作品。一是对中学历史教材进行总体研究和把握的《中学历史教材研究》，二是为应对教育国际化趋势以及为强化相关读者史学基础而编写的《历史学专业英语新编》。这两本书虽然不是和中学历史教材一一对应，但它们对从事或即将从事中学历史教育工作的读者却具有重要的参考价值。

丛书面向的读者群主要是尚在师范院校就读的历史专业的学生以及已经走上工作岗位的中学历史教师。另外，近年来，教师行业也开始向综合性大学的毕业生开放，因此，对于有志于从事教师教育行业的综合性大学历史专业的学生来说，这套丛书会更加具有其特殊的价值。除了上述特定的群体之外，对历史有兴趣且具备一定文化背景的其他各行各业人士在闲暇之时翻翻这套丛书，应当也会有所收益。

这套丛书的撰写工作得到了广东省“本科教学质量工程”历史学特色专业建设项目(2010 年)、广东省“高师院校历史教育人才培养创新实验区”建设项目(2012 年)、广东省高等教育教学改革项目“高师历史师范类课程改革”(2012 年)、教育部“新世纪优秀人才支持计划”(项目批准号：NCET－11－0919)和“广东省高等学校珠江学者岗位计划资助项目 (2012 年)”的大力支持，在此表示衷心的感谢。

目 录

导 言

一 改革的基本概念

人类以自己的创造力在改造自然、改造社会的过程中，将生产发展到一定阶段时，久已形成的生产关系不能适应生产发展的新需求而成为障碍，也就必然随之发生相适应的变化，形成一种新的生产关系。人类社会从来没有历百代而不变的制度，一切制度都是统治者为了维持社会的正常运转而设计的行为规范，随着时代的变化，再合理的制度也会出现问题。当这些缺陷造成很大社会影响、动摇统治秩序的时候，当政者为了求得政权的稳固和国家的强盛，可能自觉或被动地实行改革。那么，什么是改革？依照《辞海》和《辞源》的解释，“改革”一词意味着“改去；革除”或“变换；革新”，“常指改变旧制度、旧事物”。在英语里，“改革”一词 reform 是一个动态词，意为 make or become better，即“成为或变得更好”。其实，人类历史上的改革种类繁多，可谓光怪陆离，根本无法一言而概之，对于改革至今还没有一个放之四海而皆准的定义，在此暂时采取这种定义：改革是指执政者在面临关系历史发展性社会矛盾的时候，利用政权的力量和原有的社会形式采取自上而下的、和平的、渐进的方式改变社会政治、经济、文化等重要社会关系以使社会发生全面的或局部的变革，并以此促进社会发展与繁荣。

从上述定义可知，改革是一种政府行为，是国家政权实体通过政策的调整兴利除弊，实现权力、利益和资源在社会各阶级、阶层、成员之间的分配与再分配，以达到新制度取代旧制度或一种制度自我完善的目的，所以，改革一般来说是自上而下的、和平的。这与革命用暴力打碎旧的政治上层建筑，用暴力夺取国家政权不同，但从广义上来说，改革也是一种革命，也是对旧体制中阻碍社会进步的因素的革除和变通。德国心理学家勒温·库尔特把改革进程分为三个阶段，即解冻—变革—再冻结。解冻阶段主要是破除民众旧的思维习惯和行为方式；变革阶段是全面落实各项改革措施，促使民众尽快形成新态度和新的行为方式。这两个阶段，是改革的必经过程。第三个阶段再冻结阶段更为重要，即强调使民众心理、行为方式在前两个阶段逐渐适应新的社会改革环境后保持稳定，实现变革的持久化。民众在逐步适应变革后，心理上不希望政策再变动，因为政策的波动，只会对民众心理产生更强烈的冲击，造成心理恐慌，而政策的稳定是增强民众心理安全的重要保障。

改革的个性特征可以概括为：(1)改革主要是在统治阶级的主持下、通过“自上而下”和平的方式进行的；(2)改革是一个缓慢、长期、深刻的社会变迁过程，具有非常鲜明的长期性、曲折性、复杂性；(3)改革过程中因利益分配的问题，会导致各种矛盾的加剧，所以政治权力的斗争不可避免；(4)改革要循序渐进，利益调整的社会变动面不能过快过大，要分解开各种阻力，所以改革是极细致的政治运筹工作。

二　改革的历史价值

历史发展到一定阶段时，社会各种矛盾力量的竞争和环境向统治者提出挑战，在竞争和挑战面前，统治者并不一定会选择改革，但要生存、发展、图强，就只有一条路——改革。改革的出现是历史本身的要求，是客观规律，是人的主观意识服从于社会客观需要的产物。在人类社会的漫长发展过程中，改革不是偶然的、个别的、局部的历史现象，从某种意义上说，人类的历史是一部改革的历史。在蒙昧时代，从打制石器到制作陶器，从采集到农业，从群居到氏族公社，由生产力和生产关系的矛盾推动着改革不自觉地进行着，在改革中，人类迈开了第一步，走出了野蛮、蒙昧、落后的时代，如果人类不懂得改革，就不会使双手从爬行中解放出来。迈入文明时代之后，不自觉的改革逐渐演变成自觉的改革，人类的历史继续在改革中前进，在改革中发展，走进了封建社会，走进了近代。历史上的改革步伐从未停止，也绝不会停止，也正是在改革中，人类又走向现代，走向未来。

其实,关于改革的重要价值有许多鲜活的例子,就中国古代来看,正是周公制礼作乐的改革,使中华民族摆脱了原始落后的局面,形成了中国早期的文明。正因为孔子首创私学,把教育从贵族垄断中解放出来,才有了今天灿烂的文明吗?春秋五霸、战国七雄无不是在改革中成就伟业,完成了社会形态的转变,步入了封建社会,如果墨守成规,拒绝改革,就必然为历史所淘汰。改革兴邦,保守败国这是几千年历史所发出的振聋发聩之声,回顾春秋战国时期的改革,可以得出这样一个定论:改革时强,守旧时弱,改革与富强程度成正比;坚持改革兴,中断改革亡,唯因秦国坚持改革,最终得以统一天下。

纵观历史,社会改革普遍地存在于有史以来的各种社会制度中,成功的改革对社会发展的推动作用并不逊色于充满血与火的社会革命运动,从时间跨度和发生的频率来看,改革大大地超过了革命。改革的重要价值主要体现在以下几个方面:

(1)改革能去陈用新,兴利除弊。通过不断改造那些不适用于新时期的社会关系,吐故纳新,纠正社会发展中出现的问题和偏差,推动社会继续向前发展。

(2)改革才能使国家长治久安。通过改革使社会关系得到调整,缓和阶级矛盾、民族矛盾和统治阶级内部矛盾,为社会发展创造安定的环境,有利于国家的安定和社会的发展。

(3)改革能促进民族融合和国家统一。通过改革缩小各民族之间的差异性,促进民族融合,有利于国家的大一统,其典型代表是北魏孝文帝的改革。

(4)改革能改变被压迫的局面,赢得独立。通过改革,改变被动落后局面,提高军事和经济实力,驱除外虏,获得独立。

(5)改革能带来新的思想和理念,有利于民智的开启,促进思想界的繁荣。如文艺复兴、启蒙运动,给神学思想统治以沉重的一击,解放了思想,影响深远。

(6)改革能创造出新的制度并影响后世,进而完善现有的社会形态。在同一社会形态下,一些具体方面的制度,也是改革使之日益完善的,就中国古代来看,比如赋役制度,从相地而衰征到租庸调制到两税法到一条鞭法到摊丁入亩,赋税的形式从劳役地租到实物地租再到货币地租,体现了封建经济的日益发展;赋税的摊派从以人到以户到以地为标准,逐渐趋向合理化。再比如选官制度,从最早的世卿世禄制到军功制到九品中正制到科举制等,无一不与改革有着密切的关系。

(7)改革才能解除对生产力的束缚,促进生产力的发展和社会进步。改革促进了社会由低级到高级、由简单到复杂、由落后向先进不断地发展。从原始社会到奴隶社会、从奴隶社会到封建社会、从封建社会到资本主义社会,社会形态的变革无一不与改革或者革命有着密切的关系。

改革的成功与否可以从考察改革的目标是否按预期完成来评价,但是改革的价值是正是负、是大是小,并不是轻而易举就可以下结论的。原因在于:一、改革是历时相对长的实践活动,现实价值和长远价值之间、局部价值与整体价值之间往往发生冲突。二、价值评价的主体具有层次性,不同的评价主体对改革作出的评价不尽相同,甚至会相反,而且处于不同时代的评价主体对改革的评价也会有差异。因此我们对改革价值的评价要尽量做到公平、全面。

历史上有很多不思进取、因循守旧的君臣,他们的抱残守缺导致王朝萎靡不振,迅速衰亡,所以我们应该吸取教训,积极改革。但不能胡乱改革,如王莽改革最终导致民不聊生,外族入侵,虽然不改革没有前途,但胡乱改革也会祸国殃民。改革的价值固然巨大,但必须把按客观规律办事与满足人的价值需要结合起来,既要反对只承认客观规律而否定人的价值追求的形而上学的错误,又要反对否定历史发展的客观规律而一切只从满足人的当前需要出发的唯心主义的错误。因此,改革的价值评价必须坚持历史标准和现实标准的统一。

三　本课程的设置缘起

回顾建国后至2001年之间,我国中学的历史课程体系与大学的历史课程体系是基本上一致的,因此,当时师范大学历史专业的本科学生可以顺理成章地胜任中学历史教学的工作。2001年6月,教育部颁发《基础教育课程改革纲要(试行)》,其中明确提出基础教育改革的目标:“改变课程结构过于强调学科本位、科目过多和缺乏整合的现状……改变课程内容‘繁、难、偏、旧’和过于注重书本知识的现状,加强课程内容与学生生活以及现代社会和科技发展的联系,关注学生的学习兴趣和经验,精选终身学习必备的基础知识和技能。”紧接着,2004年又启动了高中课程改革,这两次改革的重要目标之一就是使中学的课程体系摆脱大学课程体系的束缚,独立建构出属于中学自身的课程体系。改革后,当前初中和高中的新课程体系已经与大学的历史专业体系存在着非常大的差异。这种差异导致两方面的后果：一是中学的部分课程内容是大学完全没有开设的，如“探索历史的奥秘”、“世界文化遗产”等，师范生进入到中学后必须要通过自学才能够承担相关的工作；二是由于课程的价值取向不一样，即使是相同的历史学科内容，中学的教学目标、教学方法和评价方法与大学都是不相同的，这意味着即使是专业基础较扎实的师范生，到了中学后也需要花费较多的时间和精力才能够适应这种转变，而在求职面试阶段与中学的要求就会存在明显的差距。

面对当前中学历史课程与大学历史课程的这种差异及其导致的后果，师范类的大学必须高度重视。如果师范大学在课程设置上不做出相应的调整，从长远看，不利于发挥师范大学对中学教学的引领作用，不利于培养优秀的师范生；从短期看，也不利于师范生在求职面试中脱颖而出。因此，随着我国中学课程改革的蓬勃开展，师范大学的课程改革也势在必行。

但从全国师范大学（地方性师院除外）历史专业的课程设置来看，目前必修课完全遵照教育部的规定开设基础性课程，而在限选课中所表现各自的特色仅仅为各个院校历史学研究的特色，是必修课的补充，根本不是课程特色。至今各个学校尚未有开设与中学直接对接的专业课程，如果开设此类课程，不仅可以对学生毕业就业和以后的工作产生良好的促进作用，而且大大增强毕业生的竞争能力，还会在全国的历史学专业中产生名牌课程效应。

高中历史教材共分九个模块，除了政治、经济、文化三个必修模块外，《历史上重大改革回眸》居于选修模块的第一位，关于这一部分内容，《普通高中历史课程标准（实验）》指出：“人类历史是一个复杂的社会演进过程。人类社会自产生以来，改革就与社会进步相伴而生。因此，学习和掌握历史上重大改革的史实，有利于学生认识人类社会的发展规律。”人民版教材导言写到：“自人类社会产生以来，改革就与社会进步相伴而行，并成为历史前进的动力之一。改革虽然不像革命那样轰轰烈烈，但它以其独特的方式推动着社会的进步……改革是人类在处理社会发展问题过程中主动性和能动性的体现，是人类智慧的结晶。因此，了解和认识推动人类社会前进的重大改革活动，是非常必要的。”

可见，中外历史上的重大改革在人类历史上居于重要的地位，对于提高学生的认识有重要作用，是中学历史学习的重要内容之一，高考题中也出现过此方面的主观试题。我们开设这门课程深入地讲授中外历史上的重大改革，实现了与中学历史教材的直接对接，对师范生将来进入中学教授《历史上重大改革回眸》有着夯实基础和深入指引作用。

四 本课程的研习策略及资源

一定意义上说，自有了人类就有了广义上的改革，故中外历史上的重大改革涵盖面广泛，内容繁杂，对于这样一门课程的研习不能面面俱到，不分主次，否则就会样样抓，样样松。本课程的研习首先要从根本上理解改革的内涵，明确改革的价值；其次要了解不同时期世界各国历史上的重大改革，学会纵向、横向的比较各国改革的异同，归纳出其中具有规律性和内在性的特征；最后更深一步对改革进行探究，包括改革的成败标准、改革与革命的关系等。对于每一个问题，本书均分三个层次进行介绍，分别适用于不同学习需求的人。概述部分是呈现该专题最基本的学习内容，这是国家对中学生的最低要求，也可以看作是学习该专题的入门知识。视野拓展是从对大学生的要求入手呈现学习内容，目标是帮助本科学生深化对该专题内容的理解。重点问题分析是从对研究生的要求入手呈现学习内容，目标是给本科学生指明进一步研究的路径。

在改革开放大潮的冲击下，我国史学界对改革的研究可谓是日新月异，中国的、外国的、古代的、近代的，各种著述卷帙浩繁，尤其是关于中国改革的研究，已经出版了多套丛书，如卞孝萱主编《中国改革史鉴》、漆侠主编《中国改革史》，二者对照阅读基本对中国历史上的改革可以有深入的了解。另有郑君华《中国改革史》、卞孝萱《改革通鉴》等专著对我国历史上的改革进行了介绍、评析；也有就某一时代的改革进行介绍的，如黄中业《战国变法运动》、刘泽华《战国历史反思》等；还有专门研究各个改革家的，如《中国史研究》编辑部组织编写的《中国古代的改革家》、顾奎相《中国古代改革家》等；作对比研究的也不乏其人，除了大量的文章之外，还有郑祖铤《近代各国改革的比较》，以历史比较方法研究近代各国政治、经济、军事、文化改革，探索其改革成败的原因及经验教训。除了上述的专著之外，发表在各类杂志上的文章也是数以千计，可根据个人需求有选择性地阅读，吸收新的研究成果，更新个人对改革的思想认识。

第一章　改革的类型与差异

改革是人类主要的实践活动,是推动历史前进的动力。人类历史上的改革成千上万,虽都称其为改革,但在具体内容上却千差万别,依据不同的标准可以将改革分为不同的类型,它们都各具特色,改革的这些差异与地域及时间有着密切的关系。

第一节　改革的基本类型

一个社会要正常发展,必须不失时机地进行改革,但不同的情况需要改革的内容也是不同的,有时是政治、经济、军事制度等方面的改革,有时则是整个社会制度的改革;有时只需要短期的改革即可实现目标,有时需要几十年、甚至上百年的时间来持续改革。一路伴随着改革,人类慢慢学会了从变中求生存,从改中求发展,从改革中求出路。

一　改革的基本类型概述

社会改革普遍地存在于有史以来的各种社会制度中,这成千上万的改革,依据不同的标准可以划分为不同的类型,基本有以下几种划分方式:

(1)从内容上,可以划分为政治改革、经济改革、军事改革和文化改革;

(2)从地域上,可以划分为西方型改革和东方型改革;

(3)从规模上,可以划分为局部改革和全局改革;

(4)从时间上,可以划分为短期改革和长期改革;

(5)从深度上,可以划分为深层的改革和浅层的改革;

(6)从社会性质上,可以划分为奴隶社会的改革、封建社会的改革、资本主义的改革和社会主义的改革;

(7)从哲学上,可以划分为量变型改革和质变型改革;

(8)从社会功用上,可以划分为促进型改革、过渡型改革、自救型改革和完善型改革;

(9)从改革发生时机上,可以划分为自新性改革和自救性改革;

(10)从改革的性质上,可以划分为生产方式改造型、富国强兵型、体制完善型、社会运行机制改良型、落后阶级维护统治型。

前六种划分方式通俗易懂,极为常见,无需做过多分析,后四种划分方式是学者们的创见,值得详细介绍。

首先来看量变型改革和质变型改革:①

所谓"量变型"改革不具有革命意义,改革的结果不至于引起社会制度的转型,只能使社会制度发生渐变而适应社会发展的需要,使改革者的政权完善和巩固。在这种类型的改革中,改革者所代表的阶级利益与改革内容是一致的。

所谓"质变型"的改革是具有革命性的变革,这种改革与社会革命相比缺少的只是暴烈性、急速性、彻底性。通过这种改革能使社会制度发生质变,至少是部分质变,致使社会制度发生转型。在这种类型的改革中,改革者所代表的阶级利益与改革的内容往往是相悖的,改革的主持者极不愿推行改革的内容,但又舍此路无他途。因为不这样的话,革命很可能成为改革的替代物,结果给统治者带来更大损失。这类改革的典型是俄国废除农奴制改革,沙皇亚历山大二世不得不承认"从上面解放比等待从下面推翻要好些"。

世界近代史上,这两种类型的改革都是社会危机和民族危机的结果。所不同的是"质变型"面临革命(或阶级)的压力更大些,它主要是国内社会危机的结果,虽然它同时也遇到外部的压力,有民族危机的感觉。"量变型"改革中面临外部奴役的压力更大些,可以说是民族危机的结果,虽然它同时

---

① 高玉宽:《世界近现代史上的改革类型刍议》,《开封教育学院学报》1994年第2期。

也遇到国内阶级的压力。

其次来看促进型改革、过渡型改革、自救型改革和完善型改革：[①]

第一类改革是“促进型改革”。这类改革以俄国的彼得一世改革和叶卡捷琳娜二世改革、普鲁士的弗里德里希二世改革、奥地利的玛丽亚·特丽莎改革和约瑟夫二世改革为代表，是近代初期欧洲大陆开明专制君主进行的强制性现代化的试验。改革以不触动封建专制制度为客观前提，以奉行重商主义经济思想为基本原则，以实行保护关税政策、奖励工商业发展、兴办各类手工工场为主要内容，以改变经济落后面貌、缩小与西欧先进国家的差距为最终目标。“促进”是指这类改革具有促进资本主义因素产生和发展的功能。

第二类改革是“过渡型改革”。这类改革以俄国沙皇亚历山大二世主持的农奴制改革为典型。进行改革的封建国家，大多发生了严重的社会政治和经济危机。改革者的主观动机秘而不宣，即想通过自上而下的主动变革，缓解与日俱增的各种矛盾与冲突，维护摇摇欲坠的封建阶级统治。但在客观上，改革不仅使封建统治阶级本身逐步资本主义化，而且为资本主义发展创造了条件，使社会制度发生了根本变化，从而实现了封建主义向资本主义过渡。从这个角度看，过渡型改革主持者的主观意愿及其所代表的集团利益，与改革的客观后果是相悖而行的。

第三类改革是“自救型改革”。这类改革主要发生在濒于沦为或已经沦为殖民地和半殖民地的国家，诸如日本的明治维新、暹罗（今泰国）的朱拉隆功大帝改革、埃及的穆罕默德·阿里改革及中国的戊戌变法等。改革的目标有两个：一是“师夷之长技”，富国强兵，对内自强，逐步资本主义化；二是以夷制夷，对外自立，摆脱外族的入侵和他国的奴役。一般说来，民族危机和阶级矛盾往往互为因果、互相强化；民族矛盾的激化极容易诱发阶级对立的加深。与此相表里，就一个落后的封建国家而言，在其失去独立和完整的情况下，很难谈及有效的正常统治。因此，这里的“自救”二字是一个有双重含义的复合词。其一，是指全民族的自救，以摆脱受制于人的地位、实现国家的独立和完整为宗旨；其二，是指封建统治阶级的自救，以加强对日益不

① 徐奉臻：《近代视野中的“改革”与“革命”辨——兼论英法俄德美日六国现代化模式》，《北方论丛》1997年第6期。

满的人民的控制、保证封建国家机器的正常运转为改革契机。

第四类改革是"完善型改革"。这类改革从英国资产阶级革命结束后不久就已启动。之后，以迅猛的势头，突破近代范畴，延续至现代和当代。几乎所有的资本主义国家都进行过这类改革。这类改革的内容十分广泛，涉及社会生活的各个层面。其时间跨度之长、涵盖容量之大、解决问题之多、所用方法之繁杂，是其他任何类型改革所无法比拟的。"完善"是指通过改革，调整经济基础与上层建筑、生产力与生产关系的矛盾，进一步废除封建残余、解放生产力、巩固资产阶级革命的成果、完善资本主义制度。资本主义在近代的大部分时间内始终呈现出"危机与发展并存"、"停滞和进步同在"的特点及"腐而不朽"、"垂而不死"的趋势。这种情况的出现，在很大程度上应该归因于这种"完善型改革"。可见，改革确实与近代文明肯綮相连，是实现现代化不可或缺的重要因素。

再次来看自新性改革和自救性改革：[①]

自新性改革一般是在旧王朝所遗留下来的社会矛盾得到了一定程度的缓和调整的情况下，对那些妨碍社会生产力发展的弊病，作进一步的清除，以达到国家的安定与进步。要完成这一任务，基本上不需要采取暴烈的行动，而靠社会改革更为适宜。自救性改革所面临的社会问题基本上是一致的，改革的结局也一样。自救性改革总是想挽救将倾而未倾的大厦，但每次改革都以失败而告终，所积聚的社会问题，终将由农民战争来解决。由此可知，自救性改革只是暂时地、部分地调解了社会矛盾，延缓了农民革命战争爆发的时间，因而自救性改革乃是农民战争前夜的改革。

统治阶级的自新性改革和自救性改革有着共同的特点。首先，每次改革的领导者都是掌握国家政权的最高统治集团。自新性改革一般是由皇帝亲自主持推行，而自救性改革则是主持改革的政治家获得了皇帝的支持，通过自上而下的方式推行改革。皇权对改革的作用是重大的，皇帝是否支持改革，往往决定改革的成败。其次，每次改革都凭借国家的政治权力，有计划、有步骤、有秩序地来推行和实施改革的方案和措施。第三，改革的实质并非要变革社会的基本制度，而是在维护现有的社会制度和现存的统治秩序的前提下，变革某些具体的政治经济制度，以达到完善社会基本制度的目

---

① 杨荫楼：《中国封建社会改革初探》，《齐鲁学刊》1987 年第 4 期。

的。第四，在不同的历史时期所进行的改革，虽然有各自面临的形势和亟待解决的问题，但它们之间却又有互相联系、相互继承的关系。是否定中有继承，继承中又有否定。一个新王朝否定了旧王朝的统治，却继承了旧王朝的某些政治经济制度。但这种继承又非照搬，而是又予以某些否定，创建适应形势发展的新制度。无论是自新性改革还是自救性改革，都是政治改革和经济改革的综合运动。

自新性改革和自救性改革又存在着不同的特点，其重要的一点是，自新性改革因都发生在封建王朝的开国之初，这时，封建结构中革新进取的因素占据主导地位，而因循守旧的因素居于次要地位，自新性改革一般都能成功。自救性改革发生在封建社会的后期以及每个朝代的中后期，即封建王朝的转衰时期，自救性改革的使命是挽救封建王朝的政治、经济危机。但由于社会机体失控，机构正常运转已非常困难，改革遇到巨大阻力，其结果一般会失败。其次，自新性改革都发生在社会革命之后，阻碍生产力发展的生产关系被打碎，新王朝的建立者必然接受旧王朝灭亡的历史教训而励精图治，适应社会发展的要求，调解社会的基本矛盾，大刀阔斧地进行改革，做到任人唯贤。自救性改革发生在一个王朝的晚期，统治者有了极大的惰性，当自救性改革稍微有所成效时便沾沾自喜，以为改革取得了成功，又进入了故步自封的怪圈。

最后来看生产方式改造型、富国强兵型、体制完善型、社会运行机制改良型、落后阶级维护统治型：①

生产方式改造型：人类社会发展到一定程度后，就会发生生产方式的改变，这种改变有时候通过革命来实现，有时候通过改革来实现，这是五种改革类型中最深刻的一种，这种改革需要社会长期的物质积累与复杂的社会历史条件，在历史上发生的次数是极其有限的。

富国强兵型：历代有作为的统治者往往会鉴于内外的压力提出富国强兵的策略，不管是富国还是强兵都离不开经济的发展。当社会财富大量地被用于奢侈、腐化的时候，社会再生产无法进行，经济也就难以发展，富国强兵就会化为泡影。要实现富国强兵，就要求改变原有的占有关系，打击社会腐朽势力，使财富进入再生产，这种改革增强了社会活力，发展了生产力。

---

① 郭东旭：《丹青难写是精神》，河北教育出版社2009年版，第588页。

体制完善型：每个王朝建立初期、中期与后期的情况往往大相径庭，而王朝的制度则在建立初期已经确立，到了中后期往往就会与社会现实不协调，必须在改革中予以完善。

社会运行机制改良型：在历史上，每一种制度都有其稳定性，然其具体的运行状况却是不断在变化，有时候呈现良好状态，有时候则出现极差的状态，在其极差状态时，就要进行必要改革，剔除其不利因素，优化社会运行机制。这种改革主要表现在对赋税制度的改革、职官制度的改革等方面，有利于社会的正常发展。

落后阶级维护统治型：任何的统治阶级都不愿意自动地退出历史舞台，当他们的政权千疮百孔时，他们会想尽办法弥补创口，垂死挣扎，逃避覆灭的命运。一方面加强对被统治阶级的镇压，一方面装模作样地做一些改革，往往只是形式上的东西，很难起到有效的作用。如洋务运动、清末新政等。

这五种类型的改革中，以社会运行机制改良型为多，富国强兵型次之，生产方式改造型最少。

二　视野拓展及重点问题分析

当政权出现不稳时，统治阶级为使政权持续下去，就会自发地进行自上而下的内部调整，以挽救统治危机，我们将称其之为自救运动。回顾中国古代的历史，不难发现，诸多自救运动尤其是封建社会后期的自救运动均以失败而告终，譬如庆历新政、王安石变法、张居正改革等。这不能不让人疑惑，改革者对社会弊病的诊断不可谓不到位，改革者采取的政策不可谓不合理，为何诸多的自救运动都失败了呢？①

首先，从封建制度的运转规律来看，封建社会有它产生、发展、兴盛、衰败的过程。一个王朝也有其兴衰史。自救运动均发生在王朝的后期，亦是封建社会的后期，自救运动的产生、它的使命以及结果，都必然受到封建社会自身发展规律的制约。虽然地主阶级政治家都力图挽救将要颓败的封建王朝，也能取得一定的成功，但其最终失败的命运是无法改变的。

其次，封建社会的生产力与生产关系、经济基础和上层建筑的矛盾，始终处于由相对的适应到不适应的发展变化之中。这一变化是通过社会变革

---

① 杨荫楼：《中国封建社会改革初探》，《齐鲁学刊》1987 年第 4 期。

实现的，但是，也并非进行一次变革就能解决得了的，而应该经常地予以调整，使各种制度处于动态的变化之中。由于地主阶级认识不到这一点，且中国封建社会生产力发展缓慢，量变的积累时间较长，封建统治者进行一次社会改革之后，便以为江山永固了，他们并没有看到其背后还潜伏着新的政治经济危机。这种危机的量的积累越来越多，当地主阶级认识到问题的严重性，再想进行改革挽回败局时，那已是不可能的事情了。土地兼并是封建社会的经济规律，任何杰出的改革家最多只能减轻和延缓兼并趋势，但对兼并的规律无能为力，并且地主阶级的自救运动具有以增加税收来解决经济危机的特点。利用变法扩大税源，势必会引起大地主阶级的反对，变法终致失败。

三 深入探究指引

关于改革类型的研究相关成果并不多见，其中以八九十年代的研究居多，近十几年来较为少见，主要集中在几篇文章中，刘强的《世界近代社会改革运动的几种类型》发表在《昭乌达蒙族师专学报》，作者依据改革的内容、背景等将世界近代历史上的改革分为三类进行介绍、比较，并一一举例说明。高玉宽的《世界近现代史上的改革类型刍议》发表在《开封教育学院学报》，作者提出依据哲学上的分类方法，将改革分为质变型改革和量变型改革，并比较了二者的特点及异同。程念祺的《中国历代变法类型及其成败》发表在《浙江社会科学》，作者将中国历代变法概括为征农型、征商型和农商并征型，并分别以北魏均田制改革、西汉桑弘羊变法以及北宋王安石变法为典型，对这三种类型的变法各自的时代特点及成败进行分析。徐奉臻的《近代视野中的"改革"与"革命"辨——兼论英法俄德美日六国现代化模式》发表在《北方论丛》，作者通过对"促进型改革"、"过渡型改革"、"自救型改革"、"完善型改革"的分析，说明改革确与近代文明肯綮相连，是实现现代化不可或缺的因素；通过对"改革型"的日本现代化模式、"革命型"的法国现代化模式和"以革命开始，以改革完成型"的英美现代化模式、"以改革开始，以革命完成型"的俄德现代化模式的分析，说明现代化的动力是一个网络系统，包含着各种因素的相互交织和依次作用。赵士国的《改革在世界近代史上的作用》发表在《湖南师范大学学报》，作者就世界近代史上几种不同类型的改革，谈谈它们对推动社会历史发展的作用。杨荫楼的《中国封建社会改革初探》发表在《齐鲁学刊》，作者将中国封建社会的改革划分为自救运动和自新运动两种类型，并分别进行分析。

第二节　改革的时代差异

改革与一定时代的社会发展密切相关，包括当时的生产力和生产关系、经济基础和上层建筑。不同时代，改革有着规模、内容和性质上的不同，在一种社会形态向另一种社会形态转化的关键时刻，改革往往推动社会顺利转型，成为质变型改革；而在群雄林立，政权割据时代，统治者的改革往往是为了兴利除弊、壮大自身实力，成为富国强兵型改革；新旧政权交替之后，新统治者为了稳固统治，将旧政权中不合理的政策改掉，针对前政权的弊病进行改革，成为自新性改革。

一　改革的时代差异概述

改革的发展进程与社会发展阶段是相一致的，改革活动一般顺应客观社会的形势，所以受到时代的影响和制约。历次改革的具体内容，都与其当时的社会历史背景密切相关，即当时社会存在什么问题，其改革的内容就涉及什么问题，就事论事。比如秦汉时期的改革是以建立健全中央集权的封建制度为核心，魏晋南北朝时期的改革是以汉化、封建化改革为主题，不同的时代改革的主题是不同的，下面举例揭示改革的时代差异。

先看俄国彼得一世改革和叶卡捷琳娜二世改革：彼得一世和叶卡捷琳娜二世是俄国历史上两位叱咤风云的统治者，也是对俄国历史发展具有重大影响的改革家。由于二人所处的时代不同，其改革内容也不尽相同。彼得一世即位时，俄国的农奴制正处于巩固和上升时期，但内部矛盾尖锐，对外与土耳其的战争屡遭失败。叶卡捷琳娜二世则处于农奴制解体时期，阶级矛盾尖锐，英法等国处于资产阶级革命的前期，启蒙思想成为一种普遍思潮。二人的改革虽然一脉相承，但由于时代不同，彼得一世的改革中心在于军事和建立绝对的君主专制，而叶卡捷琳娜二世改革的重心在于加强贵族势力和建立开明的君主制。

再看文艺复兴与启蒙运动：文艺复兴与启蒙运动同是近代欧洲资产阶级的思想文化运动，影响极其巨大，对资产阶级的成长和资产阶级革命及资本主义制度的确立都起了重要的作用。虽然二者性质相同，但由于两次运动所产生的时代不同，观点和批判对象也不相同。文艺复兴出现于资产阶级的最初形式的手工工场和原始积累时期，资产阶级还是一个新兴阶级，当时封建神学统治着社会的一切，他们否定人的价值，否定人的世俗生活，因而此时资产阶级以肯定人的价值的人文主义为武器，形成了集中批判神学，为资本主义生产方式开拓道路的反封建的思想文化运动。启蒙运动出现于资本主义工商业进一步发展时期，英国资产阶级已经确立资本主义制度，并开展了工业革命，资产阶级更为强大时，就要求资产阶级更强势、更明确地表明立场，进行资产阶级革命，最终确立资本主义制度在全欧洲的统治。他们用鲜明的资产阶级政治理论和学说抨击封建君主专制及其精神支柱天主教会。文艺复兴运动批评的是神学蒙昧主义，启蒙运动批判的是等级特权和君主至上的蒙昧主义，前者主要通过人文主义观点批判神学观点，后者主要是以"天赋人权"、"主权在民"批评等级特权的封建制度，开始抛弃宗教的外衣，直接提出资产阶级的政治口号，树立起资产阶级的旗帜。因此，二者所产生的作用不一，前者只是反封建政权的先声，帮助资产阶级解除束缚，后者直接为法国大革命做了思想准备。

最后看洋务运动和戊戌变法：洋务运动和戊戌变法是中国封建社会末期所进行的两次影响较大的改革。洋务运动时期西方国家对中国采取的是赤裸裸的暴力掠夺和不平等的贸易方式，而戊戌变法时期欧美国家主要采取资本输出的新侵略方式。由于时代背景不同，二次改革的内容也迥然不同，洋务运动改革的核心内容在于军事改革，为了维护封建统治，保持民族独立，力图建立一支近代新式军队，对内镇压各种起义，对外抵御外族入侵。戊戌变法的核心在于维新立宪，经济上提倡发展民族工商业，政治上建立君主立宪制，思想上倡导民主、自由、平等，文化上倡导办报纸、建学校，进行资产阶级启蒙教育。后者的起点更高，内容更为深刻。

时代不同，改革的重点不同，结果也就不同，有时候还会出现完全相反的情况，故而改革一定要切合时代需求，不可与时代背道而驰。

二 视野拓展及重点问题分析

回顾中国古代的变法历程，不难发现时代对改革内容的影响痕迹，其中商鞅变法、王安石变法、张居正改革及戊戌变法均属于封建社会不同时代的大型改革，影响亦极其深远，这几次变法的时代差异也是极其明显的。①

就改革侧重点来看：商鞅变法处于封建社会的形成时期，他注重政治方面的改革；王安石变法处于封建统治成熟时期，他注重经济方面的改革；张居正改革处于封建社会逐渐衰弱的时期，因此既重视政治改革，又注重经济改革；戊戌变法处于封建社会向资本主义社会转变时期，因此其内容涉及政治、经济、军事、文化教育等各方面。

就政治方面的改革来看：商鞅变法、张居正改革、戊戌变法等都涉及政治改革内容，但由于各自所处的历史阶段不同，其改革的内容不一致。商鞅变法涉及封建中央政权的建立，张居正改革主要在于封建中央政权的加强，戊戌变法在于封建统治的改良，引入资本主义的政治体制。

就经济方面的改革来看：商鞅变法主要注重封建经济体制的建立。王安石变法、张居正改革注重封建经济体制的发展和完善，重视国家的财政收入来源问题，注重农业生产的发展和赋税制度的改革。戊戌变法强调封建经济体制的改良，不仅要重农也要重商、重科技等。

就军事方面的改革来看：商鞅变法建立了军队的鼓励机制，王安石侧重军事训练和武器的制造，张居正改革的重点在人的考核和使用方面，戊戌变法则提出在军队中采用西法的兵制，从各个不同方面加强、巩固国家军事力量，保证国家强盛。

就教育文化方面的改革来看：王安石变法和张居正改革重点在于培养符合封建统治的人才，对科举制进行完善和补充。而戊戌变法则注重文化教育的普及，内容上把西学加入进去，从而改革了科举考试制，对近代中国文化教育的发展起到了积极作用。

三　深入探究指引

众所周知，改革与时代有着紧密的联系，时代不同，改革的内容也往往相异，但关于改革时代差异的本质及规律的相关研究基本没有，哪怕是改革时代差异的表象研究也是少之又少，直接成果更是难以找到，只有少数文章与此内容有一定的关系，在此作简单介绍。

---

① 张淑芳：《中国历史上几次重大改革及其启示》，《西南民族学院学报》增刊 1998 年 10 月。

张淑芳的《中国历史上几次重大改革及其启示》虽然着力点在于历史改革对现今改革开放的启示，但作者也将中国古代几次大的改革进行了详细的比对，指明其时代不同，各个改革的方向也不同。

邢玉波的《浅论梭伦改革与克利斯提尼改革的差异》[①]一文，作者在比较梭伦改革和克利斯提尼改革时，也提到了二者改革的时代差异。

郑祖铤《近代各国改革的比较》[②]一书虽出版时间较早，但却是对改革进行比较研究的唯一专著，作者选取了英法日俄等国不同时期的改革进行对比研究，其中部分涉及改革的时间差异。

第三节 改革的地域差异

历代的改革奠定了中国与世界其他国家不同的面貌。西欧的中世纪是一盘散沙，而中国的封建社会则是高度集中的中央集权。同时，西欧的封建社会很短，发展不完善，可以顺利地产生出新的社会形态；而中国的封建社会时间长并高度完善，新的社会形态的孕育却其艰难。可见，地域不同，改革的内容则不同，发展方向也必然不同。

一 改革的地域差异概述

纵观中外的历史，我们不难发现各国由于地域不同，即使同时期的改革内容也往往相异，改革结果更是大相径庭，并以此引导着各个国家朝着不同的方向发展。

先看雅典的梭伦改革与齐国的管仲改革。[③] 二者所处历史时期大致相同，但改革的方向却截然不同，就地域差异来看，改革方向不同与雅典是“小国寡民”和齐国是“地广人多”有直接的关系，在齐国的条件下实行雅典式的城邦民主制显然是行不通的。就具体措施来看，也有一些相似之处，二者均重视商业的发展，这与雅典和齐国所处的地理环境有着密切的关系，雅典所

---

① 邢玉波：《浅论梭伦改革与克利斯提尼改革的差异》，《高等函授学报》2009 年第 6 期。

② 郑祖铤：《近代各国改革的比较》，湖南出版社 1991 年版。

③ 陈德正：《管仲与梭伦法治观同一性简论》，《松辽学刊》1998 年第 2 期。

在的阿提卡半岛土地贫瘠，粮食难以自给，单纯发展农业很难使经济繁荣起来。但这里的自然资源比较丰富，盛产大理石、银、陶土等石材矿产，半岛周围还有许多天然良港，这些都为工商业的发展提供了有利条件。根据这种国情，梭伦一改歧视工商业的传统观念，把一切行业都看得很高贵，他立法规定，禁止粮食出口，鼓励手工业品和橄榄油输出，采取优惠政策吸引有手艺的外邦人移居雅典，还规定父亲必须教会儿子一项手工技艺，等等。这些立法实施后，雅典工商业很快繁荣起来，城邦整体经济实力也大为增强。同理，齐国地处海滨，有渔盐之利，针对齐国的具体情况，管仲改革鼓励商业发展，加强对外贸易，减免商税，刺激了齐国商业的繁荣，他又将人们生产和生活的必需品——盐铁实行专卖，从私商手中夺回渔盐之利，这样既不必加重人们的负担，又可以增加国家税收，为齐国早期的繁荣和齐桓公争霸奠定了经济基础。

再来看俄国彼得一世和普鲁士腓特烈二世的军事改革。二者的背景有相似之处，资本主义的发展冲击了原有的封建秩序，正在发展壮大的资产阶级要求建立新的军事体系为其经济利益和政治目的服务，而科技的进步为军事改革提供了物质条件。但是，从改革重点来看，俄国的改革突出了国家军制和陆海军建设的重点，普鲁士偏重于陆战体系的改革，这种差异与二者地理位置有着密切的关系。俄国是一个内陆国家，迫切需要打通出海口，但缺乏一支强大的海军，在多次谋求出海口的对外战争中遭遇失败，因而彼得一世的改革极其注重加强海军的建设。普鲁士濒临波罗的海，不存在寻找出海口的问题，其军事改革主要目的在于同法国和奥地利争夺中欧地区的霸权，对外扩张领土，所以腓特烈二世偏重于陆军体系的改革，如新战术的研究、骑兵的改编等。

最为典型的是中日近代的改革。① 19 世纪 60 年代，日本由于受到西方资本主义工业文明冲击，明治天皇在日本进行了一次自上而下、具有资本主义性质的全面西化与现代化改革运动，这次改革是日本近代化的起点，使日本成为东方唯一独立的资本主义强国。与此同时，在中华大地上也上演了一场以“自强”、“求富”为目的的革新运动，而甲午战争的失利则标志着这场运动的彻底失败，中国继续在半殖民地半封建的深渊中沦陷。比较这两次

---

① 蔡骐：《中日近代改革之比较分析》，《阜阳师院学报》1992 年第 2 期。

改革，背景有相似之处，均是封建专制国家，对外实行闭关锁国，西方列强不断用炮舰政策打开其大门，并签订了一系列不平等条约，内部阶级矛盾尖锐，起义不断，在这种背景下，两国开始学习西方的科技、军事，改革经济制度和政治制度，富国强兵，救亡图存。同一时期类似背景下在中日不同地域上演的两场改革，结果却截然相反，其原因是错综复杂的，就地域差异来看，其对改革的影响也不可小觑。

日本是一个典型的海洋国家，这一先天地理特征对其国民心态产生了深刻的影响。黑格尔曾说过："水性使人通，山性使人合"。作为海洋民族，日本人长期以来生活在岛屿之上，国土狭小，资源贫乏，因此较多地注重发展对外联系，把视野投向外面的世界，整个民族的文化心理较为外向，文化系统可以说是处在一种动态的、开放的状态；同时，由于整个国家被自然地势分割成许多小块，因而为以后形成多元化的封建政权提供了前提。海洋性的地理环境又使得日本经常遭受台风、潮汐等自然灾害的袭击，日本人也因而培养了一种能忍受巨大灾难并在灾难后发愤重建的能力，这种民族性格对其日后改革起了重大作用。

与日本相比，中国是一种有别于开放性海洋环境的半封闭的大陆环境，东濒茫茫沧海，西北横亘漫漫戈壁，西南耸立世界上最险峻的青藏高原，北部的蒙古高原则是农耕文化与游牧文化的角逐之地，这种对外交通不便而内部回旋余地相当开阔的地理环境使得中国处于一种被隔绝的状态，很难与世界文化开展大规模的交流，处于这种状态下的中国人对外面的世界知之甚少，一向自以为是天下的中心，整个民族具有一种封闭自大的心理趋向，同时由于黄河孕育了典型的农耕文化，在这块土地上生长的民众虽然生活艰苦，但却有一个基本保障，于是滋生出一种求安宁、重保守的心态，这在中国近代改革中潜在地起着阻碍作用。

两种不同的地域环境，造就了两国国民不同的心态，一个积极进取，一个消极保守。当然，在不同心态下展开的改革，模式也不相同。中国的改革是被动的、让步的，而日本的改革是主动的、积极的，故而其改革结果也是截然相反。

二　视野拓展及重点问题分析

长期以来，学者们在作中外改革的对比时，更多的是关注改革的措施、改革的背景、改革者素养等，并以此来预测此次改革对国家发展的影响，这是无可厚非的。但经常被忽略的地缘因素其实也是非常值得探讨的，以俄国的彼得一世改革与中国的“康乾盛世”为例：彼得大帝的改革使俄国由弱而强；“康乾盛世”在中国盛极而衰，这一喜一悲，一起一落，其他方面暂且不论，仅从地域方面来看，原因何在呢？

其实，地缘政治和经济对俄国改革成功有着重要的激励作用。欧洲早在14世纪就已经在地中海沿岸的一些地区出现资本主义生产的最初萌芽，并且发展很快；14—16世纪，又兴起了文艺复兴运动，资产阶级文化潮流冲击欧洲各地；彼得一世改革之前，在英国和尼德兰先后爆发了资产阶级革命。所有这些都给西欧资产阶级政治、经济、文化注入了活力，而俄国地处东欧，与西欧是近邻，彼得一世要想把落后的俄国变成一个欧洲强国，使之欧化为一个“现代国家”，必须着眼于先进的西欧政治、经济体制。其实，后来的亚历山大二世废除农奴制的改革也是看到西欧资本主义比俄国封建农奴制更有生命力而始发的。与之不同的是，中国缺少地缘政治和地缘经济这一条件，当时的日本、东南亚还十分落后，没有一个像英国那样的资本主义国家政权，也没有资本主义经济和文化作为参照，中国从明朝中后期就开始萌芽的资本主义发展非常缓慢。因此，清朝的统治者在推翻明王朝后，只能在前朝政治、经济制度的基础上推出一些调整措施，并没有突破性改革，甚至有许多方面连调整都说不上，只能说在管理上较之前严格和规范了一些。[①] 可见，改革参照物不同，改革的结果也不同，而可参照的往往是周围的国家和地区，故而改革与地域便有了密切的联系。

三　深入探究指引

古今中外的每一次改革，其具体措施的制定都综合考虑了社会、政治、经济、文化及外部环境等不同的因素，其中地域与改革措施的制定也有着密切的联系，这就造就了改革的地域差异。关于改革的地域差异这一内容，专门研究者极少，唯一的突破口是中外改革的比较类的文章，作者在进行比较分析时，探求改革结果迥然相异的原因，有时会谈到地域的差异对改革结果

---

① 王义全：《“康乾盛世”施政措施与彼得大帝改革之比较》，《贵州文史丛刊》2003年第3期。

的影响。

蔡骐的《中日近代改革之比较分析》一文，作者在考究同一文化圈内的两个国家面对外来刺激反应不同的原因时，专门探讨了中日地理环境的不同，造就了两国国民心态的不同，使其在改革中表现出巨大的差异性，导致了中日走向近代化的不同结果。

郑祖铤的《近代各国改革比较》一书，作者选取了近代史上几个超级大国在不同的历史时期进行的不同改革进行比对，有各国之间的对比，也一个国家不同时期改革的比对，在进行各国间的改革比对时，有涉及地域因素的差异。

王义全的《“康乾盛世”施政措施与彼得大帝改革之比较》一文，作者在探究这两次改革结果不同的原因时，谈到了地缘政治和经济，由于当时俄国的左邻右舍均进入资本主义社会，建立了先进的资本主义经济、政治体制，彼得“心向往之”，其改革往往以之为目标，不断奋斗。而康乾之际，中国周围并未见到这样的榜样国家，故当权者只是往后看，学习明朝的政治，并在其基础上加以修补，他们看不到、也想不到资本主义是当时世界发展的潮流，只是按照原有的秩序走下去，最终走向了下坡路。

第二章　近代以前的改革

《易经·系辞》云:“穷则变,变则通,通则久。天下无数百年不弊之法,能变则全,不变则亡;全变则强,小变仍亡。”可见,古人已经明白改革是社会发展的强大动力,没有改革,也就没有发展。就近代以前的历史来看,人类的历史就是改革的历史,国家在改革中诞生,新制度在改革中确立,人类在改革中进步。根据相关典籍记载,从早期的齐桓公改革到晚期的张居正改革,从东方的商鞅变法到西方的梭伦改革,无不对当时的社会造成巨大而深远地影响,正是改革在推动着历史的车轮滚滚向前。

第一节　中国古代的改革

中国古代虽然历史悠久,但不是一成不变的,而是在不断地进行自我调整以适应社会的发展规律。从原始社会到奴隶社会,从奴隶社会再到封建社会,这种社会性质的变革,暴力革命固然起了很大的作用,同时,改革也起着举足轻重的作用。另外,在社会性质不发生变化的情况下,统治阶级内部的自我调整,则更多是采取变法、改革等方式。故翻阅二十五史我们会发现,几乎每个朝代都有一次或几次大规模的变法、改革,目的或是为了稳固新生的政权,或是为了改变现存政权的危机。

一　中国古代的改革概述

在中国古代的历史长河中,改朝换代的方式基本上是革命,但同一王朝内部的调整则基本是通过改革的方式完成的。回顾历史，中国古代大大小小的改革成百上千，其中有深远影响的有春秋战国时期各国的变法、北魏孝文帝改革、北宋王安石变法、元朝忽必烈改制、明朝张居正变法等。

1. 春秋战国时期各国的变法

周幽王死后，周平王在郑、秦、卫、晋等诸侯的护卫下东迁洛邑，史称东周。平王东迁是划时代的大事，它宣告了西周王朝的灭亡。此时周天子共主地位已经名存实亡，礼乐征伐自诸侯出，各国为了争夺霸主的地位纷纷实行变法，比较著名的有齐桓公改革、晋文公改革、秦穆公改革、楚庄王改革、郑子产改革、鲁国的改革及吴越改革。经过春秋时期的争霸和兼并战争，到了战国时期，中华大地上形成了七雄并峙的局面。各国为适应新兴地主阶级夺权的需求，再次展开不同程度的变法以寻求自强，魏李悝变法、楚悼王任用吴起变法、秦商鞅变法、齐威王改革、韩申不害改革、赵武灵王改革以及燕乐毅改革等先后粉墨登场，通过改革最终完成了由奴隶制向封建制的转化。在这场高潮迭起的变法浪潮中，秦国的商鞅变法最为彻底，使秦最终得以灭六国，一统天下，为中国的历史翻开了崭新的一页。

春秋战国时期是中国历史上第一个大分裂时期，也是奴隶制衰亡、封建制崛起的时期。此时变法浪潮汹涌澎湃是社会基本矛盾运动的必然结果，也有其深刻的社会历史根源，可以从生产力、生产关系及思想领域几个方面来分析。

首先是生产力的高速发展。原始社会及奴隶社会早期，人们耕作的工具主要是石器和木器，比较简陋和粗钝，效率极其低下。春秋时期，铁制农具出现，其造价低廉，且十分锋利，使大面积的开垦成为可能。牛耕的使用，节省了人力，提高了耕作速度，也促成了当时大规模的垦荒。总之，铁制农具和牛耕为耕作提供了新的劳动手段和技术，是生产力飞速发展的标志。此时还出现了大型农田水利工程建设，公元前六世纪初，楚国令尹孙叔敖主持修建芍陂渠，灌溉农田上万顷。这种大型农田水利工程的出现是生产力发展的又一标志。另外，冶铁业的出现及商业的繁荣，都反映了春秋战国时期经济的飞速发展。

其次是生产关系的急剧变革。奴隶制生产关系的基本特征是奴隶主占有生产资料，奴隶只是会说话的工具，他们绝对受奴隶主的支配，世代相袭，在奴隶主的土地上进行耕作，收获的产品完全归奴隶主所有。然而压迫越深，反抗就越强烈，奴隶不断地采取自己的方式与奴隶主进行斗争，他们怠工、破坏工具、逃亡，甚至暴动，都给奴隶制以巨大的冲击。此时，在奴隶制生产关系的母体中萌发出一种崭新的生产关系，表现为隶农和地主阶级的出现以及赋税制度的变革。隶农与封建社会的佃农有几分相似，他们无法像其他平民一样拥有自己的私田，只能在主人的土地上耕种，收获物也不能完全归自己所有。此时的卿大夫拥有大量的"隶农"，他们采取新的剥削方式，正在向地主阶级转化。赋税制度的改革也是此时生产关系变化的一个重要表现。随着牛耕和铁制农具的使用，劳动效率得到很大的提高，大规模的集体劳作已经没有必要，因此劳动者在公田之外，又大力开垦荒地用做私田，这种不在国家税收范围内的私田日益增加，且劳动力也多致力私田，致使公田荒芜不治，国家受损。面对这种情况，政府只好承认土地的私有，改用地租剥削的方式，其中典型有鲁国的初税亩、齐国的相地而衰征、晋国的作爰田等。

再次是思想领域也发生了天翻地覆的变化。西周时期，文化教育由贵族垄断，学校里的教师大多兼任官职，教学内容也由官府统一规定。春秋时期，礼崩乐坏，文化教育由官府转到民间，私学逐渐兴起，涌现了孔子、墨子、孟子等大批教育家，他们开办私学，招收学生，宣传新的思想和文化，批判时弊。这一行为，促成了知识分子阶层——士的出现，他们"无恒产而有恒心"，受新思想的影响，勇于探索，进取心强。由于其独特的社会地位，他们了解下层的社会状况，渴求也有能力改变现状，事实证明正是他们促成了改革高潮的到来，他们也成为春秋战国改革的中坚力量。

最后是奴隶制走向没落。此时奴隶制度已经走向没落，当时的有识之士已经意识到这个问题，《左传·昭公三年》记载：晏子出使晋国时与叔向的一段对话，他们认为自己的国家已经到了无可挽救的末世，另外，《庄子》、《诗经》等亦有相关的记载。阶级矛盾尖锐，奴隶暴动不断爆发，都给奴隶主阶级以沉重的打击，奴隶制的四大支柱：井田制瓦解、分封制废止、宗法制破坏、礼乐制度崩坏。井田制是奴隶社会的土地国有制度，土地归天子所有，不得买卖和转让。但随着铁制农具和牛耕的广泛使用，井田制下大规模的集体耕作已经成为生产发展的障碍，一家一户为单位的农业生产方式更符合历史潮流。随着私田的不断开垦，井田的疆界逐渐被破坏，甚至出现土地交换和转让的情况，私田的出现和井田的交换表明井田制开始瓦解了。分封制是奴隶社会根本的政治制度，但到了春秋时期，王室衰微，各国纷纷发动兼并战争，周王室已经无土可封，分封制被迫废止，郡县制开始兴起。同时，宗法制作为奴隶社会的政权组织形式也开始动摇，周天子开始失去宗主的威仪，以下犯上的事常有发生，大宗失权，小宗僭越，宗法制遭到破坏。随之，维护宗法等级的礼乐制度也逐渐崩坏，奴隶制度开始彻底地瓦解。

以上所述的社会问题虽是各国变法的根源，但此时推动各诸侯国采取形形色色的方式进行改革的最直接的动力还是争霸战争。周王室分封的一百四十多个国家，最初土地面积不大，人口稀少，但经过一段时间的发展，逐渐出现了分化，有的逐渐强大起来，有的衰败下去，面对王室衰微的现状，他们开始了强大吞弱小，大鱼吃小鱼的兼并战争。据《春秋》记载，在二百四十余年中，列国进行的战争达四百八十三次。司马迁在《史记·太史公自序》中指出，《春秋》中记载“弑君三十六，亡国五十二，诸侯奔走不得保其社稷者不可胜数”。可见，当时的竞争环境是多么残酷！各国统治者不愿坐以待毙，唯有改革以求生存、图发展、成霸业。另外，经济领域的新事物、新矛盾从不同方面给政治带来了新的刺激，成为推动社会改革的物质基础和经济动力。

先秦时代是中国历史步入文明时期的开始，而春秋战国时期则是两种社会制度的交替时期，此时旧制度死亡，新制度未生，为了适应这种潮流，出现了此起彼伏的社会大变革。此时，改革的大潮荡涤了中华大地的每个角落，其次数之多、规模之大、范围之广、影响之深，蔚为大观，为后世的改革树立了光辉的榜样。

改革是一项开拓性事业，没有固定模式可循，故各国都试图从本国的实际出发，因地制宜，积极探索符合本国的改革模式。但由于他们改革的目的和背景有着诸多的共性，故而改革的措施也有相似性，不外乎以下几个方面：[①]

第一，打击旧贵族，扫除改革的障碍。旧贵族极为保守，视改革如狼似虎，他们想方设法地破坏改革，要想改革顺利进行，必须搬走这些绊脚石，如吴起改革“令贵人往实广虚之地”，商鞅变法对太子师傅处以刑法。“食有劳而禄有功”有利于剥夺旧贵族的政治特权，有利于地主阶级在政治上上升为统治阶级，成为未来社会的支配性力量，故而各国变法无一例外地坚持了这

① 彭玉安：《殊途同归》，南京大学出版社 2000 年版，第 255 页。

个原则。如魏文侯变法对荐材有功的翟黄给予上卿的俸禄;公仲连改革"察度功德,所与无不充";申不害改革"建功而与赏,因能而授官";燕昭王改革"察能而授官";楚悼王改革"奉选练之士";商鞅变法"有功者显荣,无功者虽富无所芬华"。这一系列措施的推行,剥夺了旧贵族的特权,将他们赶下了历史舞台,伴随着旧贵族的消亡,新兴地主阶级走上了历史舞台,成为统治阶级。这些新兴地主中,有的贵为国相,如百里奚、管仲、李悝、孙膑等,有的担任国家中级官吏,如子路、宰予,还有的通过军功和耕织上升为地主阶级。

第二,"因能而授官"和"集小都乡邑聚为县",从根本上否定宗法制和分封制。变法之前,各国无一例外的都是实行分封制,变法之后,王成为地主阶级的总代表,是封建国家的主宰,有独断一切的无上权威,独揽了一切军政大权,不受任何法律的限制。"因能而授官"是指某些人由于拥有治理国家的才能,而被任命一定的官职,各级官吏完全按照君主的命令行事,这为出身低微的士阶层提供了更多的机会,同时也扩大了统治基础。王通过上计对其进行考核,作为赏罚、升降的根据。在地方上,设立郡县,早期的郡比县低一级,后来才发展为以郡统县。其长官由中央任免,对君主负责,他们领取俸禄,职位不能世袭,没有独立权,一切受中央节度。

第三,移风易俗,改革民间旧风旧俗。各国的改革基本都涉及这方面的内容,目的是让改革有一个良好的社会氛围。如吴起变法"壹楚国之俗",商鞅变法也在这方面采取过措施,赵武灵王的"胡服骑射"是移风易俗的大变革。

第四,整顿官场,肃清官场不正之风。吴起变法"塞私门之请",商鞅变法亦有同类的法令,申不害的君主用术以治吏,齐威王禁止官吏之间收受贿赂,以权谋私,屈原主张改革官场的恶俗等。历史表明,吏治清明是改革得以顺利进行的重要保障,否则诸条改革法令只会流于形式,最终不了了之。

第五,废除井田制,确立封建土地私有制。春秋时期,各国的改革已经涉及井田制,如晋国的"作爰田"、鲁国的"初税亩"、楚国的"量入修赋"等都承认了私有土地的合法性。不过当时地主阶级还没有掌握政权,土地主要掌握在奴隶主贵族手中。战国时期,新兴地主阶级取得政权,他们通过变法废除原有的土地所有制,如魏文侯改革"夺淫民之田",没收旧贵族的土地分配给耕作者;吴起变法"损有余而继不足",剥夺旧贵族的土地分给地主阶级;商鞅变法废井田,开阡陌,允许土地买卖,彻底摧毁了奴隶主贵族对土地的垄断。

第六，吸纳人才，为改革措施的出台出谋划策。各国改革无一不涉及人才问题，人才是改革的前提，没有人才连改革的措施都难以成形，更何况推广以及见效。

第七，重视法制，颁布法典。法律是变法措施得以实施的保证，故各国在变法过程中多颁布法律，如子产铸刑书，李悝颁布《法经》，商鞅作《秦律》等，使变法的内容得以固定下来。

第八，兵制改革，加强国防。富国是争霸的基础，强兵则是争霸的条件，在硝烟弥漫的春秋战国时期，没有强大的兵力，仿佛是一个没有刺的刺猬，在别国眼中像是一块肥肉，朝不保夕。故各国都非常重视军队建设，拥有一支战斗力强大的军队是争霸必不可少的。

总之，这场经历五百余年、几乎波及所有主要国家的伟大变革，各国的改革措施有着太多的相似性，但绝不是照搬照抄，他们在此基础上选择适合本国国情的改革模式，逐步深入，最终完成了封建化的历史使命，随着秦的统一，各国的改革也画上了句号。

纵观这一时期的改革，纵然有众多相似之处，但也有不尽一致之处。如鲁国改革仅仅局限于经济方面，管仲改革阻力较小，燕国改革一波三折，商鞅改革极为彻底，这与各国的具体实际有关系，这种差异使这一时期的改革呈现出百花齐放的姿态。

古人云：以史为鉴可以知兴衰。春秋战国时代的改革虽然已经过去，但它给我们留下了丰富的经验和教训：[①]

首先，改革没有固定的模式，关键是从本国国情出发，因地制宜，制定出符合本国实际的改革策略。无论齐秦、三晋，还是楚，他们的改革都不尽相同，原因在于各国的生产力水平、自然环境、人文环境等都不同，故改革模式也不同，如果不顾这些差异，机械地照搬别国改革的措施，改革终究会走入死胡同。

其次，改革是不可回避的，而且永无止境。商鞅变法和赵武灵王改革都出现过改革派与守旧派辩论的场面，改革派的陈词已经证明改革是不可回避的，改革是在社会陷入绝境时的最佳出路，它能帮助国家克服危机。春秋战国时期各国的改革都是在内忧外患的情况下展开的，此时改革是国家的唯一出路。但改革不是一劳永逸的，昨天还是先进的东西，今天可能就落后

① 彭玉安：《殊途同归》，第266页。

了，昨天还是推动国家进步和发展的政策，今天可能就成为国家发展的束缚，世界上万事万物都在变化之中，故要想不成为被改革的对象，就需要不断地改革。纵观春秋战国改革的历史，晋国先是有晋文公改革，继而又有魏文侯变法、魏惠王改革，赵武灵王胡服骑射，韩国申不害改革；秦国先是有秦穆公改革，继而又有秦献公改革、商鞅变法，可见各国的变法都不是一蹴而就，而是不断深入的。

再次，改革往往要触动既得利益者的利益，重新进行利益调整，是新旧利益集团之间的决斗，往往以新事物的诞生、旧事物的灭亡作为终结。改革尤其是刚刚开始时，往往受到旧势力的极力阻挠，如商鞅变法前与甘龙的辩论、赵武灵王胡服骑射前与公子成等的辩论；改革进行到关键时刻时，尤其是触动当权者的利益时，往往会受到旧势力的破坏，如李悝被排挤、西门豹被害、屈原被迫流亡楚地、吴起被乱箭射杀、商鞅被车裂，这一切都是因为改革触动了他们的既得利益。但结果是赵武灵王成功改革，商鞅死后商君之法未败，射杀吴起的旧贵族最终被诛杀，这表明斗争的结果往往会顺应历史的趋势。但不是说这种结果是自然而然的，而是要付出代价的，必须有充分的心理准备；在斗争中要立场坚定，讲究策略，减少阻力和损失。

第四，改革彻底与否，关系着改革的成败。改革越是彻底，成效越大，否则只能是昙花一现。魏国首举改革大旗，其后国势强盛，一跃而成为七国之首，但终因未将改革继续深化到政治、经济制度方面而逐渐衰弱；商鞅变法较其他国家彻底，故秦能最终完成统一大业；而韩国申不害的改革未涉及到关键问题，只能是稍见成效。

第五，君主的决心与改革集团的能力影响改革的成败。魏文侯、秦孝公、赵武灵王无一不是有抱负、有魄力的君主，他们知人善任，用人不疑，推动改革之帆起航。除了君主个人之外，他们还有一大群文武奇才组成改革集团，精诚合作，共同推动了改革措施的出台。

第六，改革要想持续奏效，必须有利于百姓。许多改革当时奏效，如韩昭侯的改革，但成果不能长久，人去政亡；而有的改革不仅成功于当时，如商鞅变法，后世依然坚守。出现这种差别的原因固然很多，但有一点可以肯定，改革如果不能给百姓带来利益，就得不到最广泛群体的支持，改革成果就极易被窃取。

第七，改革是实现国家富强，社会进步的重要手段。要实现国家的富强离不开改革，墨守成规只会被历史无情地淘汰。以春秋战国时期的改革为例，凡勇于改革，并取得一定成就者，国家都是在一定时期内实现了强大；反之，等待他们的只能是被吞并、被灭亡。

总之，春秋战国时期的变法范围之广、影响之大，是人类历史上所少见的，这场改革奠定了中国封建社会两千多年的基本框架。后世许多改革家都是从这一时期的改革里吸取经验，完善自己的改革措施。可见，春秋战国的改革影响不仅在于当时，还在于后世。

2. 北魏孝文帝改革

公元 386 年，拓跋珪在牛川即代王位，同年改称魏。公元 398 年，正式定都平城，即皇帝位，此后，他所推行的一系列措施使北魏强盛起来，如重用士大夫，“初建台省，置百官，封拜公、侯、将军，刺史、太守、尚书郎以下悉用文人。帝初拓中原，留心慰纳，诸士大夫诣军门者，无少长皆引入，人得尽言，苟有微能，咸蒙叙用”①；收集经书，设立太学，重视汉文化；离散部落，实行屯田；建立封建官制等。但拓跋珪的汉化只是个开始，还处于自觉与不自觉之间，他羡慕汉文化，不自觉地进行仿效，但他又有强烈的民族意识，时而自觉地对汉文化进行打击。如鲜卑人贺狄干曾出使后秦，滞留十年后，其“举止风流有似儒者”，对此，拓跋珪竟怒而杀之。太武帝拓跋焘是一位雄才大略的君主，他在位时统一了北方，也进行了一系列的改革，但步幅极小，拓跋部的旧体制还顽强地保留着，且出现了崔浩国史之狱的逆流。北魏初期的汉化虽然一再遭挫，但这只是暂时的，马克思说过：“野蛮的征服者总是被那些他们所征服的民族的较高文明所征服，这是一条永恒的历史规律”，如所有的河流都要汇入大海一样，入主中原的少数民族终究会被汉化，这是不可逆转的大趋势。

拓跋鲜卑所建立的北魏逐渐强大起来，统一了北方，形成了与汉政权南北对峙的局面。但与其他的少数民族一样，北魏的入主中原也带来尖锐的民族矛盾，到了北魏中期，这种矛盾已经到了不可调和的地步，不断爆发农民起义，且此时统治阶级内部叛乱频生，皇权衰弱，要想稳固在中原的统治，必须进行改革。经过一系列的努力，到了孝文帝时期，彻底改革汉化的时机

---

① （北齐）魏收：《魏书·道武帝本纪》，中华书局 1974 年版。

成熟了，孝文帝大刀阔斧地开展了汉化改革，为后世改革提供了范本。我们这里所说的孝文帝改革，其实包括文明太后冯氏和孝文帝拓跋宏两人的改革，并非只是孝文帝一人之功。

(1)冯太后改制

北魏是从氏族社会直接过渡到封建社会的拓跋部所建立的国家，它残留着浓厚的母系社会的遗俗，故北魏时期女性社会地位之高，是其他朝代所不能比的。在这种社会风气下，妇女参与朝政屡见不鲜，其中最为出名的就是文明太后冯氏。

冯氏是文成帝的皇后，据《北史》卷十三《文明太后传》可知，她是长乐信都人，乃北燕国君冯跋的侄女，其父冯朗归降北魏，官至秦、雍二州刺史，后因涉嫌谋反被诛杀，冯氏因此被没为官奴。入宫时，其姑姑为太武帝拓跋焘的左昭仪，才有幸得其抚养照顾，读书识字，具备了一定的文化知识。或许在其姑姑的帮助下，十四岁时被选为文成帝的贵人，不久就立为皇后，运气极佳。她的家世和经历使其通晓汉族传统文化，懂得如何在权力纷争中逐渐掌握大权，“多智略，猜忍，能行大事”。文成帝死后，十二岁的献文帝登基称帝，冯太后趁机临朝听政，诛杀丞相乙浑，后囿于献文帝的不满，不得不还政于献文帝，转而亲自抚养献文帝的儿子孝文帝，伺机而发。在文明太后的操纵下，年轻的献文帝传位于五岁的孝文帝，几年后又暴崩，年幼的孝文帝自然无力执政，权力一直掌握在冯太后的手中，直至她去世。在这二十几年的时间里，冯太后着手进行了一系列的社会改革，堪称中国历史上著名的女政治家。

首先，善用汉人，组建自己的亲信集团。冯太后在执政期间，先后重用王遇、冯熙、李冲、高允、王睿等人，参与机密，为改革献言献策。同时，为了缓和鲜卑贵族与汉族士大夫的矛盾，达到权力的平衡，冯太后还重用一些鲜卑贵族，如拓跋丕、尉元、于烈等，他们也为改革作出了贡献。

其次，实行俸禄制。鲜卑族拓跋部是游牧部落，其各级首领主要通过掠夺或者赏赐的方式获得财富，建国后，仍然沿袭这种习俗，保持着社会分配的野蛮性，但随着北方的统一，战争逐渐减少，战争掠夺已经越来越少，不能满足官吏的需求，他们往往通过贪污和巧取豪夺等方式积累财富，这影响了政权的稳定性和人心向背。太武帝、文成帝等对此采取过严厉打击，实行“以暴治贪”，但治标不治本，而且作为一个政权来说，玩猫捉老鼠的游戏毕竟不是长久之计，各级官吏需要一种稳定的收入来对付各项支出。此外，国家也需要一种操控各级官吏的有效手段，最有效的方法就是班禄，即“以禄止贪”。为了保证俸禄制的顺利实施，孝文帝对官吏进行严厉约束，规定受贿一匹就处以死刑，“事施行后，计省昔十有余倍，于是海内安之”。

这一改革产生了深远而广泛的影响，实行班禄，严惩贪官，改变了鲜卑族落后的遗风，改善了北魏的吏治；为改革的顺利推行提供了保障，促进了北魏的汉化进程；缓和了阶级矛盾，有利于社会的稳定；班禄包含土地和谷物，有利于促进农业的发展。

再次，推行均田制。在北魏入主中原以前，中原地区前后已经历了二百多年的战争。战争带来的灾难是巨大的，包括对原有生产的破坏，劳动力被杀害或者流亡，无主田地大量荒废，粮食产量减少，经济受到严重破坏。而对逐渐依赖农耕的北魏来说，面对这种情况，他们必须让劳动力重新与土地结合，成为国家的编户齐民，为国家纳税。因此，就必须进行土地的再分配，与豪强地主争夺劳动力，均田制应运而生。均田制是大臣李安世上书提出来的，是一批汉族士人根据西晋的占田制不断完善、充实而来的。它的实施需要条件有三：一是国家手里掌握大量无主的荒地，可以进行分配；二是有大量无地或少地的农民，他们希望得到土地进行耕种；三是强有力的国家政权，可以保证政令的执行。

其实北魏早期，曾在平城周围进行过计口授田实验，并取得了一定的成效，随着均田诏令的颁布，逐渐在全国推行开来，取得了明显的成效。均田制是中国土地制度史上的一个重大变革，是一个由国家控制、分配的土地制度，实现了将土地和农民的结合，限制了豪强势力的发展，增加了国家的收入，开垦了大量的荒地，解决了农民无地可种的局面，提高了农民的生产积极性，促进了农业的恢复和发展，对后世的土地制度产生了重大的影响。当然，实行均田制时，国家分配的只是无主的土地，而且还为奴婢和耕牛授田，所以并没有过多地触及豪强地主的利益，甚至可以说是以法律形式保护了豪强地主的利益。土地分给农民后，所有权还是掌握在国家手里，而劳动者却被束缚在土地上，被榨取劳动成果。实施过程相对来说比较顺利，生产方式的改变必将导致进一步的生活方式、思维方式的改革，这也是北魏汉化改革的下一个目标。

第四，实行租庸调制。北魏前期的赋税制度是九品混通制，将民户按资产多少划分为九个户等，即上上、上中、上下、中上、中中、中下、下上、下中、下下，根据户等的高低征收的赋税也不同，而政府征收的是平均数的总额，这就是九品混通。这种情况下，豪强地主、大族总是想方设法降低自己的户等，将大量的赋税转移到平民头上，这样出现了"赋税齐等，无轻重之殊；力役同科，无众寡之别"，贫苦百姓纷纷破产，转而依附豪强，国家的编户齐民大大减少。虽然三长制已经将他们检括出来，但如果不及时进行改革，他们又将流入私门，故李冲提出了新的方案，即租庸调制，据《魏书·食货志》记载：

> 其民调，一夫一妇帛一匹、粟二石。民年十五以上未娶者，四人出一夫一妇之调；奴任耕、婢任绩者，八口当未娶者四；耕牛二十头当奴婢八。其麻布之乡，一夫一妇布一匹，下至牛，以此为降。

很明显，租庸调制与均田制相表里，均以小户为单位授田和收税，每户赋税额度减少，减轻了人民的负担，提高了生产积极性，有利于小农经济的发展；新的赋税制度对奴婢和耕牛也征收赋税，使豪强难以逃税，国家税收范围扩大，整体税收还是增加了。

第五，实行三长制。均田制的早期推行极有难度，原因在于北魏前期，实行州郡县三级制，县下是实行宗主督护制，实际上就是坞堡主控制。坞堡发源于西汉中期，兴盛于东汉末年及两晋时期，从经济方面来看是田庄经济发展所导致的，而从外因来看，则是战乱及外族入侵。一些汉族大族的自保措施，它们不但经济上能自给自足，而且往往有一定的血缘关系，故相对稳定，各个政权对其没有有效的对策，只能承认这一现实，并在一定程度上加以利用。但实际上这一制度与中央集权制相背离，它们隐匿了大量的人口，使国家的编户齐民减少，税收减少，而且坞堡有较强的独立性，当中央政府软弱无力时，他们往往成为国家的离心力，不利于国家的大一统。在中央集权强而有力时，对其采取措施是势在必行的，早在公元 481 年，北魏就曾经进行过人口清理，但收效不明显。为了配合均田制的推行，理清户籍，公元 486 年，汉族士人李冲上书提议建立三长制，取消宗主督护制。三长制的具体内容是：五家立一邻长，五邻立一里长，五里立一党长，三长由乡里有名望且守法之人担任，这实际是一种基层社会结构形式。三长的作用就是"定人户籍"，即进行人口普查，征发徭役和赋税，维持秩序。政府可以免除三长家中一至三人的差役。三长制的建立对隐匿人口的世家大族来说是个噩耗，他们极不情愿将这些劳动力归还国家，故秘书令高佑、中书令郑羲、著作郎傅思义等纷纷出面反对，但冯太后断然下令执行，于是“初立党、里、邻三长，定人户籍”。三长制的实行打击了豪强大族，其所荫庇的人口被检括出来成为国家的编户齐民，国家加强了对人民的控制，增加了赋役来源，而个体农户所受的剥削也相对减轻了，标志着北魏政权进一步封建化。

综上所述，冯太后执政期间所推行的俸禄制、均田制、租庸调制、三长制都是由汉族士人提议，冯太后决定实施的，它完成了具有决定意义的政治、经济政策的重大调整。三者相互配合，互为条件，产生了明显的成效，对北魏政权产生了深远的影响，起到了巩固封建政权的统治的作用，也为后世提供了借鉴。

(2)孝文帝改革

孝文帝是献文帝的长子，皇兴元年生于平城，“卓然有君人之表”，其出生后由祖母冯太后抚养。迫于冯太后的压力献文帝禅位于孝文帝，此后，大权一直掌握在其祖母冯太后的手中。孝文帝一直谨言慎行，唯恐被废，故前期未见孝文帝有所作为，直至公元490年冯太后去世，孝文帝亲政。为了摆脱冯太后的影响，实现自己的政治抱负，在文明太后改革的基础上，他又大刀阔斧地进行了新一轮的改革，把汉化改革进一步深入。

首先，迁都洛阳。道武帝拓跋珪定都平城后，拓跋部在平城繁衍了近百年，这里成了北魏的政治中心。但至拓跋焘统一北方后，平城已经不适合作为都城。它地处塞外，自然条件恶劣，经济落后，且交通不便，无法有效地遥控中原，要想进一步统一全国，迁都势在必行。另外，平城也是保守势力的所在地，要想进一步深化改革，必须离开平城。但迁往哪里却是个棘手的问题，就北魏的统治范围来看，长安、洛阳和邺均可选择，三者均为古都，地理位置优越，且经济也比较发达，那孝文帝为何最终选择洛阳作为都城呢？从军事战略上考虑，要统一全国，必须将都城迁至靠近南朝的地区，这样既方便日后指挥大规模的统一战争，亦可增加对南朝的威胁。三城之中洛阳离南朝最近，地理位置最佳，进可攻退可守。洛阳虽好，但要让鲜卑贵族心甘情愿地离开平城是不可能的，对这点孝文帝心知肚明，只能采取机动灵活的政治手腕。故孝文帝没有贸然行动，而是设计了周密的计划，只待鲜卑旧贵族落入彀中，他先以南征的名义率领大队人马南下，到达洛阳后，人马疲惫，孝文帝趁机提出要迁都，否则就要继续南征，群臣极为害怕不得不同意迁都，接着，孝文帝便派心腹回平城宣布迁都之意。经过一系列的斗争，直至公元 495 年平城的百姓和百官才完全迁至洛阳。迁都大业完成，迁往洛阳的人籍贯全部改为洛阳，死后不得运回塞北安葬。孝文帝迁都是北魏汉化的关键性措施，鲜卑贵族离开平城后，他们所依赖的外部环境已经不复存在，所以坚守鲜卑旧俗已经不太可能，为接下来的一系列消除鲜卑旧俗的改革打下了基础。

其次，改革官制。北魏初期虽置百官，但十分混乱，胡汉混杂，而且鲜卑制常常处于主导地位，压制汉族官吏和机构，要仿照汉族建立完整的中央机构，官制改革也是必不可少的。孝文帝重用南朝降臣王肃拟定官制，中央设三公、尚书、中书、九卿等，地方设刺史、太守、县令等，实行五等爵制，具体可参《魏书·官氏志》。官制改革对原有的鲜卑官制进行了取缔，扩大了汉族官僚机构的权力，实现了职官机构和称谓的汉化。

再次，改革鲜卑风俗，下令说汉话，着汉服。此时，北魏的改革已经由制度层面步入到文化层面，虽然语言、服装都是小事，但却是本民族的文化代表，是一个民族的标志，要进行文化层面的变革，改服装、语言是一项重要内容。北魏前期，朝内汉人、鲜卑人皆有，他们相互影响，语言也经常是夷夏之音相杂，为了消除这一问题，孝文帝下令“不得以北俗之语言于朝廷，若有违者，勉所居官”。

此外，服饰方面，鲜卑族与汉族也有着明显的不同，他们习惯把头发编起来盘在脑后，穿夹领小袖的短衣服，方便骑马；而汉人则习惯束发纶巾，宽衣大袖，风度翩翩。为此，孝文帝主张对服饰进行改革，下令“革衣服之制”，不准任何人再穿鲜卑服，首先是朝服改革，然后是后宫和平民，改革后的服饰与汉族无异。

第四，改鲜卑姓氏为汉姓。鲜卑族的姓氏来源于部落名，多为复姓，为了消除这种民族差异，彻底地与汉人融合，公元 496 年孝文帝下令将鲜卑族的复姓改为单姓，如拓跋氏改成元氏，独孤氏改成刘氏，步六孤氏改为陆氏，共改一百一十八姓，这一改革为进一步推行门第婚创造了条件。

第五，在鲜卑族中定族姓。为了进一步促进鲜卑族与汉族上层的合流，孝文帝在改革姓氏基础上，进一步将汉族的门阀制度引入鲜卑族中，即所谓的“分氏定族”，将鲜卑族分为三六九等，与汉族门第相适应。针对战争导致汉族门第混乱的情况，孝文帝重新划分汉族士族的门第，规定吏部选拔人才必须依照门第。为了缩小与汉族高门的差距，孝文帝明令禁止鲜卑贵族与贱人通婚，鼓励鲜卑族的高门与汉族高门通婚，促使鲜卑、汉一体化，他还身先士卒，先后迎娶了几位汉族世族的女子为妃，并为其弟弟们迎娶汉族高门女子为妻，他的女儿也嫁给了汉族地主。通过鲜卑族和汉族上层的联姻，使二者利害同系一处，消除了他们之间的对立情绪，扩大了北魏的统治基础，北魏政权的民族色彩逐渐淡去。但这种做法算不上是进步，当时李冲、李彪等人也提出了反对意见，因为此时士族门阀制度已经走向没落，而孝文帝提倡这种制度，加速了鲜卑贵族的腐化，孝文帝改革后北魏就走向了没落。

除此之外，孝文帝还修订律令，由于北魏早期的法律受部落习惯法的影响较为野蛮，孝文帝亲政后，两次组织修订律令，将门房之诛等酷刑废止。仿照汉人制礼作乐，重视儒家学说，建立国子学、太学，实行考课制度等，都是北魏汉化的结果。改革后的洛阳“礼仪富盛，人物殷阜”，令南方的士人也感到吃惊，可见其成效是卓越的。

移风易俗虽多为琐事，但一个民族的习俗是经过长时间的积淀才形成的，它与民族的特质和文化紧密相连。孝文帝的这一系列措施将鲜卑族原有的最民族性的东西抹杀了，民族的标志消失了，旧贵族以原有的标志为骄傲，就这样剥夺了他们的骄傲，这不能不引起他们的反对。以穆泰、元丕等人为首的鲜卑旧贵族反对迁都，服饰、语言等也不肯改变，孝文帝对他们予以忍让。但他们不满足于此，进而怂恿太子恂发动政变，孝文帝被迫废杀太子，以儆效尤，这反而让他们铤而走险，穆泰、陆睿发动了武装叛乱，这次叛乱很快被平定下去，一干人等被处死，旧贵族的势力遭到了沉重的打击，改革的成果保住了。

其实，鲜卑族从接触汉文明开始就在不自觉地进行汉化，社会发展到一定程度，汉化成为大势所趋，统治者就会将这种不自觉的汉化变为自觉，这个责任就落到了孝文帝的肩上。孝文帝的汉化改革是魏晋南北朝时期民族融合的一个总结，它推动了鲜卑族的汉化，继承和发扬了汉族的文化，在中国改革史上占有重要的地位。孝文帝的改革与其他改革有着明显的不同，他不是一般的兴利除弊，也不仅仅是调整生产关系中不适应生产力的部分，头痛医头脚痛医脚，而是将鲜卑族多年来积淀的文化全部抛弃，完全按照汉族的模式进行改造，其所遭遇的反抗力量是不可想象的。虽然如此，孝文帝还是义无反顾地走下去。孝文帝是一位杰出的政治家，他改革的许多内容都被后面的王朝所借鉴、发展。孝文帝的汉化改革是极其彻底的,鲜卑族在此次汉化改革中基本已经融入汉族的大家庭,为中华民族注入了新的活力 。

公元499年,孝文帝在南征途中病亡,改革仅仅持续了四年时间就被迫中断。孝文帝死后三十五年,北魏灭亡了。孝文帝改革虽说取得了巨大的成功,但为什么这次成功的改革没有能够使北魏摆脱统治危机,起死回生,创造"商鞅变法式"的奇迹呢?当然孝文帝的早死是这次改革中断的主要原因,但改革本身也是存在缺陷的。在其改革期间,为了保证鲜卑贵族的社会地位,人为地制创造了一些世家大族,此时正处于门阀世族衰落之际,孝文帝此举颇不合时宜。由于门阀世族的特权极多,具有很大的腐蚀性,此举加速了鲜卑贵族的腐化,孝文帝死后北魏很快就腐败不堪了。这种做法也造成了鲜卑族内部的不平衡,来洛者荣华富贵,留北者无人理会,留在北方的人心存不满,他们痛恨汉化,痛恨汉化了鲜卑贵族,这种不满给北魏政权带来了潜在的危机。孝文帝的改革时间过短,而他的后继者又没有适时地调整这种矛盾,导致其愈演愈烈,才发生了后来的六镇起义,直接促成了北魏的分裂。孝文帝的汉化改革只是局限在鲜卑族内部,其目的也是促进鲜卑族的汉化,但从整体上来看,对当时已经存在的汉文化、典章制度等没有起到多大的推动作用。

(3)启示

在整个南北朝时期,孝文帝的改革相当令人瞩目。少数民族入主中原所建立的政权要想统治长久,都有一项重要的任务就是汉化,北魏正是处于这样一个民族大融合的时代,前期不自觉的汉化已经进行的差不多了,自觉汉化的时机已经成熟,用先进的汉族文化改革本民族落后的文化势在必行,否则必将使北魏的大厦解体,冯太后和孝文帝顺应历史潮流,通过均田制、三长制、移风易俗等措施,主动向先进地区学习,适时地完成了汉化的任务。孝文帝的成功给了我们众多启示:

首先,入主中原的少数民族要想长治久安,汉化是必不可少的。少数民族原来的生活方式根本不适合中原,如果继续保持原有的陈规陋俗就只能自取灭亡,要变被动落后为主动进步,主动向先进地区学习,这样才能取得长足的进步。这既是顺应历史发展规律,又是孝文帝改革成功的根本原因所在。

其次,汉化的改革不能一蹴而就,需要从制度到文化层层递进,有一套完整的方案。孝文帝的改革先从制度层面展开，包括均田制、租庸调制、三长制等，三者无为表里，互相促进，取得了明显的成效。在制度层面基本完成后，才深入到文化层面。首先，迁都洛阳，切断守旧贵族的后路；其次，进行语言、服饰、姓氏等全盘汉化的改革，层层深入，环环相扣。由于有了前期的基础，后期的改革可谓顺风顺水。

再次，汉化需要统治者从上层开始一一向下推行，不可能指望下面自觉变革。不用说普通百姓，就是原有的鲜卑旧贵族也不可能主动汉化，他们习惯旧俗，并在其中得到了好处，对他们存有幻想是不现实的，所以必须由最高统治者通过强制措施向下推行，一步步清除障碍，才能达到应有的效果。最高统治者也要身先士卒，比如改姓氏时先将拓跋氏改为元氏，提倡高门联姻时自己先娶汉族世族的女子为妻，在碰到阻碍时先从太子元恂开刀，大义灭亲，可以起到杀一儆百的效果。

第四，汉化改革要善于运用计谋，减少阻力。要彻底地扬弃原有的风俗习惯、文化制度必然会碰到难以想象的阻力，如果强硬地去执行，可能会造成不良后果，甚至会危及统治，适当地运用计谋，会收到事半功倍的效果。比如孝文帝迁都洛阳，对生活在北方久了的鲜卑贵族肯定极不情愿，如果朝议根本无法通过，故孝文帝以南征名义出兵，到了洛阳再讨论迁都之事，守旧贵族不得不同意。

总之，作为一位少数民族的帝王，能够顺应历史潮流，冲破民族偏见，排除万难，自觉地向汉族学习先进的文化，并为此设计了周密的改革方案，逐步地实现了鲜卑族拓跋部的汉化，为中华民族补充了新的血液，使其变得更加蓬勃有朝气，也为后来的隋唐盛世的出现奠定了基础。

3. 王安石变法

(1)王安石其人

王安石，字介甫，号半山，抚州临川人，是北宋时期蜚声政界和文坛的改革家、文学家。少时喜好读书，有过目不忘之功，且文笔优美。十九岁之前跟随父亲到各地任职，目睹了百姓的痛苦生活，给他留下了不可磨灭的印象。据《宋史·王安石传》记载，王安石本人“性强忮，遇事无可否，自信所见，执意不回”，这种百折不挠的性格为他能冲破重重阻力推行改革奠定了素质基础。庆历二年(1042)王安石考中进士，开始踏上了仕途。经过十六七年的为官经历，他总结出了一些经验和教训，而恰在此时，朝廷危机加深，各派倡导改革的呼声高涨。趁此时机，王安石提交了《上仁宗皇帝言事书》，从法度、吏治等方面指出了北宋王朝所存的危机与矛盾，针对此提出了改革的意见和方法。此次上书虽然不够具体和全面，但却是熙宁新法的前奏，表明了王安石的理想和行事方式，希望通过最高统治者来推行新的政策，整顿吏治，缓和矛盾，维护统治。此次上书虽然没有引起皇帝和大臣的重视，却使他声名鹊起。后来王安石又多次拒绝清流之京官，申请外任，在士大夫中声望极高，士大夫"恨不识其面"。另外，作为改革家，王安石有极其坚定的立场，他提出了著名的"三不足论"："天变不足畏，祖宗不足法，人言不足恤"，这个理论也为其即将开始的改革造势。

(2)王安石变法

庆历新政失败后，社会矛盾更加激化，民族矛盾与阶级矛盾交织国家危机进一步加深。随着社会矛盾的加剧和外来压力的增大，整个统治集团都处于担忧之中，一些有远见的士大夫纷纷要求改革。"世之名士常患法之不变"，不断议论如何富国强兵，改革的呼声汇成一片洪流，这为王安石变法奠定了舆论基础。此外，王安石变法之前，一些有志之士在某些地区针对存在的问题采取了一些革除积弊的措施，如青苗法、募役法、保甲法，并取得了积极的效果，为王安石变法提供了实践经验和成功的先例。王安石变法有了理论基础，也有了实践基础，只需要一个时机。而恰在此时，保守无为的宋仁宗去世，为变法创造了一个新环境，即位的宋英宗享国不长，支持改革的重担就落在了其子宋神宗身上。宋神宗即位前，已经对宋朝的局势感到不安，有意向改变这种积贫积弱的局面，他很赞赏王安石的《上仁宗皇帝言事书》。于是，宋神宗多次与之商议政事，先起用他为江宁知府，几个月后又召为翰林学士兼侍讲，并不断鼓励其进行变法改革。

熙宁二年(1069)，宋神宗力排众议，任命王安石为参知政事，一年后，又晋升其为同中书门下平章事，主持变法。王安石变法从熙宁二年开始到熙宁九年(1076)第二次罢相为止，共历七年多的时间。王安石提拔了曾布、吕惠卿、章惇等新秀作为变法的主干力量，掀起了一场全方位、多层次的大规模的变法运动，内容涉及政治、财政、经济、军事和官僚机构等方面。

政治方面，首先调整官僚机构。北宋初期，为了防治唐末五代"君弱臣强"的弊病，对官吏采取分权而治之的策略，增设机构，增加官员，"一官而数人居之，一事而数人治之”，结果造成机构庞杂的局面，遇事则互相推诿，权责不明，不利于新法的推行，必须进行调整。但鉴于庆历新政的失败，王安石不敢大幅度的改革，在充分利用原有机构的基础上，策略性的先后改造了中书政事堂、三司，使其提高了工作效率，发挥了应有的作用，尤其是在三司设立了立法机构——“制置三司条例司”，负责制定相关的财政、经济的法令，使之成为变法改革的指导机构。仅仅改造是不够的，王安石又根据改革的需要增设了一些新的机构，如京城的“都市易司”、各州的“市易务”掌商业管理；“提举常平司”“常平案”管青苗法的实施，在不触及旧官僚制度的情况下提高了工作效率。当然北宋的突出问题是官僚机构臃肿，适当地裁减是必需的，故其精简了铨选机构，省并了一些州县建制，这样节省了政府的支出和百姓的负担。

其次，整顿吏治。北宋初期控制官吏的策略虽然取得了良好的成效，但也使吏治出现了因循苟且的弊病，各级官吏做一天和尚撞一天钟，不作长远之计。针对官僚队伍的暮霭沉沉，王安石否定论资排辈，主张任人以贤，而且要加强考课，成绩优异者提拔、奖赏，成绩庸碌者惩罚，这对吏治的改变起到了一定的作用。对老病昏庸者的处理，王安石吸取了范仲淹的教训，专设一些养老的部门来安置他们，使其可以享受优厚的俸禄，又不会阻碍变法的推行。为了吏治的清明，王安石还提高了中下层官吏的待遇，加重了请托、腐败的处罚。除了在职的官吏处理，更为重要的是新人才的选拔，如何选拔有利于新法的人才是至关重要的。王安石对支持变法的后生实行破格提拔，对支持变法的士大夫进行笼络，扩大了变法派的基础。

再次，变革科举制度。王安石指出科举取士的结果是“使之从政，而茫然不知其方”，鉴于这个问题，他提出“贡举法不可不变”。熙宁四年，王安石拟定了新的科举办法，废除了明经诸科的考试，只留进士科，且加强了对考生分析问题和针砭时政能力的测试。科举考试的变革，促进了各官私学校教学内容的变化，提高了士人关心政局、解决实际问题的能力。而且这样科选出来的人才往往也是变法派的拥护者，为改革派积蓄了后备力量。

第四，发展教育。要培养、选拔变法人才，离不开教育，王安石逐渐恢复各类学校，创设三舍法，通过整顿学校、改变教学内容、增加武学、律学、医学等新学科的方式，为国家培养了一批为封建统治服务的人才，适应了改革的需要，另外，这些改革对宋代文化的发展和繁荣也起到了重要的作用。

军事方面，首先裁减冗兵。北宋的衰弱与冗兵有着密切的关系，占有国家税收大半的军队却内不能镇压农民起义，外不能抵御外敌入侵，因此，整顿军队，提高战斗力是王安石变法的一个重要内容。王安石首先从合并军营着手，将人数不足者进行裁并，全国的军营减少了三分之一，接着又降低免役年龄，从 61 岁降到 45 岁，这样许多老兵被淘汰，被裁减的老兵及其家属可以得到一定的安置。对剩下的人提高待遇，加强训练和管理，这样不但军队数量减少，国家负担减轻，而且战斗力也有所提高，可谓一举两得。

其次，废除“更戍制”，推行“将兵法”。宋朝实行轮换防守的更戍法及调兵权与统兵权相分离的制度，一定程度上防止了兵变与将领反叛，但随着时间的发展，这两种制度走向了极端，产生了极其消极的影响。更戍法使士兵疲于征途，缺乏时间训练，而调兵与统兵权的分离使战场上兵不识将，将亦不懂用兵之长，号令不严，指挥无力，军队战斗力极弱。对外战争节节败退，军事改革迫在眉睫，于是王安石用将兵法代替了更戍制。将兵法一改兵不识将，将不知兵的情况，由政府选派有作战经验的将领专门负责某一地区驻军的训练，并逐渐缩小更戍法的调动范围，减少调动，集中兵力。将兵是在并营的基础上设立指挥，成为管辖军务的军队编制单位，这样摆脱了地方对军队的干预和束缚，将领有了更多的主动性和自由。

再次，创制军器监，改善武器。原来的武器制造由三司所属的胄案管理，但主管官员根本不负责任，甚至侵夺劳动力，所造的武器质量极差，为了改变这种情况，熙宁六年(1073)设立了军器监，负责招募各地技术熟练的工人制造军器，并鼓励他们竞争、改良兵器。军器监的设置改善了制造武器的质量，数量也有所增加，“可足数十年之用”，有利于提高部队的战斗力。

第四，推行保甲法。宋朝到了宋神宗时期，阶级矛盾已经十分尖锐了，作为统治阶级的一员，王安石十分担忧，如何有效地控制基层的劳动者以稳固统治呢？改革派想到了兵农合一的制度，在他们的主张下，宋神宗颁布了《畿县保甲条例》，在地方上建立起兵农合一的基层军事体制。保甲法首先在京城开封周围推行，后慢慢推向全国。保甲法中的保长、大保长都是由地主阶级来担任的，其实际上是统治者设在基层的治安网，他们可以随时替统治阶级监视被统治者的一举一动，利用保丁及时镇压，这样“盗贼比之昔时十减七八”，有利于稳定统治秩序。王安石说：“保甲之成法，则寇乱息而威势强矣”。保甲法的妙用绝不止此，大量的保丁身强力壮，且属于主户，即拥有一定数量的土地，属于地主阶级，如果加以训练可以节省国家大量的募兵经费。于是，政府下令每年农闲时将保丁集中起来，教以武艺，成绩优异者给予奖励，这样他们逐渐成了训练有素的民兵，所谓“教艺既成，更胜正兵”，成为国家的重要军事辅助力量。

第五，实行保马法。保马法是在保甲法的基础上实行的，宋朝的军马本是由官府的牧监饲养，但其占地广阔，花费甚多，往往以一匹马要花费五百多贯钱，就这样饲养出来的马还多不能用于战争，养马年年亏损，故群牧使李中师提出“养马于民”的建议，后经过试行，逐渐在全国推广开来。养马法规定养马自愿，马由政府配给，养马户可以免除一些赋税，但马死了要予以赔偿，不是追逐盗贼等特殊情况，骑马不得超过三百里，每年检查一次养马的情况。这样，既减少了马匹死亡的数量，又减少了政府的开支，一举两得。

农业经济方面，首先实行青苗法。北宋初年设立常平仓、广惠仓调节谷价，以防止谷贱伤农，谷贵伤民，并取得了一定的成效，但到了北宋中期的时候，各地官吏不再认真执行这一政策，往往中饱私囊，勾结豪商富贾一起压榨百姓，常平仓、广惠仓失去了原有的作用。在青黄不接之时，百姓只能借高利贷，往往造成破产。为此，王安石依据某些地区的实践，推行青苗法，实行低利息贷款，缓解农民之急需，压制豪强，使贫民得以安身，以缓和矛盾。青苗法规定将各常平仓的存粮兑换成现钱，各州县的民户在每年夏秋两收前，可自愿到当地官府借贷现钱以补助耕作，贷款数额依各户资产分五等，一等户每次可借十五贯，末等户可借一贯五百文。归还时取息2分，随夏秋两税交纳，可交纳现钱或还本息，遇到灾荒年可延期归还。为防止借户逃亡，要求五户结为一保，由三等以上户作为甲头，根据其家产多少贷付。这项措施实际上是利用官府的力量抑制兼并，缓和矛盾，推动农业生产的发展，同时也增加了国家的收入，缓和了财政危机。

其次，推行免役法。宋朝初期实行差役法，国家将所有的民户分为九等，五等以下一律免役，上四等户根据资产多少派发不同的徭役，主要包括里正、衙前、户长、乡书手、承符、人力、手力、散从官、壮丁等，实际上服役人员多为中小地主和较为富裕的自耕农。这些差役往往可以折腾的人倾家荡产，因此老百姓想方设法降低户等，甚至放弃土地，这既不利于生产的发展，又容易滋生矛盾和冲突。为此，一些地方官员尝试着进行改革，以募役代替差役。至熙宁四年(1071)才正式颁布免役法，即应当轮役的民户按照户等高下出免役钱给政府，由政府雇人服役。免役法规定对重的差役如里正和衙前等，不再实行差派，而是实行雇募制度，所用雇费由承担差役的四等以上户交纳，称为免役钱。而以前不承担差役的官户、坊户、僧道等也要按照财产的多少减半交纳助役钱。另外，在免役钱的基础上，又加收百分之二十，称为宽剩钱，用于防备水旱灾害。免役钱和助役钱分夏秋两季征收，各地根据所需数量进行摊派，有一定的灵活性。王安石称免役法"均平如一，举天下之役，人人用募；释天下之农，归于畎亩"。免役法减轻了农户一些徭役负担，使之有足够的时间务农和经商，有利于经济的发展，推动货币的广泛应用。助役钱的征收一定意义上起到了均役的作用，增加了国家的收入。

再次，颁布方田均税法。北宋立国后没有进行田亩的核查，导致"产去税存"、"隐产漏税"等问题，严重影响了政府的财政收入，激化了阶级矛盾。一些大臣积极主张清丈土地、均定田赋，而此时方田均税法在地方上已经有了一些实践经验。熙宁五年(1072)八月颁布方田均税法，内容包括丈量土地和均定田税两方面，前者是后者的基础，后者是前者的目的。为了保证这项改革的公平性和有效性，规定如果百姓对土地的丈量存在异议必须重新丈量。方田均税法主要在平原地区实施，经过慢慢地适应和推广，并不断地补充和完善，十几年间清丈出二百五十多万顷土地，取得了一定的成效，沉重打击了隐田漏税之徒。

第四，实行农田水利法。王安石任参知政事后，通过考察制定了《农田水利法》，于熙宁二年开始颁布实施，其主要内容包括鼓励百姓提供当地农田水利的情况和建议，经官员考察核实后，由州县负责实施工程；各州县对管辖范围内的水利工程进行调查，绘制成图，说明具体的修建办法，呈报上级；一般是受益人户出资出力，但如果工程过于浩大，政府或者富户可以出钱贷款。在这项措施的刺激下，全国兴起了兴修水利的高潮，疏通了河道，建立了湖陂，扩大了水田的面积，创造了不少兴修水利的经验，对发展生产起到了一定的作用。由于此法规定对于兴修农田水利作出贡献的人，政府要予以奖励，甚至出钱多的人还可以量才录用，故而许多人因此封官。地方官吏积极支持此法，成绩显著者，还可以升级或者得到赏赐。

商业经济方面，首先实行均输法。北宋的都城汴梁人口众多，消费量大，皆依仗外部物资运输来京。但负责运输的发运使并不了解京师的需求情况，往往花费巨额运费运来的产品却因过剩而半价抛售，京师缺少的货物因未运到而不得不高价购买富商大贾的产品，供求关系脱节，使富商大贾有机会牟取暴利。为了平准各地物价，解决京师的物资运输问题，熙宁二年颁布了均输法，利用国家的力量对经济加以调节和疏通。首先选用薛向任六路发运使，发运使有足够的经济权力，他可以根据六路的生产情况和京师的需求情况进行协调，并拨出一些粮钱作为本钱，以便在丰收和价格低廉时购买物品。无论是购买还是收税都坚持"徙贵就贱，用近易远"的原则，即尽量在生产区购买和征收以节省运费和购价。均输法对解决京师的供应起了积极作用，同时也减轻了百姓的负担，达到了"便转输、省劳费、去重敛、宽农民"的目的。

其次，推行市易法。北宋时期商业发展迅速，部分大商人兼并土地，盘剥市民，垄断市场，激化了阶级矛盾。为把市场的操控权收到政府手中，稳定物价，增加政府收入，熙宁五年(1072)在汴梁设立了市易务，设立监官、提举官、勾当公事官，招徕一些牙人做市易务的行人，负责管理实施平准市场的工作，并从内藏库中拨出一百万贯作为本钱。市易法共十二条，主要包括设置相关官员负责收购滞销货物；收购的货物赊给店铺去卖，半年收10%的利息；在市易务中任职的大商人可以抵押产业向市易务借款；外来商人的货物亦可卖给市易务等。市易法的推行打破了大商人对市场的垄断，平稳了市场贸易，保护了中小商人和外来商人的利益，在繁荣商业的同时，也增加了国家的税收。

再次，推行免行法。北宋时期，各个商业巨头带头建立了商行，他们以沉重的行例阻碍一般小商贩入行，并把官府宫廷采购的重担转嫁到中下等商人的头上，使其难以为继。为了限制官府对各行的任意压榨，政府出台了"免行条贯"，规定各商行根据获利多少按月或者按季交纳免行钱之后，不再摊派徭役和征用物资，由政府用免行钱雇佣和购买。免行法促进了商业的发展，增加了国家的收入。

第四，禁榷制度的变更。盐、铁、酒等专卖有着长久的历史，宋代为了缓解中央的财政危机加强了对专卖的控制。但因政府管理不善，导致质量差、价格高，私造私贩者屡禁不止。因此，王安石变法期间对茶法、盐法、酒法、矾法等进行了变革，排挤了大商人，放宽了对生产的控制，加强了对流通的控制。

王安石的改革以富国强兵为目的；以理财为中心；以发展生产为路线，

新法涉及农业、手工业以及商业,从农村到城市,从经济基础到上层建筑都进行了史无前例的改革。改革以开源为主,注意节流,不增加百姓的负担而国用足,如将兵法、保马法的实施提高了军队的素质和战斗力;吏治的改革提高了官吏的素质,减轻了国家的财政负担;青苗法、农田水利法有利于农业生产的恢复;方田均税法纠正了"产去税存"的弊病。改革打击了豪强大地主,抑制了兼并,扩大了普通老百姓的生存空间,扭转了中央财政困难的局面,加强了宋王朝的统治,调节了封建生产关系,促进了社会生产进一步发展。总之,王安石变法是在维护地主阶级整体利益的前提下,所进行的一场全国范围的伟大的改革运动。

但这次伟大的改革运动结局并不圆满,甚至整个变法过程都充满着斗争,司马光说王安石是"力战天下之人,与之一决胜负"。在宋神宗未变法时,司马光就提出"祖宗之法不可变";在宋神宗试图起用王安石时,富弼提出"安石为翰林则有余,处辅弼之地则不可";熙宁元年(1062)王安石和司马光就"国用不足"问题进行了争论,司马光主张节流,而王安石主张开源;宋神宗多次召见王安石共议,欲用其为参知政事,遭到孙固、唐介等极力反对;在青苗法、免役法公布后,变法与反变法斗争进入第一个高潮,甚至逼得王安石上书请辞。当然,变法派也对反变法派进行了反击,前期基本都取得了胜利,稳定了自己的地位,推行了一些政治、经济、军事方面的改革。但随着变法的进一步推进,反变法派再次卷土重来,此时反对力量中又加入了外部的敌对力量。王安石变法加强了北宋的军事实力,在契丹统治集团中引起了强烈的反响,他们试图在边境给宋政府以压力;反变法派趁机煽风点火,诬称边境的压力是王安石变法所致,进而利用手中的权力暗中阻挠变法的推进,甚至以"天灾屡见"来吓唬宋神宗,其他皇亲国戚、甚至皇后、太后都不断攻击王安石变法。在朝野内外一片反对变法之声中,宋神宗开始动摇,变法难以为继,王安石恳请辞职,出任江宁知府。一年后王安石复出,但变法派内部出现了分裂,曾布、吕惠卿等变法派的中坚力量也出现了反复,曾布对市易法反戈相击,吕惠卿与王安石对新法的具体问题争执不断,分歧很多。这些变故使王安石意志消沉,而且宋神宗也越来越不重视王安石的意见。在这种情况下,变法难以推进,加之此时爱子病故,王安石再次辞去相位,退居江宁,直至去世。

王安石离任,新法并未废除,宋神宗还试图继续推行变法,但变法却偏离了方向，引起百姓和百官的反对。元丰八年(1085)宋神宗去世，十岁的小皇帝赵煦即位，是为宋哲宗。哲宗年幼，顽固派的代表高太后主持朝政，她反对变法，起用司马光等反变法派，不分青红皂白地将新法全部废除，史称元祐更化。此后，这些守旧官员把精力都放在党派斗争方面，使宋王朝越来越衰弱。哲宗亲政后，不满于元祐大臣的所作所为，一反高太后的做法，开始重用变法派，着手恢复新法，史称绍圣绍述。变法派执政后，开始了对元祐大臣的报复，完全变成了党争，士大夫自觉或不自觉地都卷入了党争，变法与反变法成为一件外衣、一个幌子而已。北宋便在这种变法与反变法中慢慢走向衰亡。

纵观王安石变法，其用心不可谓不深，用力不可谓不勤，可变法还是失败了，王安石也被迫远离朝堂，其缘由约略如下：

第一，王安石对于改革最终目的的盲目性，对于政策的实施并未一以贯之；第二，王安石的经济改革不是把重点放在发展生产力上，而是放在敛财上，不仅打击豪强大地主，也剥削了小地主和农民，虽是为富国强兵，但他忽视了民富才能真正实现国富，反而走向了国富民穷的反面；第三，没有触动封建经济基础的弊病，不能解决贫者无立锥之地的困境；第四，没有触动上层建筑的腐朽统治，在变法的同时又产生了新的弊病；第五，变法从一开始就没有做到立法与行政、理论与实践、中央与地方的统一；第六，在变法过程中对于人才的界定出了问题，人才的标准在于是否支持变法，对于不支持变法者恶意中伤，使之无用武之地；第七，改革作为自上而下的社会变革运动，缺少深厚的群众基础；第八，强大的保守派一波接一波的攻击，使变法派疲于应付，逐渐处于劣势；第九，改革吸收人才鱼龙混杂，到了后期出现内讧，逼得王安石退位，削弱了改革派的力量；第十，王安石性格过于偏激，不注意拉拢和团结观望派，而是一味地打击，使之走向了变法派的对立面，变法阻力变大；第十一，王安石改革的重点放在经济上，确切地说是放在理财上，而对当时问题较大的官僚机构的改革，由于惧怕阻力，只是停留在表面；第十二，随着改革的深入，必然会遭遇他们的强烈反对，要想改革继续进行下去需要皇帝的支持，宋神宗的动摇是王安石变法失败的直接原因。梁启超在《王安石传》中讲到“在专制政体之下，其政治家苟非得君之专，而能有所建树者，未之闻也。”当皇帝对新法失去兴趣时，也就是新法失败之时，策划改革的大臣只能成为改革的牺牲品。

(3)是非功过

王安石变法自开始至千年后的今天,始终议论汹汹,对于王安石变法的评价可谓见仁见智。宋代很多人对此持全盘否定态度,甚至彻底否定王安石其人,元明清时期肯定王安石变法的人也不多,近代人的研究涉及正反两个方面,如梁启超在《王荆公》一书中阐发了改革的业绩和某些失误,改革开放后学者深入研究之后大多肯定王安石变法,少有论其不足者。在此公允地提几点看法:

①经过一个世纪的发展,北宋的问题到了非改不可的地步,而恰在此时王安石敢于站出来主持改革大局,故其改革精神是值得钦佩的。

②形形色色的变法措施,不可一概而论,就富国强兵为出发点的改革来看,改革确实达到了富国的目的,国家财政收入遽增;而强兵在与西夏战争中亦有所体现。

③各项措施基本都能或多或少地限制大地主、大商人的利益,缓解了贫民生活的困难,缓和了阶级矛盾,稳固了统治。

④变法由于各种复杂的主客观因素,并没有得到完全的贯彻,而且在实践中变了样。但青苗法、募役法、农田水利法、方田均税法等对农业的发展有一定的刺激作用。同样,市易法、均输法对商业的繁荣也不无贡献。

⑤纵然新法有着极为显著的病民后果,但不能不正视它在实施初期是有抑制兼并、济民之困的功效的,只是在变法转为以聚敛财富为主要目的之后,这些利民的社会效果才完全走向反面。

⑥对于变法的方式、方法以及所存在的问题,王安石一味地坚持,而对于反对派的指责,王安石也只是一味地反击,没有理性地去思考和分析,吸取合理部分,调整、完善新法。

⑦王安石变法中吏治改革不到位,只要支持变法,形形色色的人都可加入到变法阵营,这样各项优良的措施难免因推行不当而走向其对立面,改变了变法的初衷。

⑧王安石是活生生的人,不是万能的神,不能求全责备,而且其作为统治阶级的代言人重君轻民也是情有可原的。后期王安石变法所出现的新问题和原来的旧弊病纠结在一起,已经远不是王安石的能力可以解决的了。

被列宁誉为"中国十一世纪最伟大的改革家"的王安石,于熙宁年间依靠自己的才智、抱负、谋略进行了一次惊天动地的改革,虽然对此次变法的看法人们还未达成一致，但王安石在这些方面所做的努力是不容忽视的，他所做的努力和尝试都给后人留下了宝贵的经验，树立了光辉的典范。

4. *忽必烈改制*

生活在蒙古高原的蒙古族在其首领铁木真的领导下，四处征伐，建立了地域广阔的大蒙古国，但大蒙古国存在诸多弊政，经常杀掠、屠城、强占民田为牧场、驱使俘虏为奴隶、分封采邑、军阀割据等，严重地破坏了高度发达的封建经济和统治秩序。面对新的形势，成吉思汗及其后继者逐渐革除了一些蒙古族原有的不合时宜的制度，但这些对要顺利统治封建化的中原地区来说还远远不够，武力征伐代替不了政治统治，要想保存蒙古贵族的战果，就必须进行深层次的汉化和封建化，这个重担落在了元朝的建立者忽必烈的肩上。

忽必烈是成吉思汗的孙子，自幼就受到汉文化的教育和影响，成年后更与中原文士接触较多，在汉族士人刘秉忠、张文谦等人的影响下，他在漠南地区采取用汉法治汉地的策略，取得了一定的成效，虽后来被迫中止，但却是一次有益的尝试，为统治汉族地区积累了经验。公元 1260 年，忽必烈即汗位，建元中统，初始忽必烈对汉儒极度信任，各地世侯集大权于一身，李璮事变之后，忽必烈开始猜忌汉人，并诱使其交出兵权，一一取消其权力，经过一系列的巩固，忽必烈地位得以稳定，他开始筹措灭南宋的事宜，经过三年的征战，南宋灭亡，元朝统一了全国，结束了五代十国以来的分裂局面。但元朝是尚未完全开化的蒙古族通过武力征服而建立起来的王朝，多年的征战破坏了高度发达的封建经济，先进的社会制度濒临被破坏的边缘，社会不是发展而是倒退，无法实现有效统治。要实现统治汉人和中原的目的，必须改革旧俗，实行汉化。为此，忽必烈在汉族地主知识分子的推动下进行了一些改制。

首先，建国号元，年号中统，定都大都，依照汉族习俗设置各级统治机构，中央建立尚书省、枢密院、御史台、大司农司等，这是效法中原王朝的传统。地方设立行中书省、行枢密院、行御史台，这是元朝的一大创造，也是中国政治制度史上的一大变革，为后世所沿用。

其次，实行俸禄制。蒙古初入中原时，由于其长期处于游牧生活状态，不具备封建社会必需的一些政治素养，他们习惯于赤裸裸的抢劫和掠夺。

忽必烈一改贵族、官员无俸禄靠掠夺积累财富的旧俗，开始实行俸禄制度。这与北魏孝文帝改革颇为相似，改变了各级官吏取无定制，任性贪诈的历史，有积极的意义。不过元朝官吏的俸禄是在正税之外另行征收的，加重了百姓的负担，这与以往的朝代不同。它废除了各级诸侯官吏的世袭制，依据考核的优劣进行升降，对官吏队伍的发展有积极的意义。

再次，立储君。鉴于大蒙古国的汗位继承没有一定之规，皇室诸王经常为争夺汗位互相征伐，导致政局不稳。忽必烈接受了汉儒的建议，实行嫡长子继承制。

第四，立法制，颁布《至元新格》。大扎撒虽是蒙古国的法典，但它是在部落联盟时期制定的，主要是一些习惯法和成吉思汗的命令，不能适应新统治的需要。为此，忽必烈开始命人修订律法，即是《至元新格》，初期的律法比较简陋，经过几代帝王，直至元英宗时才颁布相对完善的《大元通制》。

第五，优待汉族士人，逐渐免除其徭役；仿建国子学、地方学校及书院等，各级学校所教均为儒家经典，培养人才；创制蒙古族自身的文字；制定礼乐、祭祀制度，建立太庙，在全国颁布《通礼》。这均是附会汉法的表现。

第六，劝课农桑，建立封建的经济命脉。针对蒙古国早期的征服、杀戮政策所造成的巨大危害，忽必烈认为有必要实行新政策恢复和发展经济，在他即位后，着手进行这方面的改革：设立劝农司，劝课农桑，以农业生产的发展与否作为官吏升迁的标准，改变游牧经济为主的现状；广兴屯田，兴修水利，鼓励垦荒，甚至勒令驻军耕种荒地；颁布《农桑辑要》，推广先进的生产技术；战争中减少杀戮，禁止抑民为奴，保存劳动力；禁止夺农田为牧场，甚至退牧还耕，保证农业生产的顺利进行。

第七，定户籍，收赋税。蒙古贵族意识到赋税比武力掠夺更具优越性，更具长远性之后，元朝开始设立赋役制度。要行赋役，首先要定户籍，元统治者根据职业、民族等将全国人划分为“诸色户计”，依据不同的籍别而收不同的赋税。元朝时南北方实行不同的赋税制，这是以前朝代所不见的，北方大体上依照耶律楚材所定的旧制，主要是税粮和课差；南方则依据南宋的旧例，实行两税法。

第八，关注商业的发展。发展冶铁业，开展海运事业，设立平准库，调节市场，控制经济，针对原来钞法之弊，加强对纸币的管理。

综上所述，忽必烈改制主要涉及建立传统的封建王朝，包括国号、年号、定都、礼乐制度等；实行相关的中央官制和地方官制，确立大一统的中央集权国家；重视封建国家存在的基础——农业的发展；学习和继承汉族的文化传统，这些都顺应了历史潮流，是一个巨大的进步。忽必烈的改革不少地方触犯了蒙古旧制，必然遭到一部分守旧势力的反对，如西北藩王派使者诘难并支持阿里不哥争夺汗位、乃颜与海都发动长达十多年的叛乱，这都是反对改制的具体表现。

蒙古族作为少数民族入主中原后，面对新的形势，新的被统治者，采用原有的统治方式是行不通的。忽必烈励精图治，试图因地制宜地治理汉地，附会汉法进行了一系列的改制，减少了治理汉人的阻力。但忽必烈毕竟是尚未开化的蒙古族的代表，甚至自己对汉法也所知甚少，这限制了他推行汉法的范围和深度，他所做的改制也只是附会而已，没有涉及实质性的变革，只是因现实政治的需要不得已为之，并没有彻底地铲除蒙古族的旧习俗。如在地方设立达鲁花赤，始终将大权放在蒙古贵族手中，汉人只能做蒙古人的助手而已。甚至奉行民族歧视政策，将全国居民分为四个等级：第一等是蒙古人，第二等是色目人，第三等是北方汉人、契丹人、女真人等合称为汉人，第四等是南宋统治区的民众称为南人，这是极为落后的策略，大大加深了民族矛盾。经济方面的改革清理了一些奴隶制残余，社会经济恢复迅速，但许多改革只是发生在华北和长江地区，其他地区依然我行我素；而且为了照顾蒙古贵族的利益，其改革仍留下了很多问题，如推行采邑制度、手工业领域的劳役制度、商业方面的斡脱制度。

忽必烈改革虽然存在这样和那样的问题，但他仍然是当时蒙古贵族中的佼佼者，他取得了汉族地主的支持，进行了由低级社会到高级社会的改革，为元朝的发展奠定了基础。后来由于忽必烈的东征西战，元朝的财政出现了困难，虽采用阿合马的办法等进行了一些改革，但均以失败而告终。

5. 张居正变法

(1)张居正其人

张居正，载誉明史的著名宰相。字叔大，号太岳，今湖北江陵人，官历嘉靖、隆庆、万历三朝，谥号文忠，被尊称文忠公。张居正出身于一个地位并不显赫的家庭，祖父只是个护卫，父亲一辈子乡试都未中过。他自幼聪明过人，才思敏捷，受到各级学官和考官的欣赏，十六岁就中了秀才，殿试亦高中二甲进士，选庶吉士，成为明朝储相的一员。在翰林院期间，张居正得到徐阶的提携，对他后来的仕途有着深远的影响。嘉靖帝死后，朝廷出现了一股革新之风，在隆庆帝的信任和徐阶的重用下，张居正可谓平步青云。自万历元年(1573)，张居正开始担任内阁首辅，他也慨然以天下为己任，针对嘉靖及隆庆朝所存在的突出问题进行了政治、经济、军事方面的改革，一度使明朝重焕青春，因此《明史》赞云："通识时变，勇于任事。神宗初政，起衰振坠，不可谓非干济才"，也被李贽称赞为"宰相之杰"。

(2)改革措施

张居正长达十年的改革，与王安石变法相比，措施可谓是简而精，主要包括考成法和一条鞭法两个方面，具体有：

首先，整顿吏治，厉行法治，推行考成法。张居正意识到明朝政治的混乱源于吏治的腐败，所谓"纪纲不肃，法度不行"，为了有效整顿吏治，提高行政效率，万历元年张居正上疏请求推行考成法。考成法以《大明会典》的相关条文为依据，规定各部院都必须将所有往来的公文登记造册，要求各层机构层层监督，随时考成，不得延误隐蔽，保证了政令的畅通，提高了工作效率。同时，加强了对官吏的考察，依据考察的结果对冗官进行裁减，对廉官进行奖励。不因爱憎提拔人才，用人不疑，实行久任之法，使官员熟悉自己的业务，整顿官僚的后备军，减少生员人数，对已入学者严加考核裁减，这为后面的经济、军事改革铺平了道路。

其次，促成俺答封贡，解边境之危。明中叶以后，边备废弛，东南沿海有倭寇侵扰，西南地区有土司叛乱，北方地区有蒙古铁骑，可谓是危机重重。张居正整饬边防，任用良将，加强明朝的边防力量，同时也采取灵活的政策，缓解与少数民族的关系，促成俺答封贡，为明边境带来了和平，也使蒙汉之间的交流进一步加强。任用戚继光，加强蓟门的防守，修建墩台，操练将士。辽东地区的李成梁多次力战却敌，使边境宴然，保证了边境地区的生活和生产。

再次，增加收入，解决财政危机。明中期时朝廷财政吃紧，张居正开源、节流两手抓，逐渐扭转了明政府财政匮乏的局面。节流方面，促成俺答封贡，减少北部军费支出，但该花的他都会支持，比如同意戚继光修筑墩台。减少行政开支，裁减冗官，甚至多次劝谕皇帝、太后节省开支，用心良苦。开源方面，张居正一方面通过追缴拖欠的方式，要求地方官员将隆庆元年(1567)之前的欠租免掉，隆庆二年到隆庆四年(1570)的补缴七成，隆庆五年

(1571)之后的全收,通过考成之法予以督促,效果极好。收来的租赋除去小部分留作地方经费,其他一概呈交中央,由户部统筹,增加了国家财政收入。另一方面通过清丈土地的方式打击豪强(关于清丈土地的条例可参照《明通鉴》卷六十七),这无疑触动了豪强地主的既得利益,张居正受到了来自各方的压力。为了使反对者明白张居正的决心,他首先清查勋戚的田地,使其他反对者无话可说,历经磨难完成了土地的清查,清查出几百万顷被隐匿的土地,抑制了豪强,增加了国家财政收入。

第四,实行一条鞭法,改革赋役制度。赋役制度是封建国家根本的经济制度,这一制度的破坏带来的危机是毁灭性的,自正统之后,赋役制度逐渐遭到破坏,赋役越来越不均衡。张居正在整顿田赋、清查土地的基础上,于万历九年(1581)开始在全国实行一条鞭法,全面改革赋役制度,这是张居正改革的重要内容,也是中国赋役制度史上具有里程碑意义的事件。明朝时依据赋役黄册征收田赋和征发徭役,具体来讲,就是依据土地来征收田赋,依据丁口和资产征发徭役,但豪强地主多隐匿土地逃避赋税,张居正实行清丈土地后这种现象有所改观。但徭役方面也存在类似的问题,他们通过隐匿丁口的方式逃避徭役。财薄丁少的下等户反而要承受沉重的徭役和随意地加派,所谓"公家有惠于小民,小民未必得也;有取于富民者,则小民已代之输矣"[①],赋役制度弊端丛丛,一些地方官在当地推行一条鞭法,取得了良好的成效,张居正在此基础上在全国全面展开,关于一条鞭法《明史》卷七十八《食货志二》有详细的记载,它去繁就简,简化了征收项目,减少了中间环节,减轻了贫困百姓的负担,稳定了社会秩序。一条鞭法中改实物税为货币税的做法,确立了银本位制度,推动了货币地租的发展,削弱了人们对土地的依赖,对于阻止商业资本向土地资本转化的过程中起到了积极作用,人们陆续离开土地,有利于工商业的兴盛,刺激了商品经济的发展。

第五,整顿驿传制度。驿站是明朝重要的交通中转站,本来有着严格的规定,非军国大事一概不得使用驿站,即使因公出差,也只能携带一名随从。但是随着制度的破坏,驿站使用范围越放越宽,越来越滥,驿站及周围供养驿站的百姓深受其苦,张居正认为驿传制度已到了非治不可的地步。万历

---

① (明)方孝孺:《与友人论井田》,选自《明经世文编》卷九,天津古籍出版社1992年版。

三年(1575),他提出了整理驿传制度的方案,[①]包括使用驿站的范围、供应物品、对违纪者的监察等。张居正正人先正己,自己的儿子、弟弟等均不能因私擅用驿站,父亲过生日只令仆人骑驴前去祝贺。驿传制度的整顿减轻了沿途百姓的负担,减少了国家的财政负担。

张居正在内阁十六年,当了十年首辅,他运用强有力的政治手腕进行了上述的改革。其实他的政绩远不止这些,如把握时代脉搏,否定重农抑商的传统观念;积极鼓励商业发展,对资本主义萌芽的发展起到了积极促进作用;关注民生,注意减轻小农的负担;治理黄河,解决漕运问题,一心治理水患等。

张居正改革是我国封建社会后期的一次规模较大且较为全面的改革。一般来说,在一个王朝兴起的初期改革比较容易取得成功,到了王朝后期时,整个社会已经病入肌体,新的法令政策难以实施,留给革新的余地极其狭小,哪怕是最微小的变化也不易为现实所接受。而张居正改革就是发生在明代后期,可谓困难重重,张居正顺应历史潮流,巧妙地争取各方势力的支持,改革无可否认地取得了较大的成功。这场改革实现了富国强兵,巩固了封建中央集权的统治。就具体情况来看:政治上整顿吏治,实行考成法,实现了政令的畅通,大大提高政府办事效率,为后来其他方面的改革提供了人力上的保障。经济上从整顿田赋入手,通过清丈土地、实行一条鞭法等措施,严格限制地主豪强的不法行为,不但增加了政府财政收入,而且扭转了明政府财用匮乏的局面。“自正、嘉虚耗之后,至万历十年间,最称富庶”[②]。改革也使百姓得到了一些实惠,缓和了阶级矛盾,有利于社会的稳定。军事上,张居正在支持得力将领整顿边防的同时,也积极争取与蒙古族的和谈及友好往来,促成了隆庆年间的俺答封贡,换来了边境的和平,使得“十余年间,海宇清晏,蛮夷宾服”[③]。

(3)成功的原因

与王安石变法相比,张居正改革碰到的阻力较小,改革也取得了较大的成就,这都与张居正的改革策略有关。

① (明)申时行:《明会典》卷一四八,中华书局1989年版。

② (清)张廷玉等:《明史·张学颜传》,中华书局1974年版。

③ (明)沈鲤:《张太岳集序》,选自《张居正集》第四册,湖北人民出版社1990年版。

首先，打着“遵守成宪”的幌子。历来改革的反对者中一大部分就是因为改革破坏了祖宗之法而反对改革，为了能减少此方面的阻力，不给反对者提供口实，张居正举起了“遵守成宪”的大旗，这为改革穿上了一层防护衣。但他并不是恪守成法不变，他时而利用明太祖打击豪强等政策来改革时弊，时而依据改革需求提出与祖制相悖的主张，虽然也偶尔因此遭到抨击和弹劾，但这个幌子毕竟帮助张居正减少了不少变法的阻力，这对变法的成功大有益处。

其次，讲究成效，部署得当。张居正为三朝元老，在位期间一直关注社会和改革，并多次上书陈词，表达改革愿望，设计变法蓝图。张居正实行考成法，保证了法令的畅通无阻，增强了各条法令措施的实效，为后来诸多变法措施的推行打下了基础。赋役制度改革先从清丈土地开始，并在此基础上推行一条鞭法，使之有所依据。一条鞭法的推行也不是一蹴而就的，而是在地方多次试验后才进行的，对于不同的意见张居正认真考虑，甚至提出“果宜于此，任从其便，如有不便，不必强行”。整个变法过程稳打稳扎，步步为营，既减少了变法带来的弊端，又争取了更多的支持。

再次，关注普通百姓的诉求，献身改革。张居正主张“致理之要，惟在于安民”。他在位期间，先后采取一系列措施改善百姓生活，缓解严峻的社会矛盾，如清丈土地、一条鞭法都为普通百姓争取了生存的空间，抑制了豪强的势力，得到了百姓的赞同。另外，他对工商之民也积极鼓励，逐渐废除一些不利于商业发展的措施，为工商业的发展赢得了广阔的空间。张居正在改革时直面诽谤、甚至攻击，提出了“苟利社稷，生死以之”，展示出一种献身改革的风骨。

第四，讲究策略，掌握最高权力。《明史·张居正传》记载：“勇敢任事，豪杰自许，然深沉有城府，莫能测也。”张居正早期得到了顾璘的赏识，入翰林院后得到了徐阶的帮助，在徐阶与高拱交恶之时，亦能与高拱处理好关系。万历帝时期，他以顾命大臣和师长的身份担任首辅，辅佐神宗，与秉笔太监冯保、万历帝生母李太后交好，在职期间又不断推举新人入阁，尤其到了后期总揽大权。这些使张居正能够按照自己的意愿行事，有计划地进行改革，在遇到反对派攻击时还能得到最高统治者的支持，对张居正改革的顺利推行起了重要的作用。

当然作为地主阶级的改良自救运动，不可避免地有着其自身的阶级和历史局限性，比如镇压农民起义，仅靠皇权的力量进行改革等。张居正为人比较圆滑，高举遵守祖训的旗帜，结交宦官，不过这都不妨碍张居正改革成为中国封建社会后期一次重要的革新运动。张居正死后，明神宗及一批官员反攻倒算，使张居正一家蒙冤，儿子惨死，直至崇祯朝才得到重新的肯定，但为时已晚，明王朝的覆灭近在咫尺。有不少学者认为这个结局是张居正的个人性格和作风决定的，但实际上明末诸帝的腐朽堕落已经无可挽救，张居正以个人的能力撑起这一场改革浪潮，没有形成强有力的改革集团，完全依靠自己的权力发号施令，他死后无人再能继续改革，所以“人亡政息”是其必然的结局。

二　视野拓展及重点问题分析

1. 管仲是春秋时期最著名的改革家，商鞅是战国时期最著名的改革家，为什么前者得其善终，后者却横遭车裂？

管仲是改革取得成功而改革者安然无恙的典型代表，而商鞅则是为改革付出血的代价的典型代表，二人出现如此巨大差距的原因有以下几个方面：

(1)从当时的社会现状来看，管仲改革是处于新制度未生时期，他的改革不是要消灭旧贵族和旧制度，而是对旧的制度进行修补和适当的改变，以适应社会的发展，不会受到猛烈地反对；商鞅变法是处于旧制度将亡时期，他的改革是要革除旧制度，剥夺旧贵族的特权，自然要遭到疯狂地反扑。

(2)从二人的改革措施来看，管仲改革以中庸之法行之，不侵占小国领土，国内四民分工且地位平等，文化之风开放，受到上下各阶级的爱戴；商鞅变法以法令行之，无情无义，使百姓只知利而不知义，甚至焚书以愚百姓，得不到百姓的爱戴，失势时便沦落为孤家寡人。

(3)从二人的支持者来看，管仲改革得到了齐桓公的大力支持，管仲先于齐桓公死亡，故而一直有齐桓公保护；商鞅改革得到秦孝公的支持，但秦孝公死的比商鞅早，在秦孝公死后，商鞅丧失了保护伞，被旧势力置于死地。

2. 商鞅变法与吴起变法内容相似而结果不同的原因何在？

比较商鞅变法和吴起变法的内容可以发现，二者变法措施有着太多的相似之处，如商鞅的“塞私门之请”、“禁游宦之民”、“乱化之民尽迁之于边城”；吴起亦有类似的措施，如“塞私门之请”、“破驰说之言纵横者”、“令贵人往实广虚之地”，可能是二者同是受魏文侯变法的影响，而且变法目的也大致相同。令人费解的是，两次变法内容如此相似而结果却大相径庭，商鞅被杀后，秦国继续强大；吴起被杀后，楚国越来越衰落。究其原因，大致与以下几点有关：

（1）就变法的舆论准备来看：商鞅变法前做足了思想和舆论方面的准备，在秦孝公的主持下，商鞅与守旧派在大殿上进行辩论，并顺利地将其驳倒，得到了秦孝公在内的众多人的支持；而吴起并没有这一准备，仅仅在楚悼王的支持下进行变法，声势无法壮大。

（2）就变法的群众基础来论：商鞅为发展秦国的农战，他采取以利驱民的方式。“民之欲利者，非耕不得，避害者，非战不免”，激发秦人的从事农战、关心改革的热情，这样秦国的农战势力迅速提高；“兵敌四国”，“粟如丘山”，而秦人亦因此家给人足，获田宅、受爵禄，改善了他们原有的社会地位和处境。商鞅的新法让普通人亦能获得好处，得到了最广泛的群体支持，其成果自然不易被窃取。吴起变法虽然也打击了旧贵族，但并没有将夺回的利益通过奖励的方式使众人受惠，没有培养起支持变法的广泛的社会基础，因此楚人对变法极为漠然，加之时日短暂，当旧贵族反攻时就立刻土崩瓦解了。

（3）就变法的内容来说：商鞅变法范围比较广泛，而且执行的彻底。商鞅坚决地镇压了一批反对变法的旧贵族，特别是彻底废除了井田制。反之，吴起变法对旧贵族的打击则不够坚决，执行也不彻底，对井田制也没有完全废除。还有一点是意识形态领域的改革，吴起几乎没有注意，商鞅则非常重视。

（4）就变法的时间长短而论：商鞅改革日久，前后长达二十一年，新法根深蒂固，深入人心；而吴起变法时间极短，只有一年而已，在民众心中还没有生根，变法的顶梁柱——楚悼王就辞世了，在守旧势力的攻击下只能前功尽弃。

（5）就变法事业的继承者来说，商鞅变法因经历的时间长，这期间新旧力量的对比发生了很大的变化，新兴地主阶级占了优势。商鞅被杀后，秦国的卿相、将帅多出身布衣，对新法热衷，故而能在商鞅死后继续执行新法。吴起在楚国变法的时间很短，还来不及培养出继承者，因此在吴起被害之后就后继无人了。楚悼王死后，楚国的旧贵族势力很快就控制了楚国的政权，新法无法继续推行。

3. 与六国相比，商鞅变法为什么能取得更大的成功？

当魏文侯等人正在变法维新之时，秦因偏居于西陲，还保持着原有的落后习俗，为中原国家所不齿，但商鞅开展变法后，秦"东并河西，北收上郡，国富兵强，长雄诸侯，周室归籍，四方来贺，为战国霸君，秦遂以强。六世而并诸侯，亦皆商君之谋也"①，其成效之大，六国的改革难以与之匹敌。

从经济上来看，战争最大的后勤保障就是粮食，商鞅变法极重农业，为此采取了全方位的改革措施，农业队伍稳定，产量上升，是其他六国所不能比的。

从政治上来看，商鞅变法中关于中央集权的规定极其到位，包括郡县制、什伍制，较为完备的中央集权体制能最大限度地集中全国的人力、物力、财力投入到兼并战争中。

从军事上来看，军功受爵制度使秦人欲求富贵，非战无途，人们急于改变自己低下的处境，在战场上奋勇杀敌，以期得到封爵。

从人才上来看，秦的人才政策极其开放，从商鞅到吕不韦，多为客卿，客卿比宗室贵族有能力，更有诚意，他们竭尽全力，协助君主以成大事。洪迈在《容斋随笔》中说："卒之所以兼并天下，诸人之力也"，高度地评价了客卿的作用。

从外因来看，商鞅变法较晚，站在前人的肩膀上看得更远，能创造更大的成就。他吸收各国变法的经验教训，尤其是魏国的变法措施，再结合自身的实际，创造出更多更实用的政策。

从内因上来看，商鞅变法不惧权贵，不徇私枉法，哪怕是太子犯法仍然不能逃脱罪责，故新法能够贯彻实施。

4. 赵国为什么在长平之战后一败不起？

春秋战国时期，各国征战不已，据《春秋》记载，在二百四十余年中，列国进行的战争多达四百八十三次，其中不乏大规模的战争，如晋楚争霸三部曲：城濮之战、邲之战、鄢陵之战，吴楚的柏举之战，秦晋的崤之战，都是大型的战争，参战人数动辄几万，各国均有胜败，败后往往可以再度崛起，最为典

① （西汉）司马迁：《史记·商君列传》，中华书局2009年版。

型的是吴越之战后，越王勾践甚至沦为吴王夫差的奴仆，而二十年后越国重新崛起逼死夫差，灭亡吴国。令人疑惑的是，赵国在长平之战后却一蹶不振，三十多年后就被灭亡了，这能否从赵国的改革中找到原因呢？① 答案是肯定的。

赵国建国后最为典型和成功的改革当属赵武灵王的胡服骑射，改革后赵国军事力量大增，有效地促进了对外战争的胜利，可谓是找到了改革的捷径。赵武灵王的改革主要局限在军事领域，应该与之配套的政治、经济改革都没有得到足够的重视，法治的完善和官制的完备也被长期忽略。他没有意识到一支强大的军队没有相应的政治保障和经济基础，不仅军队的战斗力难以长久，而且一旦受损，则无法补给，而也正是这场改革中的缺陷葬送了赵国。长平之战中赵国赖以生存的四十万大军损失殆尽，赵国再也无法恢复元气了。反观秦国，尽管秦军在争霸和统一的过程中也遭遇过较大的挫折，但由于商鞅变法是全方位的，包括政治、经济、军事多方面的变革，在挫折后总能迅速恢复实力，因而秦国越战越强，最终统一六国。

5. 秦国为何能灭六国，一统天下？

对于这个问题，按照我们的习惯，往往会回答商鞅变法极其彻底，成效显著，秦国才得以统一六国。我不否认商鞅变法对秦国崛起的巨大作用，那除了商鞅变法之外，还有没有其他原因呢？② 商鞅变法开始于公元前 356 年，而秦始皇统一六国则结束于公元前 221 年，这将近一个半世纪的时间足以将一个强国变为弱国，纵横欧亚的元朝统治还不到一百年，这便是一个最好的例证。可见，仅仅依靠商鞅变法还是不够的，秦国最终一统天下还有其他的因素。回顾春秋战国时期的改革史，我们会发现各国的变法中都有一批贤能之士，他们以布衣卿相的身份辅佐君主制定新法，推行改革，然而变法高潮过后，除秦国外，各国都出现了宗室贵族专权的现象。如楚国吴起变法后，屈、景、昭三家把持楚国的军政大权，政治腐败，对外战争节节败退，后来昭奚恤专权，"地方五千里，带甲百万"；之后又出现春申君黄歇专权，由于他帮楚考烈王登基有功，封为春申君，赐地十二县，他专断楚国军政大权 25 年；齐国田婴专权，连相三王，接下来其子孟尝君田文专权，他通过招募宾

---

① 漆侠：《中国改革通史》(先秦卷)，河北教育出版社 2000 年版，第 405 页。

② 黄中业：《战国变法运动》，吉林大学出版社 1990 年版。

客，得到大量食客为自己出谋划策；赵国平原公赵胜专权，参与赵国的军政要事，损公家而富私人，长平之战后赵国一蹶不振；魏国是较早进行变革的国家，当时国内人才济济，然而魏文侯改革后，这种局面就不再出现，贤臣良将得不到重用，后期出现了信陵君专权，他依靠大量的食客在魏国呼风唤雨；韩国也出现了公仲专权，操纵国君废立，韩国最先被秦所灭。宗室贵族专权是一种历史倒退，春秋战国变法的目的就是将旧贵族赶下历史舞台，但变法后又重蹈覆辙，其结果是六国相继衰亡，秦取得了兼并战争的最后胜利。

6.春秋战国时期各国改革有何地域特色？

春秋战国时期，天下分裂割据，各地之间交往较少，基本都保留了自己的文化特色。“十里不同风，百里不同俗”，从东齐到西秦，从三晋到南楚，所有的改革无不反映出鲜明的地域特色，可谓异彩纷呈。[①]

先看齐国，其地理位置“负海舄卤，少五谷而人民寡”，发展农业的必需条件——耕地和劳动力都不具备，齐国的统治者没有固守农业，而是走出了一条具有齐国特色的道路：“因其俗，简其礼，通商工之业，便鱼盐之利”，致力于发展工商业。这一政策十分成功，齐国逐渐强大起来，在工商业发展的基础上，农业随之获得很大的进步，“粟丘如山”。管仲改革还特设工商之乡，四民分工且地位平等是齐国的首创，表明工商业在齐国占有举足轻重的地位。文化上，齐国比较开放，言论比较自由，最为有名的是稷下学宫，兴起于齐桓公时期，直到齐王建，前后经历一百余年。齐国政府招来一大批文学游说之士前来讲学，他们论而不治，称为稷下先生，地位尊崇。稷下学宫云集了天下知名学者，他们所出不同，自然会互相争辩，议论政治，评点得失，甚至当面讽谏齐王。改革思想上，齐国不是一味地通过法治来推行新法，管仲改革主张根据民众的要求兴利除弊，改善统治者与民众之间的关系，管仲还把制定改革措施的出发点放在争取民心上，不断提高民众的道德水平。

再看秦国，与齐国相比，秦国的改革可以概括为政治上集权、经济上重农、文化上专制。商鞅变法时废除分封制，实行郡县制，他们的长官都由国

① 彭玉安：《殊途同归》，第234页。

君任免，受国君统制，郡县之下还有乡里亭等基层组织，国君通过这种垂直机构牢牢地控制地方，地方毫无自主性可言。在古代，农业是决定性的生产部门，因而受到普遍重视，故商鞅变法尤重农业，把一切宝都押在农业上，甚至为此想方设法地抑制工商业的发展。商鞅变法时还焚烧诗书等著作，实行愚民专制政策，企图让老百姓永远愚昧下去，以便实行专制统治，这与齐国稷下之风有天壤之别。

再看三晋，从东部沿海的齐国到西部内陆的秦国，改革模式有明显的不同，其规律是自东向西“政治上由分权趋于集权，经济上由重商趋于重农，文化上由开放趋于专制”。处于二者之间的三晋又是一番什么景象呢？其实三晋呈现出的是一种过渡形态，政治上它既不如齐那般分权，也不如秦那般集权；经济上它既不如齐那般重商，也不如秦那般重农，文化上它既不如齐那般开放，也不如秦那般专制。政治上，三晋基本沿用了西周以来的官制系统，在郡县之外，又行分封制。经济上，农工商并重，但以农为首，晋文公变法经济政策是“轻关、易道、通商、宽农”，魏文侯变法则是“尽地力之教”，实行平籴法。文化上，魏文侯改革儒法并用，他虽以“法经”治国，但不排斥儒家。

再看楚国，其地理位置远离中原，文化背景与其他各国大相径庭，故其改革模式也散发着其独有的气息。政治上，楚国改革既有标新立异之处，又有墨守成规之所，文明与愚昧，自由与专制巧妙地结合在一起。官制上，各国均称公，唯有楚国率先称王；中原各国执政官多称卿，楚国称令尹；列国史官称太史，楚国称为左史。事实上，春秋战国时期，楚国的官制一直独立成系统，诸多官职是列国所没有的。文化上，楚国主动学习中原文化，如设县、封建官僚制度等，然而楚国还保留着原有的旧俗，如官制基本沿袭春秋，而且各国变法后政权都转移到了新兴地主阶级手中，唯有楚国还操纵在屈、景、昭三家之手，政治上腐败不堪。经济上，楚国与中原各国也不相同，各国均遵守士农工商之序，而楚国却是“商农工贾”，将商人放在首位，充分体现了对商业的重视程度。这是由于楚国境内资源十分丰富，众多的木材、矿物、水产资源都通过郑、陈诸国输入中原，楚国还是西南少数民族与中原地区商品交流的桥梁，所以楚国较为重视商业，还对货币采取十分严格的管理，政府掌握铸币权。当然对农业，楚国也很重视，坚持不夺农时的政策，千方百计地保证农业生产的正常进行。

7.孝文帝为何要迁都洛阳?

北魏原定都平城,至孝文帝时已经在此立足近百年的时间,在这近百年的时间里,北魏的统治者对平城实施了大规模的建设,使其成为当时中国北部的政治、经济、文化的中心,直到文明太后掌权期间并未有迁都的倾向,可孝文帝掌权后,却忽然要冲破重重阻力,将都城迁到洛阳,原因何在?

(1)统治中原的需要。孝文帝曾说:"国家兴自北土,移居平城,此间用武之地,非可文治……崤函帝宅,河洛王里,因兹大举,光宅中原。"[①]可见,平城虽然位置优越,有军事优越性,但北魏经过近百年的发展,其经济、军事实力都得到了壮大,与当初刚刚从蒙古迁过来时不可同日而语。而孝文帝又是一个有抱负的政治家,他不愿仅仅做"夷狄"君王,还要实现对广大中原地区的统治,统一全国。要想统一全国,成为全国人心目中的共主,自然要把国都放在中国正统的国都所在地,这样更名正言顺,也更容易取得汉族地主的认同。

(2)解决粮食供给问题。平城地处塞外,偏北地寒,粮食产量非常有限,当时有人作《悲平城》诗:"悲平城,驱马入方中,阴山常晦雪,荒松无罢风。"后来,作为京城的平城人口日益增多,官吏队伍逐渐庞大,粮食供给问题凸显出来。当时平城没有水陆漕运,交通极不发达,从关内运粮到平城,不仅费时费力消耗多,成本也极其昂贵。而洛阳处于北方的中心地带,平原地区,交通便利,迁都洛阳就解决了最根本的粮食问题。

(3)地理环境的影响。平城地形多山,气候干旱,气温偏低,不利于农作物的生长,制约着北魏经济的进一步发展,而且其地域狭窄,发展空间受限,始终难成大器,可见,迁都是北魏发展的必然选择。

(4)与倾慕汉族文化有关。孝文帝自幼由其祖母文明太后抚养,而太后是汉族人,知书达理,聪明果断,曾执掌北魏大权二十多年,她参照汉族的文化制度,颁布了许多重要的改革措施,在她的熏陶下,孝文帝成长为汉文化忠实的推行者,而恰巧洛阳是汉文化的聚集地,又在北魏的统治范围内,故迁都洛阳势在必行。

(5)与孝文帝和文明太后的恩仇有关。孝文帝的父亲献文帝一生都在

---

① (北齐)魏收:《魏书·任城王传》,中华书局1974年版。

与文明太后争斗，但常常处于下风，因此其子拓跋宏也被冯太后夺去了抚养权，最后争斗的结果是“显祖暴崩，时言太后为之也”，这些不能不在年幼的孝文帝心中留下阴影。据《魏书》记载，文明太后曾经还有过废除孝文帝之意，后在大臣的劝谏下才消除了这个念头，但她一直执掌着大权，对孝文帝要求极严。孝文帝每日战战兢兢，如此度过了十个年头。文明太后一死，被压抑已久的孝文帝所有感情迸发出来，他讨厌这个环境，在这里他时刻能感受到冯太后的压力，他希望换个新环境，摆脱文明太后的影响。

(6)推行改革的需要。孝文帝说过：“此间(指平城)用武之地，非可文治，移风易俗，信为甚难。”[①]这段话表明，孝文帝意识到，要想进行改革，必须离开平城，使守旧贵族离开老巢，可减轻改革的阻力。

(7)洛阳所具有的优势。孝文帝迁都时，还有别的选择，比如邺、长安等地都在北魏的统治范围内，且均曾经有王朝以之为都城，经济繁荣，地理位置优越，但孝文帝最终选择了离北齐最近的洛阳。这是因为洛阳地处黄河中下游西岸，卧居中原，山川纵横，素有“九州暖地”之称，四季分明，气候宜人，自古以来是兵家必争之地，也自然成了古代帝王理想的建都场所。

8. 王安石变法中具体措施的失误分析

当时宋神宗以及诸多士大夫都对王安石抱有很大的期望，甚至认为任用王安石变法“太平可立致，生民咸披其泽”。可自新法公布之日起，批判之声不绝于耳，朱熹说：“介甫之心固欲救人，然其术足以杀人”；清人颜元认为青苗、均输、市易“行之不善，易滋弊窦”。可见，王安石变法的具体措施上存在着很大的弊端。

(1)青苗法的不合理之处：青苗法可谓是王安石的代表性措施，其本意是帮农民渡过难关，抑制高利贷的发展。但政策初衷的美好并不代表着成效的好与坏，政府为了保证官本的不流失，创造更多的利润，在实际操作的过程中产生了诸多弊端，如借非其时，隐藏着高利取息的目的；纳现时折价不合理，农民偿还了更多的粮食；为了取息，强行贷给不需要的农户，需要贷款的民户则因害怕还不起而不给予贷款，引起了民怨；青苗法借贷数量是依据户等来定，故上等户更有机会借贷到大量资金，进一步从事高利贷剥削；

---

① (北齐)魏收：《魏书·任城王传》，中华书局1974年版。

利息一般是二分或者三分，但也存在翻倍的情况，农民深受其苦；地方官员上下其手，贪赃枉法；发放的数量有限，远远不能满足借贷者的需求，这使高利贷者仍有很大的活动空间；农民起初以为青苗法为便农而轻趋之，但不久就深受其累而不愿举债，然而朝廷仍视青苗法为理财手段而不肯中辍。青苗法变成了国家摊派高利贷的合法手段，远远超过了两税的剥削量，其实际上是政府在放高利贷盘剥农民。富国在王安石变法中居首要地位，其为达引目的甚至不惜扰民。

(2)免役法的不合理之处：免役法堪称王安石最为得意的一笔，其后退居江宁，当他听到免役法也被废除时，不禁悲愤地说："亦罢至此乎?!"不久便郁然病逝。就此得意之作，也有诸多弊端，如不根据实际需要收免役钱，往往多收役钱，以此为政府赚取宽剩钱，加重百姓负担；为了逃避交纳免役钱，人人避为上等，导致户等不实，往往下等户纳钱，到了后期甚至出现了钱照旧交纳而劳役如故的情况；纳现对农民造成严重的伤害，加重了商人对农民的盘剥；出钱免役的标准各地不一，有的依据地亩，有的依据税额，有的依据家产，弊端很多。免役法成了借免役名义向农民无偿征收免役金的手段，而且政府任意增升户等，加强对下户及缺乏劳动力户的剥削。免役宽剩钱的设置更是赤裸裸的剥削，大批农民因此而破产。

(3)农田水利法的不合理之处：兴修水利时国家的投资拨款是相当有限的，大多是农民筹资或者贷款；劳役也是百姓提供的，其实对百姓是一种剥削。

(4)方田均税法本是为打击官户、富豪隐瞒田产之举，也是与地主争夺田地、赋税和劳动力，调节统治阶级内部对财富的占有的方式。但由于豪强地主的抵制和破坏，不可能实现真正的均税，反而给一些不法官吏增加了扰民的机会。

(5)均输法、市易法实际上是国家垄断原料、商品生产和销售，操纵商品价格获取高额利润的手段，严重损害了手工业者、商人和平民的利益。

所有的这些措施实施的结果都是使社会财富大量集中于内藏库，对社会生产不但起不到积极作用，反而成为阻碍社会生产的消极因素。另外，由于王安石为了避免裁减旧员引发的矛盾，基本是在没有触动旧的官僚体系的基础上，大量擢用新人，导致了官吏素质参差不齐，不但不能很好地执行法令，还往往趁机上下其手。

其实,王安石变法措施所存在的这些问题根源在于变法的出发点。当初,王安石高举“民不加赋而国用饶”的大旗,但实践证明这是行不通的。在二者不能双全的情况下,统治阶级的改革只能倾向于后者,而牺牲前者,王安石变法的出发点成为国家获取更多的财政收入。为了实现富国强兵的目的,而将改革社会弊病,减轻人民负担置于不管不顾的地位。一方面国家、上层越来越富足;一方面下层日贫,阶级矛盾不但得不到缓解反而更加尖锐,反对之声充盈朝野。王安石的改革无一例外的都是国家得到了好处,而实际上对百姓造成了伤害。比如青苗法、免役法等所造成的不良后果,王安石考虑的极少,甚至不愿意去考虑这个问题,他所做的是最大限度地满足君主和国家的需求,报答其知遇之恩,其他的只能放在次要的地位。这样一来,变法变成了敛财,弊端丛生。

9. 忽必烈明知道治理汉地当用汉法,为何还要把部落制度带进来?

忽必烈改制是元朝历史上的大事,也正是因为忽必烈的汉化改革才使蒙古统治者得以在中原立足,但其后继者并未继续深化改革,反而背道而驰,使庞大的元朝统治不到一百年的时间就灭亡了。其实元朝的后继者所面临的问题,很多在忽必烈改制时便埋下了隐患。忽必烈实行的诸多措施都是相悖的,他一边推行汉法,一边实行部落制度,这种矛盾的行为当如何解释?[①]

首先,忽必烈一直把自己当成是蒙古汗位的继承者,以蒙古为根本,他治理下的汉地也只是作为蒙古帝国的一部分。他要巩固汗位固然需要汉族的支持和丰厚的财力,但也需要蒙古贵族和军事的支持。他的统治中心虽在汉地,但若是他被反对者指出数典忘祖,他将失去诸多支持,失去宗主地位,故而他不会放弃蒙古制度。

其次,忽必烈对汉法还是有隔膜的,作为两种截然不同的文明,没有长时间的接触是不可能短时间放弃原有的文明而去接受另一种文明的。忽必烈也是如此,他内心中并不认为汉文明比蒙古文明高明,另外由于蒙古贵族中反对汉化的人极多,使他没机会认真地了解汉文化,所以他推行汉法仅是顺应形势而已,也是不得已而为之。

---

① 卞孝萱、胡阿祥:《改革通鉴》,湖北人民出版社 2000 年版,第 915 页。

再次，忽必烈不想放弃自己熟悉的游牧社会管理方式，故而没有对汉化改革进行全盘考虑，对治理汉地没有一个成熟完整的计划，他所推行的汉法基本都是形式上的东西，而且处处显示出修修补补的运作痕迹，汉化程度极低。

忽必烈改革只是为了现实政治的需要，距离“以夏变夷”还差得远，甚至还将部落制度带进中原，这就造就了元朝成为蒙古制度与汉制度的混合体，而忽必烈的后继者墨守成规，终元一朝并无多大改观。但这两种制度有着不同的文化背景，彼此间冲突不断，汗位继承危机和权臣的接连出现，都证明这两种制度是无法真正糅合的，故而元朝迅速走向衰亡。

10. 为何王安石变法与张居正变法的结果有着如此大的不同？

同为封建社会晚期的两场大型改革，同是为了改变积贫积弱的局面，同是两个著名的政治家，其改革结果却迥然不同，究其原因，[①]有以下几点：

第一，改革策略不同。改革能否顺利进行以及改革能否产生相应的效果，在很大程度上与改革者所采取的策略有关。王安石变法之时，亮出了“天变不足畏，祖宗不足法，人言不足恤”的观点，表明要更改太祖、太宗以来的法令制度。此举虽然给变法的士人注入了一付兴奋剂，但在思想还很保守的宋代，改变“祖宗之法”无疑会招来守旧派的激烈反对。张居正的做法与王安石不同，他主张变法以顺应民心为要，从而提出“法制无常，近民为要，古今异势，便俗为宜”和“法先王”、“法后王”的变法思想。他强调，“法后王”并不是更改明太祖所制定的各种制度，相反，对于唐宋以前的君主而言，明太祖是“后王”，因此“法后王”就是恢复太祖之制的本来面貌，革除正德以来的弊政；而对于明中叶诸帝来讲，太祖又是“先王”，这样改革并没有违背先贤所主张的“法先王”之旨。

第二，改革步骤不同。在制订改革方案时，从何着手，孰先孰后也是改革者必先认真考虑的问题。由于谋略上的差异，王安石变法与张居正改革采取了不同步骤，也带来了不同的改革效果。王安石变法，一开始就着手整顿财政，而忽略了吏治改革，“农田、水利、青苗、均输、保甲、免役、市易、保

---

① 梁惠娟：《略论王安石变法与张居正改革成效不同之原因》，《延边教育学院学报》2004年第8期。

马、方田均税，相继并兴，号为新法，颁行天下”[①]。这表明王安石为改变“积贫积弱”局面，一开始就把改革重点放在整顿财政上，以增加国家财政收入。但由于新法在推行过程中用人不当，一些地方官吏使新法成为扰民、困民之举，遭到百姓反对，且变法对官僚地主及大商人的利益触犯颇多，故又遭到这部分势力的反对，可见在吏治没有澄清、官僚地主的阻力没有冲破之前，改革肯定会遇到许多意想不到的困难。和王安石相比，张居正显然要老练许多。在他看来，“治理之道莫急于安民生，安民之要，惟在于核吏治”[②]，否则吏风不正，一切政令都会流于形式。虽然当时也面临着严重的财政危机，但是张居正没有贸然整顿财政，而是先行改革吏治，于万历元年提出“考成法”。“考成法”的施行，大大提高了官僚机构的行政效率，张居正在获得一个得心应手的政治工具后，再运用这个改造过的工具去推行经济、军事诸方面的改革，使新法一以贯之地推行了十年之久，产生了积极的社会影响。

第三，改革者的地位与权限不同。在封建社会，要革旧图新，必须得到皇权的支持，皇帝在多大程度上支持变法，不仅决定了改革者所拥有的权限大小，也决定改革最终所能取得的成就。王安石变法之初，得到神宗鼎力支持，但随着变法的逐步展开，当反对派的声势高涨之时，神宗对王安石的不信任日益增加，不仅对变法动摇起来，还想禁止已经实施的青苗法，并将反对派留在朝中以监视王安石，失去了皇权的大力支持，王安石的变法必然难以长久地坚持下去。张居正改革却取得了皇权的大力支持，明神宗即位时，只是个十多岁的孩童，还没有独立的思想，正是这一因素使张居正牢牢掌握着改革大权，从上到下各级机构都有他的门生。他任首辅后，取得了神宗生母李太后与司礼太监冯保的信任，成为他们在朝廷中的代言人。张居正又利用自己作为帝师的特殊身份，向神宗灌输改革思想，这样，幼小的神宗自然而然地把张居正奉若神明，对改革更是笃信不疑。张居正有效地利用皇权这把尚方宝剑来清除障碍，有力地推动了改革的进行。

第四，与同僚关系不同。要推行自上而下的改革，不能不依靠官僚机构和各级官吏，改革者如何处理与同僚的关系，就显得尤为重要。王安石变法时，两派斗争激烈，王安石并未采取措施缓和矛盾，反而对反对派毫不留情

---

① （明）陈邦瞻：《宋史纪事本末·王安石变法》，中华书局 1977 年版。

② （明）张居正：《张太岳集》，上海古籍出版社 1984 年版。

地予以打击和排挤，同时对那些只是指陈新法过失，对新法并无恶意的大臣，以及居于变法与反变法之间的大臣，王安石也没有积极争取，一律予以压制，这样就把他们推向了反对派的一方，壮大了反对势力，给改革造成了十分不利的后果。在处理同僚关系方面，张居正比王安石圆滑得多，他在翰林院和内阁任职时就注意处理好与同僚及上级的关系，当时徐阶和高拱是死对头，而张居正居然能同时与二人保持良好的关系。后来张居正高居内阁首辅之职，他甚至与士人所不齿的太监冯保及后宫中神宗生母李太后有着密切往来，这些人对其顺利地进行变法有很大的帮助。另外，张居正还安插了大量的门生在各个部门，这些人对他的变法也是积极支持的，这都有利于改革的顺利推进。

第五，改革者的信念和毅力不同。改革不可能一帆风顺，必然会遇到各种阻力与困难，改革者的信念和毅力是否坚强，决定了改革能否取得成功。王安石任相前，曾大力提倡要重视人才，可当他开始变法时，却没有按这一方针来推行吏治改革，而是把目光放在经济改革方面，这其中固然有宋神宗急于求成的原因，但王安石鉴于庆历新政的失败，不敢得罪大官僚等既得利益者，也是不可忽略的因素。不敢推行吏治改革，是王安石毅力欠缺的一种表现，在以后的变法过程中，每当遇到阻力，又得不到神宗强有力的支持时，王安石也多以谢病来消极抵抗神宗的动摇，而不是采取措施积极争取神宗的支持。相反，张居正在这方面却胜过王安石，改革开始后，张居正明知整顿吏治会招致既得利益者的反对，但他毫无畏惧，表示自己“且受深恩，义当死报，虽怨诽有所弗恤也”，表现了改革者的无畏精神。张居正直到临死时，还把改革大权抓在手中，在病榻上还想着如何把改革推向深入。因此，坚强的信念也是张居正改革能够取得巨大成就的一个重要原因。

最后，改革时间长短不同。王安石变法前后七年的时间推出了十几条新法，由于过于紧促而无法深究实施效果；张居正变法十年时间，基本上着力于考成法和一条鞭法，可谓少而精，均达到了理想的效果。

三　深入探究指引

社会是不断进步的，或快或慢，但其总趋势是向上的，社会的发展是通过制度的变革来实现的，包括政治制度、经济制度、军事制度以及文化制度等。对制度的变革有两种方式：一种是革命，一种是改革。改革时常进行，而革命不常有。纵观中国古代的历史，成功的改革对社会发展的推动作用并不逊色于充满血与火的社会革命运动。

学界对于中国古代改革的研究成果十分丰硕，论著累出，不少专题的研究已经相当深入。回顾建国后的研究可以发现，对于改革的研究出现过两次高潮，一次是六七十年代，主要研究儒法斗争，有影射现实的痕迹；一次是改革开放后，乘着改革开放的春风，反思历史上改革的成败，做到以史为鉴，为现实服务。这两次研究高潮都与时局有着密切的关系。第一次高潮期的研究已经不合时宜，这里就不多做介绍，下文主要介绍改革开放后的相关研究成果。

1. 专著方面

研究中国古代改革的专著比较丰富，大多是在90年代末和21世纪初出版的，有的是改革通史式的，有的是改革断代史式的，还有的是把重点放在改革家的研究上的。

(1)改革通史式

郑君华、葛实如合编的《中国改革史》一书介绍了中国古代和近代的改革，全书分为四编，依据顺序分别是上古至秦的改革、西汉至北朝的改革、隋朝至北宋的改革、元朝至孙中山的改革，作者不仅仅介绍重大改革，对于各个时期的改革可谓面面俱到，极为详尽，每一次改革的背景、措施、影响都深入分析，翻看全书目录即可对中国现代之前的改革一目了然。

艾生武、修朋月《改革史鉴》一书对中国和世界史上若干大的改革事件进行研究，广抒己见，写的深入浅出，能启人深思。

卞孝萱、胡阿祥主编的《改革通鉴》一书基本模式与郑君华的《中国改革史》差不多，也是按照历史发展顺序推进，全书分为七编，前秦改革、秦汉改革、魏晋南北朝改革等以此类推，这本书的特色是每一编之后都有《本编结语》，是对这一编改革史实的一个总结和升华，具有启发性。

卞孝萱、胡阿祥主编的《中国改革史鉴丛书》共六册，选取中国历史上一些典型的改革进行介绍，探讨改革的背景、措施、政策，改革中的斗争，改革成功或失败的原因及其对后世的影响，深入浅出。每一册的后面几章往往也是本册的升华部分，进行比较深入的理论探讨。

漆侠主编的《中国改革史》一书介绍中国近代之前的改革，依据历史的发展顺序全书分为九章，每一章中又详细介绍这一时期改革的背景、内容，作者在每一章的最后也会有一个深入探讨，或者探讨这一时期改革的意义，或者探讨这一时期改革的历史教训。

漆侠主编的《中国改革通史》（十卷本）是一部大部头的改革史著作，前九卷都是按照朝代介绍各个时期的改革背景、内容、影响等，最后一卷则不同。它分为十一章，第一章是改革家人物列传，接下来依据改革所涉及的方面进行纵向陈述，包括官制变革、法制变革、土地制度变革、工商制度变革、赋役制度变革、兵制变革、宗教制度变革七个方面，最后阐发了对改革史的理论思考，总结了改革的经验教训，这部著作不仅让我们横向了解改革，更可以纵向比较改革，弥补了改革断代研究的缺憾。

(2)改革断代史式

黄中业的《战国变法运动》一书介绍了战国变法运动兴起的原因、各国变法的史实、战国变法运动的影响等，更为可贵的是作者书中有许多深入的探讨，如战国变法运动的历史经验和教训、“智能之士”在战国变法中的关键作用、各国变法措施归纳，最后还有一章《战国法治理论举要》，介绍战国法家的著作及相关名词，此书是作者在个人研究论文的基础上写成的，较有深度，是研究战国变法运动的代表之作。

刘泽华、李瑞兰的《竞争·改革·进步——战国历史反思》书中介绍战国改革的社会背景、各国的变法、变法对社会的影响，此书的最后一章为《列国改革再探讨》，里面涉及的问题发人深省，包括改革的成败、智能与改革、改革中的矛盾与斗争、改革与社会发展，较有深度。

邓广铭先生有两本关于王安石变法的研究专著，出版比较早的是《中国十一世纪的改革家——王安石》，而《北宋政治改革家——王安石》是在前者的基础上修订而成的，书中详细地介绍了王安石变法的内容，较为公允地评价了王安石及其变法运动。关于王安石变法的研究著作是极丰富的，另有梁启超的《王安石传》是比较早肯定王安石变法的作品，还有王晋光的《王安石论稿》及张白山的《王安石》都对王安石变法进行了钩沉探究，广抒己见。

(3)改革家研究

林永光等主编的《中国古代改革家评传》一书，从众多的古代社会改革家中选择了三十九位历史人物予以评价，一般采取学术界较为一致的看法，侧重改革内容，重点突出，评价公允，读者从中可以了解历史的曲折，体会改革家的艰辛。

顾奎相、陈涴著《中国古代改革家》一书，选取了中国古代历史上著名的改革家进行介绍，包括他们的生平、改革事迹等，有普及意义。

《中国史研究》编辑部组织各个断代史方面的专家编写了《中国古代改革家》一书，全书共介绍了十一位改革家，包括汉族和少数民族，他们的改革事迹及意义、影响，就一些有争议性问题进行了深入讨论。

吴廷桢、郭厚安的《中国历史上的改革家》也是众手成书，里面选取了二十几位中国历史上著名的改革家能其改革内容进行介绍。吴慧的《中国古代六大经济改革家》一书介绍了六个著名的改革家及其改革事迹。莫永明的《中华民族之改革明星》与之类似。

除了上述三类之外，还有改革史论，代表作是顾奎相、陈涴的《中国古代改革史论》一书，以史论并重为宗旨，勾画出中国古代改革的基本轮廓，在夹叙夹议之外，每章的最后有结语部分，对本章改革内容作总的评论，就各个时期改革的共性与特色等理论问题进行探讨，极具启发性。贡绍海等著《中国改革史论》一书对中国历史上重大的社会变革进行较为详尽的介绍和评析，总结了其成败的经验和教训。另有从法律的视角审视中国古代的改革的，张晋藩、王志刚的《变法论——中国古代改革与法制》一书，从法制角度看中国古代的改革，视角新颖，具有代表性。

2. 论文方面

研究中国古代改革方面的论文十分丰富，难以完全统计，在这里将中国古代改革方面的论文分为三类进行介绍。

(1)比较研究

比较研究有两种情况，一种是中国古代改革与外国同时期改革的比较，一种是中国某个时期的改革与另一个时期的改革进行比较。第一种情况如王义全的《"康乾盛世"施政措施与彼得大帝改革之比较》一文从改革的着眼点、改革的后果等方面分析两次改革的不同，进而分析出现这种差异的原因。陈德正的《管仲与梭伦法治观同一性简论》，认为管仲与梭伦在有关法治的一些基本问题上，如法治的重要性、立法的基本原则、法律与时代的关系、公布成文法等，有着大体相通的认识和主张。晏绍祥的《梭伦与商鞅经济改革的比较研究》采取微观分析和宏观研究相结合的方法，深入探讨梭伦与商鞅经济改革的措施和结果，进而剖析古代中西经济发展的异同及原因。第二种情况如蒿峰的《范仲淹、王安石、张居正变法异同论》一文从认识与途径、意志与素质、地位与权力三个方面对这三位改革家进行分析，更深刻地总结其成败得失。梁惠娟的《略论王安石变法与张居正改革成效不同之原因》一文认为两次改革产生迥异的社会效果的原因有以下五个方面：改革的策略不同、改革的步骤不同、改革者的地位与权限不同、与同僚的关系不同、改革者的信念和毅力不同。武洋萍的《商鞅变法与王安石变法的比较与差异》一文从变法时机与策略、变法者的地位与权限、变法者信念与毅力等方面比较了王安石变法与商鞅变法的不同之处。

(2)改革家研究

几千年来中国社会产生了一大批改革家，他们勇敢、进取，为社会的发展付出了努力，做出了应有的贡献，学界对改革家的研究也较为热衷，研究他们的思想、行为、生平等。如杨健的《春秋时期的改革家——管仲》介绍了管仲其人以及他主持的变法。曾振宇的《历史的商鞅与符号化的商鞅》回顾了几千年来人们对商鞅的评价，并探究出现不同评价背后的原因。穆鸿利的《略论蒙元史上的改革家忽必烈》介绍了忽必烈所进行的改革，以及他晚年所犯的错误，辩证地看待改革家。另有对吴起、张居正、王安石、司马光等诸多改革家的研究论文，不再赘述。

(3)改革本身的研究

这方面的文章更是不可胜数，每个朝代每次重要的改革基本都有研究成果出现，包括改革的内容、改革的成效、改革的作用等，下面按照时代顺序介绍一些相关论文。

商鞅变法的研究成果层出，每过一个阶段就会兴起一次商鞅变法研究的浪潮，简单介绍两篇文章，彭安玉的《商鞅变法得失新析》一文总结了商鞅变法的经验和教训。徐奇堂的《试论商鞅的愚民思想》对商鞅提出愚民思想的动机和目的、商鞅愚民思想的具体内容以及对秦汉时期统治阶级的统治思想和策略所产生的影响等方面的问题作了探讨。战国时期其他国家改革的研究也非常多，如尚志迈的《李悝变法的意义及启示》，在深入探讨李悝变法措施的基础上，高度评价了李悝变法的意义。李瑞兰的《战国七雄改革成败得失散议》一文，分析了战国七雄改革的措施以及失败或成功的原因。林永光的《赵武灵王与“胡服骑射”》一文，分析了赵武灵王改革成败的原因，探索了赵国最后走向衰落的必然性。

北魏孝文帝改革的研究包括历史反思、具体措施、价值观、改革动力、成功手段等，如曾代伟的《“太和改革”的历史反思》探讨了太和改制成功的原因。武鑫、贾小军的《北魏孝文帝改革历史渊源蠡测》一文，通过钩沉探究，指出孝文帝改革的历史渊源不是来源于两汉，也不是曹魏，而主要来自于前秦。

王安石变法的研究更是难以统计，由于对王安石变法的评价不能达成一致，学界争论较多，故而成果也很多，学者们各抒己见。如陈深汉的《论王安石变法的失败原因及其教训》、周筱赟的《解析王安石变法中的市易法》、俞兆鹏的《论北宋熙丰变法时期的市易法》、张祥浩的《论王安石变法失败的原因》、朱凤祥的《论王安石对教育的改革及其历史作用》等，兹不赘述。

忽必烈改制方面的研究成果虽不及王安石变法多，但也有十几篇文章，顾奎相的《简述忽必烈改革》通过史料钩沉探讨忽必烈改革的利弊。张世红的《论忽必烈的汉化政策》指出忽必烈的汉化政策分为前后两个时期，统一中国前是实行积极的汉化政策，有利于国家的统一，经济文化的繁荣、社会的进步；李璮乱事后，实行消极的民族政策，以民族歧视、保守落后为特点，阻碍了社会的进步。吴柏春的《试论忽必烈的“汉法”政策》一文，介绍了忽必烈的汉化政策，包括定都、国号、重用儒士等。

张居正变法的研究也是比较多的，涵盖其施政策略、变法的具体措施、改革的背景条件、改革的思想等，如杨秀英的《试论张居正施政的策略》、杜晓田、李海燕的《试析张居正改革的背景及条件》、孔华的《张居正教育改革思想初探》、王娟娟的《张居正考成法探析》、孟昭信的《试论张居正的“考成法”》、孟宪刚的《试论张居正的赋税改革》、姚太中的《试论张居正对驿传制度的改革》等。

综观这些成果可以看出，学界对中国古代改革的研究是相当成熟的，既有大量深入的论文探讨，也有系统的专著；既有单个改革的研究，也有横向的对比研究。

第二节　外国古代中世纪的改革

世界各地区刚发端的文明，都经历了社会结构剧烈变革的过程。在这个过程中，社会改革是不可避免的，这些社会改革在不同的地区、不同的民族中呈现多样化的特征。这些社会改革的多样化也促成了文明形式的多样化，并促使文明按照不同的方式、沿着不同的方向发展。西方社会的文明形式发端于古代希腊和古代罗马社会，其早期的社会改革对后来西方文明的发展产生了重要的影响，并促成了许多西方文明所特有的文化因素。

一　外国古代中世纪的改革概述

1. 梭伦的改革

梭伦(Solon，约前 638—前 558)，是雅典的政治家、立法者和诗人。他生活的时代，是一个社会大变革的时代。这个时代随着经济的发展及原始社会结构解体，社会政治也发生了剧烈的动荡，这种情况在整个希腊世界都是如此。梭伦在掌握雅典的领导权之前，雅典的政治、经济和道德状况每况愈下。他之所以被历史铭记，就是因为他为挽救这种社会颓势所作的努力。他通过立法的方式，使得奴隶主民主政治获得了长足的发展，并奠定了雅典民主政治的基础。

在梭伦的时代，我们能注意到一个普遍的特点，即许多希腊城邦都兴起了僭主政治，政权在剧烈的社会变革下，有向少数人集中的趋势。僭主们掌握了权力，并代表了一小撮人的利益。雅典也是如此，一些具有野心的权势人物想利用政治的混乱建立起僭主政治。他们在公元前 632 年试图攫取雅典的权力，但没有成功。无论贵族还是平民，都不想看到独裁政治，但平民与贵族之间的矛盾难以调和，在这种情况下梭伦被授予暂时性的独裁权力，主持立法及政治改革。梭伦被授予独裁的权力，主要是因为他有智慧和温和的性格，以及贵族的身份，能够得到那些贵族同僚的尊重。

根据普鲁塔克和其他一些文献材料的记载，梭伦的立法被刻在一些巨大的木板上，或者被刻在立于公共会场前的石柱上面。这些石柱有转轴，人们转动这些转轴就可以比较容易获知上面的法律条文。

一般来说，梭伦的改革包括体制改革、经济改革和道德风尚改革三个领域。这种划分虽然有些随意，但至少提供了一个便利的框架，通过这个框架，我们大体能够弄清楚梭伦改革的基本轮廓。

(1)政治体制的改革

在梭伦改革之前，雅典城邦由九个执政官(archon)来治理。这九个执政官是阿勒奥帕古斯(Areopagus,即战神山议事会)贵族会议按年度任命或选举的。阿勒奥帕古斯贵族会议由卸任的执政官组成,加上他们拥有任命官员的权力,这个贵族会议成为一个具有巨大影响力的咨议机构。每年九个执政官都会站在露天的公民大会会场的一块石头上宣誓。执政官们宣称,如果他们没有被发现违反法律,那么他们都乐意献身于这个神圣的职位。这时公民大会最低的一个等级,即“无产者”(Thetes)是不被允许进入会场的,而且贵族控制着整个会议程序。因此,贵族完全掌握着雅典的最高权力,法律的解释权也在他们手中,所以根本不会存在执政官违背誓言的情况,除非贵族议事会对某个贵族成员已经不感兴趣,并有意迫害他。

根据亚里士多德的说法,梭伦为所有公民立法,获准每个年满 18 岁的公民都能参加公民大会(即 Ekklesia,或者拼写为 Ecclesia),并且设立一个来自全体公民的民众法庭(即 Heliaia)。民众法庭在某种程度上等同于公民大会,或者至少是部分代表公民大会,其陪审团成员就来自于公民大会。梭伦不光给予普通公民选举官员的权力,还给予他们召唤任何官员进行述职的权力。通过这些,梭伦实际上已经建立起真正的民主制度。但是,一些学者怀疑梭伦是否真正地将“无产者”等级纳入公民大会,如果真是这样的话,这在古风时代对于任何贵族来说都是一个太过于大胆的举动。另外,古代文献一般都相信,是梭伦创立了四百人议事会,其成员从四个部落中选出,并且为那个巨大的公民大会充当一个预备引导会议。但是,很多现代学者都怀疑这种说法。

但是所有学者之间有一个共识,就是梭伦降低了当选城邦官员的经济和社会资格的限制。梭伦的立法根据个人财产将公民分成四个政治等级,而过去的这种财产划分只是为了服兵役和收税的需要。划分财产标准的单位是一斗(medimnos,大约相当于 12 加仑)谷物。

第一等级是“五百斗级”(Pentacosiomedimnoi),即每年家庭收入的价值在五百斗谷物以上的人,他们的资格可以做到最高的行政长官“将军”(Strategoi)。第二等级是“骑士级”(Hippeis),即每年家庭收入的价值在三百斗谷物以上,但低于五百斗以下的人。他们近似于中世纪的骑士阶层,即有足够的财富,使自己能够作为骑兵在军队中服役的人。第三等级是“牛轭级”,即有牛来耕田的人,其收入在二百斗以上三百斗以下的人。第四等级是收入不到二百斗的人。

第一等级能担任各种官职,第二等级能担任除司库官外的任何官职,第三等级可以担任低级官职,第四等级无权担任任何官职。第一、二等级充当骑兵,第三等级充当重装步兵,而第四等级担任轻装步兵和战舰上的水兵、桨手。后来海军在雅典的地位日益重要,这也在无形之中提高了第四等级公民的地位,为日后的民主政治进一步发展创造了条件。

(2)经济改革

在梭伦那个时代,大部分的雅典人还生活在农村中,在雅典境内,贸易的条件是相当有限的。典型的以务农为本的家庭大部分只能生产出满足自身家庭所需的食物。雅典是一个人多地少的城邦,这种矛盾也是社会关系紧张的原因之一。梭伦认识到,发展海外贸易是解决内部人口压力的唯一途径。

具体的经济改革措施是:模仿吕底亚铸造自己的硬通货币(最早可能直接使用的是吕底亚的货币);倡导每个家族的家长鼓励自己的子弟去探索新的商路;鼓励外国的商人定居雅典,如果他们携带家属的话,则授予他们公民权;鼓励种植橄榄,等等。通过这些改革,雅典商业的竞争力得到了提高。梭伦的经济改革直接刺激了海外的贸易,雅典的黑陶出口与日俱增,现在的考古发现表明,这些黑陶遍布于整个爱琴海沿岸。梭伦鼓励海外贸易,但禁止粮食出口,这主要是因为雅典人多地少的实际情况;另外,这也是减少国内穷人经济负担的措施,因为这样一来,国内粮食的价格就不会太高。

(3)道德风尚的改革

梭伦在自己的诗歌中,描述当时的雅典公民受到了没有节制的贪婪、傲慢等恶习的威胁。当时的许多公民在经济上受到债务奴役,许多欠债的公民要把自己田地中的六分之五交给债主,而自己只能留下六分之一。这些债务缠身的公民被称为“六一汉”,他们随时都有可能沦为真正的债务奴隶。这种公民内部的压迫是导致道德败坏及公民之间彼此憎恨的根源。

梭伦废除了所有公民之间的债务契约,所欠金额一律只还本金,并禁止将欠债的公民变为债务奴隶。这项措施直接使大多数下层公民得到了解放,而且这样做也无形之中增进了公民之间的团结。另外梭伦还禁止过分奢华的穿戴,禁止滥用继承权,授予公民代理其他公民法律事务的权力,剥夺在战争期间拒绝拿起武器的公民的选举权,以防止公民对城邦政治和整体利益的冷漠态度。后来的政治家德谟斯提尼称赞梭伦改革后的雅典是一个道德风尚的黄金时代。

梭伦的立法自然遭到了保守势力的强烈反对，其实他的改革也并没有完全得以实施。在改革工作完成后，梭伦对强大的保守势力进行了妥协，并离开了雅典。据希罗多德的记载，梭伦离开雅典的条件就是要维持其改革政策十年。在梭伦离开雅典的前四年内，以前的社会裂痕重新出现，但出现了一些新因素。在新的政府中，也存在程序的违规行为，当选的官员有时任职期满后拒绝放弃权力，有时很重要的职位则无人愿意任职。据说，一些人指责梭伦是这些麻烦的制造者。最后，梭伦的一个亲属庇西特拉图(Pisistratus)以武力结束了党派纷争，建立起僭主政治，他的独裁统治反而重新加强了梭伦的改革成果。

2. 克利斯提尼的改革

克利斯提尼，出身于雅典地位很高的阿尔卡美奥尼德(Alcmaeonid)家族，他的母亲是西西昂(Sicyon)的僭主克利斯提尼的女儿。虽然出身贵族，但克利斯提尼支持梭伦的宪政体制改革。最终在公元前508年，他通过改革在雅典建立起一套真正的民主政治。

在庇西特拉图的僭主统治之后，希庇亚斯(Hippias，庇西特拉图的儿子)的统治引起了雅典的混乱。克利斯提尼依靠自己家族的力量，推翻了希庇亚斯的僭主统治。在希庇亚斯的统治被推翻之后，伊萨哥拉斯(Isagoras)和克利斯提尼成为政治对手。后来伊萨哥拉斯遭到了雅典民众的驱逐，于是克利斯提尼担任了雅典的最高领导者。

在这场政治斗争胜利之后，克利斯提尼开始着手改革雅典政府。在克利斯提尼看来，血缘部族之间的冲突往往是导致雅典派别冲突的根源。为了防止这些冲突，他改革了政治组织方式，拆散了从前的四个血缘部落。虽然雅典分成的平原、山地和海岸三个政治派别，表面上是按地域来划分的，它们实质还是血缘集团。克利斯提尼将血缘部落集中居住的平原、山地和海岸三个地方各拆成十个行政单位，每个行政单位被称作“三一区”。“三一区”的基本组成单位就是“德谟”(deme)。他从平原、山地和海岸各抽出一个“三一区”组成一个地域部落。这样就有了十个地域部落，而且每个部落的三个部分是各不相连的。克利斯提尼还废除了按照血缘起名的习惯，这样就增强了每个人对自己“德谟”的归属感。他还建立了立法机构，并通过抽签的方式来运作。这种做法做到了真正的民主和公平,个人的当选从此再也不受家庭背景和血缘的影响。克利斯提尼对四百人议事会进行了重组,将议事会成员扩大到五百人,每个地域部落五十个人。他还创立了议事会成员的宣誓制度,即“要根据对人民最有利的法律提出建议”。法庭系统也得到了重组,根据案件的性质,每天要选出二百零一人到五千零一人的陪审员。议事会的主要作用就是向公民大会提交法律草案,为了审议这些草案,公民大会每年召开大约四十次会议。公民大会可对这些草案进行否决、通过或发回修订。

克利斯提尼还发明了陶片放逐法(ostracism,在公元前 487 年首次使用),这项法律是针对对民主政治有威胁的人,如果超过六千公民投票认为某人对民主政治有威胁,那么这个人将被流放十年,其间不能返回雅典,但其财产得到保留。但是很快,任何被认为有太多权力的人都会成为被放逐的目标。这项改革的确为巩固民主制度的稳定作出了重要贡献,在此之后,很难再有内部的政变对民主制度构成真正的威胁。但是它的缺点也显而易见,最重要的是这种制度培植了雅典公民对许多有才华有能力的人的敌视情绪,这也是造成雅典在伯罗奔尼撒战争最后阶段失败的重要原因。这是古代民主制度的重大缺陷,并成为柏拉图等人所诟病的对象。

克利斯提尼称他的这些改革为“伊索诺米亚”(isonomia),意思是“法律上的平等”。在他进行了这些改革之后,他的个人经历成了一个谜团,因为没有任何古代文献提及他此后的经历。有可能的情况是,因为他寻求波斯的支持以对抗斯巴达,最后遭到了放逐。

克利斯提尼的观念在那个时代,在整个希腊世界产生了革命性的影响。由于他的这些成就,历史学家认为克利斯提尼是“雅典的民主之父”。后来的人们盛赞他加强了公民大会的权力,并最终打碎了贵族对权力的垄断。

3. 厄菲阿尔特的改革

厄菲阿尔特(希腊语:φιάλτηζ,Ephialtēs)是古代雅典的政治家和民主运动的早期领导人。在公元前 5 世纪 60 年代后期,他监督克利斯提尼的改革,并缩小了战神山议事会的权力。

战神山议事会的成员都由卸任的执政官组成,他们是雅典的保守势力,这个会议就是保守势力的堡垒。根据亚里士多德和一些历史学家的说法,雅典约从公元前478年以来，一直处在一个非正式的“战神山体制”的统治之下，梭伦和克利斯提尼的改革没有对其有实质上的触动，就是因为它的强大势力。厄菲阿尔特在公民大会中拟定并通过了一系列的改革措施，这些措施是将战神山议事会的权力分割到五百人议事会、公民大会和民众法庭中。这些权力包括检查和控制官员以及在国家审判中的司法功能。许多现代历史学家都认为这标志着“彻底民主的开端”。

另外，厄菲阿尔特也是第一个为公共官员支付薪水的人，他降低担任官员的财产资格，并且创立了一项新的界定公民身份的标准。厄菲阿尔特的改革是雅典的民主进程中重要的一步，他的主要功绩是彻底废除了战神山议事会的权力和影响。从此之后，贵族没有可能再成为一支单独的政治势力。但在公元前461年，他被一个寡头派成员刺杀。

4. 伯利克里的改革

伯利克里(希腊文为Περικλζ，Periklēs，意思是“被荣誉所包围”，约前495—429)是一位杰出的、有影响力的政治家、演说家、雅典将军，他对雅典的政治体制做了进一步的改革。在伯利克里统治的时代，民主政治的进一步发展表现在以下几个方面：

首先，国家的各种官职向一切等级的公民开放，而且所有的公职都是通过抽签选举产生的，这就彻底杜绝了贵族政治。从此之后财产限制不再成为公民参加政治活动的障碍，在政治和法律面前确实做到了公民之间的人人平等，所以伯利克里掌权的时代可以说是古代最彻底的民主政治时期。

其次，公民大会成为名副其实的国家最高权力机关。在公民广泛参与政治的基础上，伯利克里通过改革使得公民大会拥有了决定性的权力。所有公民都是大会成员，并有在大会上有发言和表决的权力。公民大会仍然由五百人议事会主持，但五百人议事会不是公民大会的领导机构和咨议机构，其成员也不是贵族或社会上层，而是通过抽签选举的，其功能像是保证公民大会的正常运作，类似于它的一个服务机构，所有最高权力全部属于公民大会。贵族会议(即战神山议事会)则丧失了一切权力，只能处理一些和宗教有关的事务。

最后，伯利克里实施了公职补贴和公薪制，这项制度是厄菲阿尔特时代的创造，到了伯利克里时代，这项制度更为成熟。在古代民主政治的实例中，一般担任公职都是公民的义务，是不发薪水的。许多社会下层的公民担任公职反而有碍于生计，这也是为什么许多古代社会都是贵族民主政治的经济原因。为了使下层公民最广泛地参与政治，最切实可行的方法就是给予担任公职的人员以薪金。伯利克里首先为担任民众法庭陪审员的公民发放生活补贴。陪审员的工作时间一年至少在一百天以上，工作是比较繁重的，这项举措保证了下层公民的参政热情和参政能力。后来薪金制度又推广到五百人议事会和政府的各级官员中，但唯独将军一职是没有任何津贴和薪水的。

在伯利克里的领导下，雅典的民主政治发展到了顶峰。在此之后，伯罗奔尼撒战争削弱了古代民主向前发展的势头，公民也越来越保守和自闭，而且民主政治自身所犯的错误也使得后来的许多思想家对这一体制诟病甚多。但民主政治的精神在这个时代已经变得非常成熟，并构成了西方文明的一个重要部分流传至今。

5. 吕库古对斯巴达的改革

在公元前 8 世纪到公元前 7 世纪这段时间里，斯巴达所面临的社会政治状况同梭伦时代的雅典差不多，是一个没有法律和内部冲突不断的时期。同雅典一样，为了摆脱激烈的社会内部冲突，斯巴达人也在寻求社会和政治改革措施。这些社会改革措施后来都归功于一个半神话式的人物——吕库古。立法者吕库古创立的政治体制以及基本的法律制度，一直影响着斯巴达人的政治文化生活。即便是对于古代的许多思想家来说，斯巴达人的政治文化体制也是十分独特的，这些独有的特征吸引他们进行了许多的思考和分析。这些特征最明显的就是僵硬的社会等级体制和强悍的军队组织。

吕库古的改革基本上反映在一部叫做 *the Great Rhetra* 的文献中，它是阿波罗神庙中的一份神谕。希罗多德和普鲁塔克都对这条神谕做了一些记录。这份文件的核心内容是关于斯巴达体制的问题，一段关于宗教与政治密切关系的记录。政治与宗教是这份文件最重要的理念，并且二者要保证“人民”在国家中拥有最高权力。

根据希罗多德的记载：在斯巴达国王列昂（Leon）和阿哥西克勒斯（Agasicles）统治的时期，斯巴达是“全希腊中治理最坏的国家”。于是斯巴达人中一个杰出的人物吕库古决定去德尔菲请求神托。吕库古根据神谕建立了完整的斯巴达体制。他模仿在克里特的多利安人的风俗，创立了长老议事会(Gerousia)、监察官(Ephorate)等制度。

(1)平均分配财产

普鲁塔克在《吕库古传》中提到，吕库古平均分配了斯巴达人的财富和土地。公民之间再也没有财富的差异，社会几乎变成了一种原始共产主义形式。这种措施的实行也使斯巴达有别于那个时代的任何希腊城邦。为了支持平均分配土地的政策，据说吕库古将拉科尼亚周围的土地分成了三万等份，将斯巴达城市周围的土地分成九千份，这些土地全部平均分配给斯巴达公民。希洛特(国有奴隶)被平均分配到土地上，而不是直接分给斯巴达公民个人，所有的奴隶都是国家的财产。普鲁塔克还说，吕库古还平均分配了公民的动产。全国只使用一种铁铸的货币，取消了金银的使用。铁币除了有一些实用的价值之外，价值量非常小，而且也难于运输。这样做的目的就是消除贪婪和对金钱的依赖。同时，由于对物品需求的减弱，使斯巴达国家隔绝于希腊的商业网络，并阻碍了国外对斯巴达的物质影响。

(2)共餐制

吕库古建立了一套独特的公民生活方式，其中最有特色的就是共餐制。共餐制要求所有的斯巴达公民必须在公共食堂共同就餐。食堂每月对每个共餐者供应一定数量的饭、酒、奶酪、无花果以及少量的钱，这些钱可以让他们买一些鱼和肉。但这些鱼肉是不能私自偷吃的，而是要与大家共享的。国王在共餐制度的早期可能不在食堂就餐，但在监察官制度被强化之后，国王也必须在食堂就餐。斯巴达的妇女也是在一起实行共餐制的，而且她们大部分的时间也是互相聚在一起，而不是与丈夫和孩子在一起(只有小于七岁的孩子是与母亲在一起的)。在财产平均分配及共餐制的基础上，斯巴达人将自己的社会称为“平等者”公社。

(3)阿哥吉制度

并不是斯巴达的所有居民都被视为公民，只有成功地担负起军事训练(the agoge，即“阿哥吉”制度)的斯巴达人才有资格成为公民。吕库古的“平等者”公社的许多原则需要靠一套强大的社会制度来保证。这套由国家严格控制的社会生活制度及教育制度就是所谓的“阿哥吉”制度。具体来说，它是对斯巴达男性公民最为严酷的教育和训练制度。吕库古创立这项制度，根本目的就是为斯巴达国家培养在身体上和道德上都合格的公民战士。

这种制度的具体内容是：当一个孩子出生时，他会被带到长老面前接受检查，长老认为身体强壮的婴儿可以留下来抚养，而认为孱弱的则被丢弃。男孩长到七岁的时候，他们会被编入“阿哥吉”的组织系统中。一直到二十一岁，他们必须在这种组织中接受教育和训练。训练者有意地不让孩子们吃饱，这是为了让他们掌握自己获得食物及偷窃的能力。孩子们经常挨饿，这是为了让他们在今后的战争中习惯于吃不饱饭的环境。到十二岁左右，孩子们会被编入成人的战斗团队，在这里需要培养他们的战斗团队精神，以及他们与年长者的师生关系。到二十岁左右，阿哥吉的成员成为正式的公共食堂成员，他们通过投票的方式加入一个个的共餐团体。女孩子也要编入阿哥吉的团队中进行训练，她们受训的主要目标就是生出最好的战士。

(4)监察官制度

按照吕库古的初衷，这种权力职位的创立可能是为了保证他创立的社会生活体制的平稳运行。监察官不光掌控法律，还掌控道德，可以说他们是整个斯巴达社会的检察官和警察。监察官一共有五名，由长老议事会提名，在公民大会上选举，任期一年。在古典时期，监察官的权力有加强的趋势，随着限制王权的需要，监察官的行政权力越来越大。这种权力后来大到类似于僭主的程度，柏拉图就直接将监察官称为僭主，他认为斯巴达国家就是由“几个选出的僭主”统治的国家，而国王只不过仅仅是一个军事统帅罢了。

(5)长老议事会(Gerousia)

为了限制国王的权力，吕库古创立了长老议事会。他从氏族贵族中挑选出二十八名长老与两个国王一起组成长老议事会。这样的安排实际上等于削弱了国王的权力。长老议事会的权力是很大的，它甚至可以否决公民大会的决议。

(6)公民大会

吕库古对斯巴达之前的公民大会进行了改组，规定大会由全体满三十岁的斯巴达完全公民参加。它只能对长老议事会的提议进行表决，既没有提议权，也没有对任何提议进行讨论的权力。根据吕库古的规定，公民大会要在每次月圆的时候举行，地点最初设在斯巴达的市场(the Agora)，后来转移到与其相邻的、一个叫做斯基阿斯(the Skias)的建筑物中。主持公民大会的最初是国王，后来是监察官。监察官还负责计票工作，他们被关在一个看不到外面情况的小黑屋中，公民通过呼喊进行表决，监察官通过判断呼喊声的高低来判断公民对提议是否赞成。如果监察官不能肯定表决的结果，那么他们会组织持赞成或否定态度的公民聚到一起，以清点人数。从名义上说，公民大会拥有最高的决定权，但这种权力在实际情况中发挥不了多大作用。斯巴达的公民大会决不会像雅典的公民大会那样拥有绝对权力或最高权力，国家实质性的权力集中在监察官和长老议事会手中，长老议事会经常找各种理由来否决公民大会的决议。所以希腊各城邦普遍认为斯巴达是最典型的寡头政治。

6. 塞尔维乌斯的改革

在罗马的王政时代，第六个国王塞尔维乌斯·图利乌斯(Servius Tullius)在位期间进行了一系列的重要改革，这对罗马后来的政治发展产生了重要的影响。改革的起因是平民数量的增加，平民是罗马军队的主要组成部分，但是按血缘划分的社会政治组织使他们得不到更多的政治权力，平民越来越不满足于自己的政治和经济地位，在这种背景之下，塞尔维乌斯改革了罗马的社会体制。

塞尔维乌斯将罗马按地域划成二十一个新部落(罗马城四个，周边农村十七个)，以取代最初按血缘划分的三个部落，新部落是征兵和收税的基本单位。此外，塞尔维乌斯将全体罗马人按照财产多寡分为五个等级，无论其出自贵族或平民，只要能负担兵役就可身为某级。五级以下的穷人不列级，被称作无产者。每个等级提供数目不等的步兵百人队(centuries，即森都里亚)，百人队一共是193个。其中第一等级出80个步兵百人队，另外出18个骑兵百人队；第二等级出22个步兵百人队；第三等级出20个；第四等级出22个；第五等级出30个；无产者出1个百人队。并以此为依据，创设百人队会议，即森都里亚会议。森都里亚会议取代了原来库里亚会议的大部分职能，如宣战或媾和的权力、官吏的选择、案件审判等。在森都里亚会议上，每个百人队只有一票表决权。为此罗马也建立起新的军事体系，军团的规模增加到6 000人。

塞尔维乌斯的改革进一步强化了罗马人的公民身份，这种身份是以法律，而不是以血缘为基础的。所以他的改革奠定了罗马公民政治的基础，使罗马初步走出血缘部落的政治组织形式，并为日后罗马的公民政治、贵族民主政治以及法制体系的发展打下了良好的基础。

7. 罗马贵族和平民之间的斗争

由于最后一个国王小塔克文不得人心的统治，贵族在将其驱逐之后，决定建立起共和体制。在共和体制下，国王的权力被分解，其主要的权力归一年一任的两个执政官。公元前509年，两个执政官当选，标志着罗马共和国的开始。罗马共和国建立之后，贵族和平民之间的斗争构成了罗马早期政治生活的重要部分。这种斗争所推动的改革运动使罗马成功地调解了内部的矛盾，扩大了罗马社会的公民政治基础，并为罗马的扩张道路提供了现实条件。

"贵族"这个等级来源于古老的血缘关系，而"平民"这个等级最初是被排除在罗马公社之外的、在罗马定居的外来者。平民在为罗马作战的同时，自身却分享不到多少政治权力，这就构成了平民和贵族斗争的主要原因。一般认为，贵族和平民之间的斗争从公元前494年开始，到公元前287年结束。

公元前494年，平民和贵族之间的斗争首次展开。当时，罗马同邻近的两个部落正在进行战争，当战争进入到比较关键的时刻，所有的平民士兵拒绝前进与敌人作战，并撤到阿芬廷山上，这也就是所谓的第一次"撤离"(secession)运动。贵族为了避免遇到的危机，很快就答应了平民的要求，即创立"平民保民官"(Plebeian Tribune)这个官职，并且答应这个官职由平民自己选举。保民官的人身权利不受侵犯，并对元老院的决议及行政官员的决定拥有否决权。这是平民第一次获得了实质性的权力。

在共和国的早期，平民是不被允许担任政府官职的。到公元前445年，平民要求拥有当选执政官的资格，但元老院拒绝授予平民这项权力。最终，贵族和平民达成了妥协，平民仍然没有获得当选执政官的资格，但是执政官的"最高统帅权"(imperium)可以授予一个军队保民官。这些拥有执政官权力的军队保民官，即所谓的"执政官军队保民官"(Consular Tribunes)，他们由森都里亚大会选举，这是平民第一次获得了同贵族的政治平等。但是，元老院有权否决任何选举结果。

公元前367年，针对平民的债务问题及平民不能担任高级官职的问题，保民官李锡尼(Licinius)和绥克斯图(Sextius)提请了一项法案，即"李锡尼一绥克斯图法"(Licinio－Sextian law)。这项法案主要有三条内容：第一，规定全体公民占有土地的最高限额，即每个公民所占有的土地不能超过500

犹格(1犹格约等于6顷),所有公民都可以占有使用公有地;第二,平民所负债务一律停止付息,已付利息按本金计算,尚未还清的债款分三年还清;第三,两名执政官中必须有一名由平民担任。经过10年斗争,这项法案才获通过。在这次斗争中,绥克斯图当选为第一任平民执政官。到公元前326年,波提利阿法案获得通过,规定禁止将负债的罗马公民变为奴隶,从而彻底地废除了债务奴隶制。

公元前356年,出现了第一个平民出身的独裁官。公元前339年,在平民的推动下,森都里亚大会通过了一条法律,这条法律要求在五年一选的监察官中,必须有一人是平民。在公元前337年,第一个平民出身的大法官出现了。随着所有官职对平民的开放,平民中的上层民与旧贵族合流,形成所谓的"新贵"政治。

公元前287年,平民发动了最后一次"撤离"运动。为了结束这次"撤离"运动,元老院任命了一个独裁官叫昆图斯·霍腾西乌斯。霍腾西乌斯是一个平民,他为解决此事提请的法案就是著名的霍腾西乌斯法案。这项法案规定,平民议事会的决议不必经元老院批准,对全体罗马公民具有法律效力。霍腾西乌斯法案的重要意义在于,它清除了贵族元老对平民议事会决议的最终审查权。至此,罗马平民反对贵族的斗争暂告结束。但是这一系列斗争的最大受益者是平民的上层,下层平民的经济状况没有得到根本改变。所以罗马社会的内部问题并没有得到根本解决,这些问题在共和末期有愈演愈烈的趋势,并促使政治体制发生了很大的变化。

8. 格拉古兄弟的改革

平民与贵族之间的斗争实际上并没有解决下层平民在经济上的困境。随着罗马进行的战争规模越来越大,离意大利本土越来越远,罗马平民由于战争离家的时间也越来越长。平民的土地长期抛荒,或者被大土地所有者吞并,导致了平民的大量破产,因土地所引起的内部矛盾也愈演愈烈。在这种背景之下,格拉古兄弟酝酿出了主要针对土地问题的改革。格拉古兄弟即:提比略·格拉古和盖约·格拉古,他们出身于著名的塞普罗尼乌斯(Sempronius)家族,父亲曾两次出任过执政官,母亲是在札马战役中击败汉尼拔的将军西庇阿的女儿。格拉古兄弟自幼就受到了良好的家族教育,受到过希腊文化的熏陶。

提比略·格拉古对平民抱有深深的同情。公元前 135 年，提比略出任平民保民官，他想利用自己的职务为平民争得一些权益。就任后，他提出土地改革法案，即著名的塞普罗尼亚土地法（Lex Sempronia Agraria）。法案仿效“李锡尼—绥克斯图法”规定每个公民所占土地的最高限额，即不得超过 500 犹格。超过的土地由国家回收，并分配给无地或少地的公民。分配的土地不得买卖，由平民世袭占有，这样做主要是为了防止平民再度破产。另外，法案还加强了对公有土地的控制，防止大贵族侵占公有地。

法案受到了平民的拥护而遭到了贵族的强烈抵制。为了使法案在平民议事会上通过，提比略采用了一些非正常手段，比如关闭国库、市场等使国家的机能陷于瘫痪，最后贵族势力迫于压力通过了法案。但是提比略的做法的合法性受到了许多人的质疑，而且他作为平民保民官将元老院踢到一边的单边行为，也使元老院极为愤怒。许多保守势力想等到他的保民官任期满之后将他治罪。提比略也深知失去保民官的职位对他意味着什么，所以他准备连任保民官（这是非法的）。在选举大会上，反对派拿着棍棒扰乱会场，选举被迫解散。次日清晨，提比略的拥护者占领了平民议事会开会的地点。结果，反对派的武装袭击会场，提比略及其拥护者 300 多人被屠杀，尸体被抛入台伯河。

十年之后，提比略的弟弟盖约·格拉古当选为保民官，他所进行的改革远超出了他哥哥。对于官员的罢免，盖约·格拉古的提案规定，任何被罢免的官员不能第二次担任官职，而且任何公民都可以起诉未经审判就流放公民的官员。他还改革司法系统，对元老阶层的无罪判决要进行审核，对司法系统内部的敲诈勒索进行控制，改革司法程序使之更利于起诉人。要求审判刑事犯罪的法庭除原来的 300 名元老法官外，另增加 300 名骑士担任法官。

在土地方面，他制定了更大的土地分配计划，许多大型的海外殖民地得到筹建以安排意大利的同盟者和罗马的公民。制定粮食法，规定由国家出钱购买北非的谷物，以低于市场的价格出售给贫困的居民。建设更广泛的辅助道路系统，以方便贸易和罗马征收东方的殖民地税收。另外，盖约将亚细亚新设行省的包税权交给骑士阶层，以满足骑士阶层的要求。在军事方面，盖约要求国家给罗马士兵提供武器和制服，减少服役的时间，并禁止抽取十七岁以下的男孩子入伍。所有这些措施，使盖约获得了更广泛的支持者。在城市平民和骑士的支持下他连任了公元前 121 年的保民官，他随即提出了两项更为激进的新法案——殖民法和公民权法。为了保障为平民分配土地，殖民地法等于剥夺了元老院对海外土地安排处置的权力。公民权法提议给所有的拉丁人和意大利同盟者以罗马公民权，但罗马公民不论哪个阶层都不愿让非罗马人分享公民权，所以引起了各阶层的不满。盖约在卸任保民官之后，盖约的政治对手趁机对他进行攻击。在讨论废除盖约在迦太基建立殖民地的提案时，贵族派同盖约的支持者发生了激烈的争执，导致大规模的武装冲突。盖约的支持者 3 000 多人被杀害，在冲突中盖约因感到绝望而自杀。在他死后，贵族势力废除了盖约的大部分改革，这使得罗马的内部矛盾更为严重，最终导致了共和国的灭亡。

9. 奥古斯都与元首政治

在经历共和末期的战乱之后，罗马的共和体制失去了支持它的基础。这时的军队是左右政局的决定性力量，但现在军队大部分的成员是一无所有的平民。他们对共和体制和民主制度没有丝毫兴趣，他们所想要的是哪一位统帅能给他们带来发财的机会。在这种简单动机支配下的军阀体制不可避免地将罗马带入一场血雨腥风之中。屋大维在这场竞争中走到了最后，在阿克提乌姆战役之后，他已经扫清了前进道路上的一切障碍。

但是罗马根深蒂固的共和传统并没有消失，而且违背共和原则的政治是十分危险的，恺撒的死就证明了这一点，屋大维对于这些是很清楚的。公元前 27 年，屋大维首先接受了“元首”(princeps senatus)这一称号，这一称号是“首席元老”以及“第一公民”的意思。相应地，屋大维也开启了一种新的政治模式，即“元首政治”，这种政治并没有像恺撒那样公开引入独裁政治。在名义上，屋大维恢复了“共和国”，他“参加选举”，并当选执政官，其实这是一种共和外衣下的独裁统治。公元前 27 年，屋大维假意表示要还政于元老院，元老院诚惶诚恐，不仅拒绝了他的请求，还授予他对西班牙、高卢、叙利亚行省的统治权，另外元老院授予屋大维“奥古斯都”(Augustus)的称号，意即“祖国之父”。在罗马的传统文化中，拥有这个称号的人意味着任何法律及任何制度都不能凌驾于他的权威之上。倘若有一个人不受法律的控制，共和体制也就名存实亡了。此时的元老院已经不是共和时期的元老院了，大部分成员是元首的亲信。此外，元首对军队的影响是绝对的，而且这时的军队忠于元首，而不是忠于共和国，所有这些条件成为独裁统治的基础。但是,屋大维吸取了共和末期政治混乱的教训。这种政治手段并没有依靠赤裸裸的暴力来维持统治。虽然广大的平民对贵族政治已经没有任何信心,但无论是贵族和平民都有很深的共和传统。这就是为什么政治形式采取实为独裁、而外表仍需要共和外衣的“元首政治”的实质。

10. 戴克里先的改革

戴克里先(250—312),罗马帝国皇帝,统治罗马二十余年。他通过一系列的改革结束了三世纪危机,并创立四帝共治制,使其成为罗马帝国后期的主要政体。他的改革对后期罗马的影响是很深远的。

戴克里先出生在巴尔干半岛的伊利里亚,他的父亲是被释奴隶。他是在军队里开始其政治生涯的。公元 284 年,罗马军队拥戴他成为帝国的统治者。戴克里先凭借个人的能力在军队中牢牢地建立起自己的威信。公元 298 年,戴克里先率领军队,成功阻止了日耳曼人横渡多瑙河与莱茵河侵入罗马帝国本土的企图,接着,他又率领军队成功阻挡萨珊波斯对叙利亚与巴勒斯坦地区的侵犯。在这期间,他击败了国内的政敌,这使得他成功地稳住了自己的统治地位。

在实施了一系列对内对外的稳固措施之后,戴克里先便开始着手改革罗马帝国。在整个三世纪危机期间,戴克里先认为罗马帝国之所以经历这么长时间的内部混乱,甚至濒临崩溃,无法有效地实施统治,根本原因在于以前的元首政治无法适应巨大帝国的管理。所以戴克里先的政治改革主要针对罗马的行政系统,以防止帝国再度陷入无政府状态,并加强了皇帝对帝国的控制。

从奥古斯都开始,皇帝赖以独裁的资本就是军队。戴克里先认为,在三世纪危机期间,之所以能形成这么大的混乱根本原因就是“元首”忽视了对军团与禁卫军的控制,所以“最高统帅”(Imperator)这个头衔要比“元首”这个头衔重要得多。“元首”的称谓多少有点保留共和传统的意味,而在这时已经没有多大的意义了。从卡里卡拉以来,皇帝有意开始摒弃或简化名目繁多的共和国头衔,也无视共和国时期的法制与传统,并加强中央集权,使元首政治形同虚设。戴克里先认为,皇帝头衔中的共和传统已经毫无意义,所以皇帝的头衔要在全新的意义上加以诠释。戴克里先为自己选取了一个新的头衔,称自己为“主”和“神”(Dominus et deus)。这个头衔具有神权统治的意味,这在罗马还是第一次。“元首”或“第一公民”的称呼多少还有一点共和及贵族民主传统，那么现在，皇帝与普通人不再一样，是神的化身，并以神的名义进行统治。

戴克里先统治的前期战乱不断，他将其中的缘由总结为帝国过于庞大，皇帝一个人不容易进行治理；而且帝国的边境过长，只凭皇帝一人是无法应对边境问题的。戴克里先的解决方法是将帝国一分为二，在地图上画一条直线将帝国分为东西两部分。这种做法影响深远，罗马帝国从此有了两部分，政府也有了两个，统治中心也形成了两个（罗马和君士坦丁堡）。

此外，罗马帝国的皇位承继问题从来没有彻底解决过。由于共和传统及罗马收养继子的传统，罗马从未严格实行过嫡亲继承皇位的制度。这种情况当然有利于比较有能力的人当上皇帝，但没有明确的承继原则，结果经常导致军队统帅之间的内战。为了解决皇位继承问题，以及适应东西分治的需要，戴克里先创立了“四帝共治制”。帝国东西两部分别由两位皇帝进行统治，他们被称为“奥古斯都”，此外再给他们各自安排一位副手，被称为“恺撒”。就像安东尼王朝一样，“恺撒”是皇帝的继子并是皇位的继承人。这种设计的初衷，必须建立在“四帝”互相信任的基础上，但是在独裁统治之下，这种信任是十分脆弱的。

公元292年，戴克里先正式推行此制度，并任命自己为东部帝国的皇帝，马克西米安为西部帝国的皇帝。公元293年，戴克里先与马克西米安各自指定加莱里乌斯与君士坦提乌斯（即后来君士坦丁大帝的父亲）为恺撒，四位皇帝各自统治四分之一的帝国。公元305年，戴克里先与马克西米安同时退位，两位恺撒按计划成为东西帝国的统治者。但当选择新恺撒时，统治集团内部的倾轧无休无止。公元306年，君士坦提乌斯的儿子君士坦丁在不列颠起兵，首先挑起内战，几个皇帝之间互相火拼葬送了“四帝共治制”。但是东西帝国分治的这种传统保留了下来。公元395年，帝国再度分裂为东西两部分，但这次分裂是永久性的。

经济方面，针对日益严重的商品通胀局面，戴克里先制定了限制最高价格法。戴克里先的政府对数千种商品实行了价格限制，并对违法的商人予以严厉惩罚，这主要是为了限制商人们的投机行为，规范市场的秩序。这项政策并不成功，也没有制止膨胀恶化的经济，但这条法令是一份了解古罗马经济的重要文件。军事方面，戴克里先将国家的常备军由四十万人增至四十五万多人，并将其分为两个主要部分：边防军与作为后备的野战军。大约三分之二的军队是边防军，他们全部被部署在边境上，可见罗马当时的边境局势。剩下的是野战军，由四个皇帝在其所辖的范围内直接控制。因为野战军与权贵的关系更为密切，所以他们的待遇比边防军要高。这使得边防军在日后产生怨恨，并使帝国陷入危机。戴克里先还削弱了禁卫军长官的权力，取而代之的是每个皇帝拥有两个军队统帅：步兵统帅和骑兵统帅。骑兵统帅拥有了与步兵统帅一样的权力和地位，而且这样做还能减少发动政变的可能，结果骑兵在罗马军队里的重要性大为提升。

由于长期的疾病困扰，公元305年，即在戴克里先五十五岁时，他就选择了退位，居住在亚得里亚海边的一所宫殿里，并当上了菜农。后来有人曾要求他重登帝位，却被他断然拒绝，他是唯一一位自愿放弃帝位与权力的罗马皇帝。戴克里先对军事、民政与罗马官僚系统的改革是强而有力的，虽然许多人对改革的成效褒贬不一。戴克里先也因迫害过基督教而成为一位神秘并颇具争议性的人物。

11. 君士坦丁的改革

君士坦丁出生在罗马帝国上麦西亚行省的内索斯（今塞尔维亚东部的尼什），是西部帝国的恺撒君士坦提乌斯的长子。君士坦丁的母亲海伦娜出身卑微，英国历史学者爱德华·吉本认为海伦娜是一家小旅店的老板。当君士坦提乌斯在公元293年被西部帝国的奥古斯都马克西米安任命为恺撒后，他就离弃了海伦娜，与马克西米安之女结婚了。

君士坦丁年轻时主要是为皇帝戴克里先在东方服役。公元305年，戴克里先与马克西米安退位之后，他的父亲君士坦提乌斯升为奥古斯都，于是君士坦丁奔赴不列颠与其父会合。公元306年，君士坦提乌斯一世去世，不列颠军团在英格兰北部城市约克拥戴君士坦丁为奥古斯都。

随即帝国境内的四位奥古斯都：李锡尼、马克森提乌斯（Maxentius）、马克西米努斯和君士坦丁展开争夺权力的战争。首先，君士坦丁联合李锡尼与同在罗马的马克森提乌斯开战。公元312年，君士坦丁在台伯河上的穆尔维大桥（Ponte Milvio）附近击败马克森提乌斯，马克森提乌斯在逃跑时落水而亡。公元313年，君士坦丁与李锡尼在米兰会晤，李锡尼与君士坦丁的同父异母姊妹君士坦提娅结婚，以巩固两人的同盟。两位奥古斯同时签署了米兰敕令，这是帝国第一次承认基督教的合法地位。同年，李锡尼在君士坦丁的支持下在小亚细亚战胜马克西米努斯。两人之间的和平仅仅维持了一年,公元 314 年,两人就为争夺最高统治权力而发生了战争。直到公元 324 年,君士坦丁击败李锡尼成为罗马唯一的统治者。

君士坦丁改革了戴克里先的四帝共治制,把除他之外的另外三个皇帝换成了他的三个儿子,即用家族统治的方式代替了挑选继承人的方式:君士坦丁二世统治西班牙、高卢和不列颠;君士坦提乌斯二世统治亚洲和埃及;君士坦斯一世统治意大利和北非。为了进一步加强君主统治,君士坦丁进一步将国家行政系统官僚化。虽然提高了行政效率,但臃肿的官僚体系需要更多的政府开支。为了满足巨额的财政需求,君士坦丁实行了一系列的经济改革,他确立了金本位货币体系,并将税收官僚体系进一步强化。同时,为了保证税收,君士坦丁颁布法令使各种职业世袭化,并将农民固定在耕地上。君士坦丁颁布的相关法律也影响深远,规定世袭职业与禁止佃农离开租种土地的法令,对中世纪的行会制度及农奴制度有重要影响,而且可以说部分地奠定了中世纪欧洲的社会结构基础。由于集权进一步加强,国内的各种依附制度更加强化。为了加强对东方的控制,公元 330 年,君士坦丁正式迁都拜占庭(这个城市被他命名为君士坦丁堡),从而使其变为帝国东部的政治、经济、文化中心。君士坦丁还加强了对军队的控制,正式取消近卫军制度,并吸收大量蛮族士兵加入帝国的军队。他改变了军队的建制,创建巡防军,与边防军形成有效的牵制,并能够较为成功地抵御蛮族的入侵。

君士坦丁对基督教的承认对西方社会影响深远。君士坦丁究竟何时开始信奉基督教无法确定,可以肯定的是,在他统治的早年,就一反先前皇帝迫害基督教的做法,实行宗教宽容政策。君士坦丁在不取缔罗马传统信仰的情况下,支持基督教的发展。根据《米兰敕令》,基督教在帝国境内成为一种合法的、自由的宗教。君士坦丁对基督教的信仰加快了它在上层社会的普及,他颁布了许多法令给予基督教各种不同程度的特权及税收豁免权。几乎所有世界最著名的教堂都是在他的统治期间建成的,比如伯利恒圣诞教堂和耶路撒冷圣墓教堂,等等。公元 325 年,君士坦丁在小亚细亚的尼西亚召开了基督教会历史上第一次大会会议,最后会议通过的《尼西亚信经》成为正统的基督教信仰教义。君士坦丁直到临终时才肯接受基督教阿利乌斯派的洗礼,这可能是出于政治因素的考虑。但无论如何,在所有的罗马皇帝中,他所留下的政治遗产对后来的西方社会影响是最大的。

12. 克洛维的改革

克洛维一世(Clovis I,466－511),是法兰克人的国王,法兰克王国墨洛温王朝的奠基人。公元481年,克洛维承袭了其父希尔代里克一世萨利克法兰克人的部落首领的职位,克洛维一世在征服其邻近的几个法兰克部落后称王。公元486年,克洛维一世打败罗马帝国在北部高卢的统治者,这场胜利使法兰克占领了高卢大部分,扩张到了卢瓦尔河以北地区。通过联姻克洛维与东哥德人结成联盟,此后,克洛维又战胜了阿勒曼尼人。公元500年,克洛维征服第戎,但未能征服勃艮第王国。随后,克洛维一世又战胜了图卢兹的西哥特王国,并将其赶往西班牙,占领了今阿奎丹的大部分地区。通过一系列的战争,法兰克王国已经成为欧洲西部最大的国家。

公元493年,克洛维与勃艮第公主克洛蒂尔达成婚。在她的劝说下,克洛维于496年放弃了日耳曼人所信奉的阿利乌斯基督教,皈依正统的天主教。后来,克洛维又与罗马教皇结成同盟,并成为天主教会的保护者。这一行动在法国和西欧历史上产生了重要影响。此后,法兰克王国得到了教会的支持,获得了“正统”的统治地位。天主教有效地促进了罗马人与日耳曼征服者的融合。

在克洛维晚年的时候,他将萨利克法兰克人的习惯法汇编成法律,即后来著名的《萨利克法典》,它成为查理曼帝国法律的基础,并对后来的西欧封建社会的发展起了重要的影响。

《萨利克法典》是一部刑法典和程序法典,它极其详细地规定了各种违法犯罪应处罚的赔偿金,并规定受害者所得赔偿金的三分之一应交给王室。在程序法方面,《萨利克法典》中包括一条女性后裔不得继承土地的条款,这一条款随着法兰克国家的分裂和联姻活动扩散到欧洲大部分的天主教国家中,女性无权继承土地的规定逐渐演变为对女性继承爵位及领地权力的剥夺,但是北欧及其他一些日耳曼国家中,有女性后嗣继承爵位和权力的传统,这种矛盾对中世纪和近代欧洲历史产生了很大的影响。西班牙的历次卡洛斯战争及英法百年战争,起因都是直系女性继承人的男性后嗣对封建权力的争议。

13. 查理·马特与采邑制度

查理·马特(Charles the Hammer,676－741),意译为“锤子查理”,法兰克王国宫相,查理大帝的祖父。墨洛温王朝的后期,国家的实际权力落入宫相的手中,国王被称为“懒王”。马特就是这个时代最有权势的宫相,虽然未称王，但他奠定了加洛林王朝的基础。马特也是欧洲中世纪最重要的人物之一，公元 732 年，他在普瓦提埃率军击败已占领西班牙的穆斯林，阻挡了穆斯林势力对欧洲的入侵，从而为欧洲保留了基督教文明。在前后几十年的政治和军事生涯中，查理·马特确立起采邑制度，这对后来西欧的封建制度具有重要的影响。

在墨洛温王朝的大部分时间里，土地都是由国王无条件赠予的。查理·马特改变了这种无条件赠予土地的做法，他将封赠土地与服兵役联系起来，这种为服兵役而领受的土地就叫做采邑。查理·马特在担任宫相期间首次实施了这种制度，他将采邑分封给大小不等的武士，以服兵役为条件，供他们终身使用，但是不能世袭。这些领采邑的武士构成了最初的中世纪贵族阶层。查理·马特的儿子矮子丕平，将大部分土地当作采邑分封给武士阶层；查理曼也将大部分征服的土地分封给有功的将领，这样加洛林王朝的土地绝大部分都是由大大小小的采邑构成的，这种体制后来扩展到欧洲中部、东部、南部及不列颠地区。

14. 查理大帝与加洛林文艺复兴

查理(Charlemagne，约 742－814)，或作查里曼(意思是查里大帝)，法兰克王国加洛林王朝国王，他是矮子丕平的儿子。矮子丕平在教皇的支持下，将墨洛温王朝的最后一个国王贬入修道院，自己做了国王，创立了加洛林王朝。公元 768 年，丕平病逝，查理和他的弟弟卡洛曼平分了法兰克王国。不久，卡洛曼去世，查理兼并了他的全部国土。

在查理以前，法兰克王国的疆土只限于高卢的一部分，查理通过几次战争，领土几乎扩大了一倍。这些土地主要包括：阿奎丹、西班牙的一部分、萨克森、潘诺尼亚、伦巴底，等等。公元 800 年，教皇利奥三世为查理加冕，成为“神圣罗马帝国”的皇帝，查理变成了“查理曼”，意即“查理大帝”的意思。查理的加冕标志着西方的日耳曼国家不再是东罗马帝国的附庸，取得了与其平起平坐的正统地位。

除了征战，查理还十分重视文化，在他的推动下，产生了所谓的“加洛林文艺复兴”。这是一场复兴古典文化与推动基督教文化发展的文化运动，在这次“文艺复兴”期间，产生了很多思想文化成果。

宗教方面：查理支持教会发起的基督教教义和宗教活动的规范工作。

他在位期间，组织教会人士编写了《加洛林书》，这本书规定了天主教的基本教义和宗教的基本仪式，从而使对教义的解释和凌乱的宗教仪式得以定型。他还指派宗教学者阿尔古因组织人员对当时收集到的各种《圣经》版本进行校勘，统一了《圣经》版本并将其译成拉丁文，成为后来天主教通用的定本。同时还授权阿尔古因对基督教的文献典籍进行大规模的抄写和修订。

艺术方面：修缮了很多精美的宫殿与教堂。加洛林王朝仿照拜占庭的建筑风格兴建了许多“巴西利卡”式建筑。这些建筑充分地体现和发展了罗马式的建筑艺术风格，开创了建筑史上罗马式艺术风格的时代。

教育方面：在查理统治时期，由于教会的发展出现了比较规范的宗教教育机构。查理对宗教教育事业也十分热心，并采取多种措施鼓励基督教教育的发展。因此9世纪初出现许多宗教图书馆，这些图书馆既是文献藏所，又是教育机构。查理曾指令许多教区的主教和修道院院长，要求他们在每一所教堂和修道院都要设立学校和图书馆。希腊文化教育的传统模式，即所谓的“七艺”教学在宗教教育机构中多多少少得到了复兴。另外，他网罗了许多学者来推动文化教育事业，其中比较著名的学者有盎格鲁-撒克逊的教士阿尔古因，意大利比萨的副主教佩特鲁斯，西班牙主教、古典学者西奥达尔以及后来撰写《查理大帝传》的艾茵哈德，等等。

语言文学方面：在公元7世纪以前，教会中很少有非拉丁血统的僧侣，日耳曼人虽然是征服者，但他们在文化方面很落后，既没有自己的文字，也不会读写拉丁文。查理本人几乎是个文盲，但他深知文化教育对法兰克人的重要意义。在当时的教会中，古典拉丁文的一些特点使得教士们学习比较困难，查理在一些学者的劝说之下，下令对古典拉丁文进行改革。阿尔古因对这次改革的贡献很大，他和他的学生书写拉丁文时用大写首字母作为一个句子的开头，句子的结尾用句点结束。这种新的书写方式，改变了古典拉丁文不断句的书写习惯，一些学者还创造了一种加洛林小楷书的写体，这种字体整齐秀丽，简便易学，对于文献书写的规范起了很大的推动作用。

二　视野拓展及重点问题分析

1. 古代希腊社会改革产生的历史影响

梭伦、克利斯提尼、厄菲阿尔特以及伯利克里对雅典民主的发展做出了重要的贡献。梭伦的改革调解了雅典内部的紧张关系，并初步建立起缓和内部矛盾的政府机制，他的改革措施被庇西特拉图继承和巩固。历史学家通常的看法是，雅典的真正的民主政治应当是从克利斯提尼开始的，他的改革最终奠定了雅典民主政治的模式，并建立起许多制度来保障民主政治的实施。我们可以说，克利斯提尼的陶片放逐法有效地避免了因政变而使民主制度中断的问题。之后，厄菲阿尔特相对温和地修订了克利斯提尼的立法。另外，最伟大的、在位时间最长的民主领袖是伯利克里(Pericles)，他在历史中给人们留下了一个公正、勤勉、自制的民主政府领导人的形象。

这些雅典的社会改革者无疑给这个城邦注入了巨大的活力，使她在整个古典时代取得惊人的成就，诞生了难以计数的科学家、哲学家、政治家、文学家、戏剧家、历史学家、军事家、艺术家，并给西方文明留下了许多宝贵的文化遗产。它之所以如此成功，就是因为改革者创立的体制能够最大程度上保证公民个人的自由，他们惊人的活力才得以在那个时代放出夺目的光彩。这些改革者所做的努力也是西方政治文化中的宝贵财富，比如民主制度、公民政治、法律面前人人平等的原则以及政府组织的模式等，它们一直影响到西方的近现代社会。

2. 古代罗马社会改革产生的历史影响

塞尔维乌斯的改革完成了古代罗马由氏族体制向国家机器过渡的任务。平民与贵族的斗争进一步促使罗马政府完善了自身的许多机制，调整罗马公民内部之间的矛盾，为罗马的扩张提供了保障。在这几百年间的社会改革中，罗马完善了许多机制，比如在法制的建设方面：十二铜表法的颁布、界定公民身份法律的完善、宪政体制的发展与完善、权力机构的程序规则和运作规则。在议会体制的发展方面：元老院、森都里亚大会、平民议事会的职能逐步规范与健全，等等。总之，这期间一系列的改革成功地调解了公民集体内部的矛盾，使平民的上层与贵族合流。罗马在这期间对外战争不断，战争带来的财富给下层平民带来作为罗马公民的荣誉感及经济实惠。这一切增加了罗马国家的活力，使得整个地中海地区都折服于罗马的军事力量。

共和国末期是罗马国家自身发生巨大变革的一个时期，由于外部强敌的消失、战争带来的巨大财富，以及罗马权贵对高层政治权力的垄断，使得罗马的上层社会变得愈加腐化，这不可避免地带来公民集体内部的贫富分化问题。一方面是富人越来越富有，另一方面是穷人越来越贫穷，最明显的表现就是土地的集中问题。在此背景之下，格拉古兄弟的改革应运而生了。这次改革试图以土地问题为核心，像以前历次平民与贵族的斗争一样，重新调整公民集体的内部分化问题。但是要注意的是，以前贵族对平民的让步，都是在罗马外有强敌的条件下进行的，当罗马最大的敌人迦太基被彻底消灭之后，贵族对于下层平民让步的筹码就几乎没有了，而且加上格拉古兄弟改革期间当事双方都缺乏政治智慧，并首次诉诸暴力，所以两派之间的斗争变得越来越具有血腥味而且难以调和。这次改革的失败拉开了共和国末期百余年政治混乱的序幕，下层平民从此不再对政治改革抱有任何幻想。马略的军事改革使得下层平民成为军队的主要组成部分，他们对民主制度不再感兴趣，对共和国的感情也逐渐丧失。他们唯一所能寄予希望的，就是能给他们带来土地和财富的统帅，所以掌握军队的军事统帅就可以践踏共和国的一切原则，共和体制不可避免地被独裁政治所取代。

元首政治就是在军队的支持下出台的，由于罗马有很深的共和传统，所以元首政治实质就是共和外衣下的独裁统治。元首军事统帅的身份可以使他超越任何法律实行独裁统治。这种政治改革对罗马的影响是深远的，从此共和传统和观念对于普通人来说越来越没有意义，政治体制也越来越向完全的君主政治转化，而作为政治权力的核心，军队的意义无论对于哪一位君主来说，都是至关重要的。

独裁政治无论对于统治者来说，还是对于被统治者来说，都缺乏安全感，而军队在这种普遍缺乏安全感的情况下又扮演了重要角色。罗马帝国发展到中期，有两个很重要的问题需要统治者解决。一是如何有效地管理军队，二是如何抵御外敌的入侵。戴克里先的改革就是对解决这两个问题的尝试。戴克里先对于军队的改制就是为了更好地控制和管理军队，而所谓的“四帝共治制”则主要是为了应对此起彼伏的边境局势。皇帝一个人的精力有限，“四帝共治”这种统治方式虽然能暂时解决问题，但对帝国造成了很严重的后果，最重要的就是帝国的东西分裂。

君士坦丁是给西方社会留下遗产最多的罗马皇帝。其一是他迁都君士坦丁堡，从此罗马帝国的统治中心从西部移到了东部。其二是他对基督教的承认，从此基督教变成西方社会的主流意识形态。可以说基督教为西方文明加入了新的文化因素，这种因素使西方文化在这个时代开始重新整合，并一直影响到近现代社会。

3. 中古早期社会改革产生的历史影响

加洛林王朝早期几个君主的改革，最重要、对后来社会影响最大的是采邑制度，它直接影响到日后所谓“封建制度”的形成。在查理·马特之后，随着法兰克国家的分裂，欧洲许多国家的封建主也把自己的土地作为采邑分封给自己的附庸，这些附庸又把土地作为采邑分封给自己的附庸，这样就形成了一个以土地为纽带的领主与附庸之间的关系。不管怎样，领主与附庸之间既有义务也有权力。附庸有义务为领主作战，领主也有义务保护他的附庸。加洛林王朝是采邑制大为发展的时期，采邑后来不光具有领主与附庸之间的依附关系，还具有国家职能的功能，比如伯爵（即地方官）与教会都逐渐变为地方上的领主，换句话说，整个国家的许多职能都被采邑化了，这就是封建制度的最基本特征。采邑制的惯例也在不断发展，最开始的时候，领受采邑者必须为领主服军役，如果他不履行军事义务，那么采邑将被收回。采邑关系无论对领主还是附庸来说，都不是世袭的，双方任何一方死亡，采邑关系就会终止。后来，领受采邑的附庸都力图把采邑变成自己世袭占有的土地。随着加洛林王朝的衰落，采邑世袭已成为不可阻遏的趋势。采邑的世袭化使整个贵族阶层更加稳定，同时这也伴随着王权的衰落。

“加洛林文艺复兴”对于西欧封建社会文化制度的形成也起到了很重要的作用，尤其在传承古典文化方面，我们现在所熟悉的许多古典文献都是在这个时期抄写的。拉丁文的大力推广促进了民族语言的形成和发展，今天的英语、法语、德语和西班牙语中都有拉丁文的印记，大量的语汇都源于拉丁文。“加洛林文艺复兴”促使在教会体制之内初步形成了中世纪学术研究的传统，这种研究传统虽然是宗教式的，但对于科学文化知识在中世纪的发展起到了重要的作用。

三　深入研究指引[①]

从 19 世纪以来，西方出现了一大批优秀的学者对古代希腊的社会改革

① 本节内容主要参考刘家和、寥学盛主编：《世界古代文明史研究导论》，高等教育出版社 2001 年版。

进行了非常深入的研究。英国历史学家希格尼特(C. Hignett)是雅典民主改革历程研究的专家,他的名著《雅典宪政史》(1952年)是详尽考据雅典政体发展的名著。这部著作详尽地记述了雅典历次改革的细致过程,此书的特点就是缜密地具体分析了每个可能出现的细节,至今仍然是研究雅典或希腊政治制度改革史的必读书。琼斯(A. H. M. Jones)的论文集《雅典的民主制》(*Athenian Democracy*)是关于古代雅典民主政体、民族特征、性质、结构、社会基础和动作方式翔实可靠的论述,其中很多观点非常新颖。另外一位出色的古典学家是芬利(M. I. Finley),他在古代希腊的经济体制和政治制度方面的研究出色。通过他的作品,我们可以对历次改革对雅典经济结构的影响有更深入的认识。另外,通史性的著作,对于我们了解历次改革的过程有很重要的帮助。这些著作比较好的有:伯里和梅吉斯的《希腊史》(Bury,J. B. and Meiggs,R.,*A History of Greece*,Macmillan Press Ltd,1981);格罗特的《希腊史》(Grote,G. *A History of Greece*,*new de.*,London,1888);爱伦伯格的《从梭伦到苏格拉底》(Ehrenberg,V.,*From Solon to Socrates*,London and new York,1973)。

对罗马的研究相当于对希腊研究的姊妹篇。在对希腊社会改革研究深入的同时,对罗马的社会改革研究也达到了一个非常深入的程度。早在文艺复兴时期,著名学者马基雅维里(Machiaveli)在他所著的《论提图斯·李维的前十书》一书中就认为,由于罗马贵族与平民的斗争所导致的一系列社会改革才导致完美的贵族制、君主制和民主制三位一体的国家结构和法律的出现。爱德华·吉本(Gibbon)在他的名著《罗马帝国衰亡史》中,对罗马后期的社会改革有很多非常深入的认识。他认为,罗马后期的社会改革都不是成功的,罗马国家衰败的根本原因在于专制皇权的问题,而社会改革都没有针对这一问题提出有效的方案。历史大师尼布尔(Niebuhr)在他的巨著《罗马史》中对于罗马的社会改革提出了很多新颖的观点。他认为,塞尔维乌斯的改革是罗马国家组织代替氏族组织的转折点,而且他认为贵族与平民的斗争主要是土地问题。史学兼文学大师蒙森(Mommsen),在共和国末期社会变革中提出一个很新颖的观点,他认为罗马在历史上有过民主的君主制这一历史过程,他高度评价恺撒的历史作用,指出他的独裁即是统一罗马的民主性与君主制的体现。当然这种观点为元首政治确立的社会改革起到了积极作用。

另外，无论对于研究古代希腊的社会改革来说，还是对于研究古代罗马的社会改革来说，《剑桥古代史》都是必读的书目。这部书对古代希腊的详细介绍是从第三卷第三分册开始，一直到第七卷的第一分册。对古代罗马的详细介绍从第七卷的第二分册开始，止于第十四卷。

对研究早期法兰克国家社会改革以及克洛维的一些情况，詹姆斯的著作(James,Edward. *The Origins of France*：*Clovis to the Capetians* 500—1000 *Macmillan*,1982.)提供了很多有用的帮助。这部著作对克洛维皈依基督教的过程有着很详细的说明。对于《撒利克法典》的研究，可参阅德鲁所写的《萨利克法兰克人的法律》(Drew,Katherine Fischer. *The laws of the Salian Franks*. Philadelphia：University of Pennsylvania Press,1991.)一书，以及基维和科尔森所写的《中世纪经济史资料集》(Cave,Roy；Coulson,Herbert. *A Source Book for Medieval Economic History*. New York：Biblo and Tannen,1965.)一书。福兰克尔的著作《查理·马特的时代》(Fouracre,Paul. *The Age of Charles Martel*. *Longman*. 2000.)对查理·马特完善采邑制度有着比较深入的分析和研究。对加洛林文艺复兴的研究，比较重要的著作有：弗奇特的著作《加洛林帝国》(Heinrich Fichtenau：*The Carolingian Empire*. Translated by Peter Munz. New York：Barnes & Noble,1963.)，胡伯特等人的《加洛林文艺复兴》(Jean Hubert,J. Porcher,and W. F. Volbach. *The Carolingian Renaissance*. New York：G. Braziller,1970.)，以及乌尔曼所写的《加洛林文艺复兴与王权的观念》(Walter Ullmann. *The Carolingian Renaissance and the Idea of Kingship*. London：Methuen,1969.)等著作。

第三节　中外近代以前的改革比较

——以管仲改革与梭伦改革比较为例

一　中外近代以前的改革比较概述

西方与中国早期的社会改革有很大的相似性，这种相似性表现在以血缘为纽带的社会解体过程中新国家体制的创立，比如都需要法制的建设、社会阶层的重新调整、创立新的政府机构以适应新的统治形式，等等。需要指出的是，早期的中西方社会改革为了应对他们所面临的具体问题采取多样的改革形式，这些形式构成了各自文明发展方向上的独有特征，并为不同的文化构成打下了基础。在此，我们把管仲改革与梭伦改革进行对比，探讨一下中西方早期社会改革的异同。①

1. 二者改革的相似性

这两次改革虽然发生的地理位置有着遥远的距离，但是时间却相近，除此之外，二者的背景、措施等也有相似之处。

(1)改革背景的相似之处

管仲与梭伦分别生活在中国的春秋时代和希腊的古风时代，此时的东西方历史都处在社会结构发生转变的重要关头。由新旧体制转换所引发的社会震荡和世风变革是这一时代的突出特点。

(2)改革措施的相似之处

在血缘社会向国家统治形式的过渡中，东西方的改革者都认识到了法律对于新统治方式的重要性。以血缘社会为基础的早期社会是靠风俗习惯来制约人们的行为的，而无论何种民族进入文明阶段，都要用新的规则适用于新的社会，这种新规则就是法律。所以无论东西方的改革者都认识到了这一问题，他们的改革都是以立法为核心内容的。

管仲认识到，法是要根据具体现实情况来制定的，所以君主立法不能凭自己的性情任意立法，而是要受到规律和国情的制约，即“根天地之气，寒暑之和，水土之性，人民鸟兽草木之生，物虽不甚多，皆均有焉，而未尝变化，谓之则”。管仲这里所说的“则”是指自然界的客观规律，他在一定程度上认识到自然规律是不以人们意志为转移的，君主制法也必须反映并符合客观规律的要求。

梭伦也认为，法律的制定必须合乎本国国情。普鲁塔克指出：“梭伦是把他的法律适应环境，而不是使环境适应他的法律。”雅典所在的阿提卡半岛土地贫瘠，粮食难以自给，单纯发展农业很难使经济繁荣起来。但这里的自然资源比较丰富，盛产大理石、银、陶土等石材矿产，半岛周围还有许多天

① 关于管仲的改革与梭伦的改革对比，本文引用了陈德正教授的许多观点和材料，具体请参见陈德正：《管仲与梭伦法治观同一性简论》，《松辽学刊》1998 年 5 月。

然良港，这些都为工商业的发展提供了有利条件。根据这种国情，梭伦一改歧视工商业的传统观念，“把一切行业都看得很高贵”。他立法规定，禁止粮食出口，鼓励手工业品和橄榄油输出，采取优惠政策吸引有手艺的外邦人移居雅典，还规定父亲必须教会儿子一门手工技艺，等等。这些立法实施后，雅典工商业很快繁荣起来，城邦整体经济实力也大为增强。

在法律与时代、民情的关系上，管仲与梭伦都主张改革立法必须符合时代要求，合乎民心民意。管仲是现实主义者，立法很重视从实际出发，承认时代的变化，扎根于现实生活。他的立法一方面继承了历史传统，一方面又反映了现实的变化，“不慕古，不留今，与时变，与俗化”。管仲认为，要使人民遵守法律就必须顺应民心，即所谓“政之所行，在顺民心，政之所废，在逆民心”。为此，他要求齐桓公做到“民心所欲，因而予之，心之所否，因而去之”，以期“令顺民心”。

梭伦的看法与管仲基本一致。公元前 621 年，在平民的压力下，司法执政官德拉古受命立法。德拉古把当时雅典的一些习惯法以成文的形式肯定下来，包括对平民依附贵族、贵族可以奴役平民等不合理关系的肯定。梭伦上台后，不再实施德拉古法典，仅仅保留其中有关凶杀罪的部分内容。梭伦已清醒地认识到，随着时代的发展，雅典平民的政治自觉性已大为提高，他们不仅不愿再处于受剥削受奴役的无权状态，而且提出了取消债务，重分土地并分享政治权利的要求。否则，他们就会为了自身利益起而反抗，甚至采取暴力行动。因此，梭伦不顾一些贵族的竭力阻挠，而断然另立新法。后来有人问他，他是否为雅典人制定了最好的法律，他答道，“那是他们愿意接受的最好的法律”。可见，梭伦在立法时是充分考虑到了雅典各方面状况的变化的，而非一味按照自己的理想，不顾实际情况，违背民意或时代要求进行改革。公元前 7 世纪初，贵族青年基伦发动暴乱以期建立僭主政治，暴乱虽然失败，却使贵族被迫做出让步。公元前 621 年允许司法执政官德拉古制订成文法典，这原本是平民欢迎之事，因为成文法可限制贵族任意解释习惯法的劣行。但身为贵族的德拉古所订之法却与平民要求相去甚远，它处处维护贵族和有产者的利益，且“课罪从重，处刑严峻”。而平民所提出的债务和土地问题均未获解决，以致群情激愤，酝酿新的暴动，几乎引发一场内战。德拉古的改革没有顺应时代的要求，他的立法不但没有化解公民内部的矛盾，还激化了这种矛盾。

对立法改革的连续性和稳定性的认识，管仲与梭伦如出一辙。管仲认为，法律不能朝令夕改，“法者不可不恒也”。法律一旦颁布，就应“如天地之坚，如列星之固，如日月之明，如四时之信”，绝不可因人因事而有丝毫更张，否则，就会出现严重的社会危机和政治动乱。

基于当时的社会历史背景，管仲与梭伦在社会改革的问题上，不约而同地形成了一个共识，即国家必须以法治为根本，在有关法治的一些基本问题上，如法治的重要性、立法的基本原则、法律与时代的关系、公布成文法等，有着大体相通的认识和主张。作为先秦法家的前驱，管仲对建立法制、以法治国的重要性有系统论述，并在中国历史上首次提出了“以法治国”的主张。他指出，“法者，天下之至道也；圣君之宝用也”，“天下之仪也，所以决疑而明是非也，百姓所悬命也”，他断定“不能废法而治国”。在以法治国思想的指导下，管仲在齐国成功地进行了各项改革和立法活动。

同管仲一样，梭伦也是一个以法治国论者。英国史学家阿德柯克指出：梭伦所歌颂的就是“优诺米亚”——法律的统治。中国当代思想家顾准也认为，梭伦奠定了雅典城邦法治的基础。梭伦在雅典进行改革之时，他本来完全有机会成为君主，因为当时贵族和平民中的“主要人物都力劝梭伦实行君主政治”。但梭伦对此却坚决拒绝，“宁遭双方仇视，而采取最优良的立法，拯救国家”，充分表明了他对法律和秩序的尊重。在改革中，梭伦细心地为城邦厘定法律条款，各项改革措施均以法令形式加以推行，如“解负令”、“土地最大限制法”、“禁止奢侈法”等。由于梭伦采取了一种看来危险，其实效力巨大的措施，平息了一场已经酝酿成熟的动乱。对于棘手的平民问题，梭伦并未采取像斯巴达吕库古均分土地那种极端方式，而是通过立法，赋予平民参加公民大会和充任陪审法官的政治权利，使其学会用法律允许的方式维护自己的正当权益。按照梭伦宪法，平民在受到不公正待遇和侵害时，可以上诉陪审法庭，让多数公民为自己主持公道。普鲁塔克指出：“既然每一争执都提到陪审员的面前，他们也就可谓法律的主人了。”由此可见，梭伦希望一切矛盾和争端都能在法律和秩序范围内予以解决，而不诉诸非正常的极端方式，以便使城邦发展步入法治的轨道。因此，梭伦重视法治也是显而易见的。以法治国，当然必须以有“法”为前提，立法应遵循什么原则就成了管仲与梭伦必须解决的重大课题。无论怎样，东西方的改革都力图以法治国是最根本的共同之处。

2. 二者改革的差异性

纵有许多相似之处，但这两次改革所处的环境不同，因而还是有许多不同之处的。首先，管仲与梭伦改革的政治基础是不一样的。中国历次改革的政治基础只有君主制一种模式，而西方则不一样，在古代希腊，诸城邦的政治体制形式就是多元的。在雅典，梭伦改革的政治背景应当是一种贵族式的寡头政治。其次，他们改革的适用范围也是不一样的。管仲的改革适用于齐国统治范围内的所有子民，而梭伦的改革只适用于具有公民身份的雅典人，奴隶以及不具备公民身份的人在许多方面受到了很大的限制。西方早期社会的这种身份差异是法律所维护的，这种法律身份的差异构成了西方早期社会阶层的多元性。当然，这种情况为一种集体治权的统治方式提供了可能，所以这种不同的特征也为政治体制发展方向产生差异提供了基础。

二　视野拓展及重点问题分析

管仲的“法自君出”与梭伦的“主权在民”，二者完全相悖，出现这种现象的原因何在？

(1)改革的目的不同：管仲之所以得到齐桓公的支持进行改革，是由于春秋时期各诸侯国争霸，不改革图强就有被吞并的危险，故而管仲改革是为了富国强兵，取得争霸战争的胜利；梭伦之所以站到了政治舞台上进行改革，是由于当时平民与贵族矛盾尖锐，贵族把持了国家大权，控制了国家政治，平民不能参加国家大事管理，甚至丧失了出席公民大会的权利，因而极其不满，形成了对抗的局面。

(2)改革者的理念不同：管仲是经过齐桓公的提拔才有机会成为齐国的上卿，一人之下万人之上，否则就其射杀齐桓公一罪也早已身首异处，为此，管仲对齐桓公感恩戴德，愿意效犬马之劳，他不辞劳苦，通过改革稳定齐桓公在齐国的地位，树立齐桓公的权威；梭伦是依靠全体公民的愿望和他个人的声望成为雅典的执政官，是以“仲裁者”、“中介者”和“调解者”的身份出现在雅典最危险的时刻，故而他执政后不是像管仲那样的为君，而更多的是为民，调解平民与贵族之间的矛盾，给予平民更多的权利。

(3)改革的背景不同：管仲改革时，齐国的人口共有几十万户，几百万人口，如此庞大的群体，在当时的条件下根本无法实行直接民主，君主制反而更为适用；与齐国不同的是，雅典最盛时全部人口也不过30万，去掉奴隶和外邦人，平民阶层本就不多，直接民主比较适合。

三 深入探究指引

北京师范大学教授刘家和先生在中西方古史比较研究方面做出了很大的成就。仅就古代东西方改革的对比方面，国内的学者也有一些研究成果。首都师范大学教授晏绍祥先生在《梭伦与商鞅经济改革的比较研究》一文中，对东西方早期社会经济改革进行了非常深入的探讨。聊城大学陈德正教授在《管仲与梭伦法治观同一性简论》一文中，对管仲与梭伦的立法改革做了一些对比。另外，贾文言与吴振文的《管仲与梭伦军制改革异同论》一文，对东西方早期军制改革做出了一些有益的探讨。对于管仲与梭伦改革的对比，王晓芳在《管仲改革与梭伦改革之不同历史价值》一文中，对二者改革产生的历史影响进行了比较全面的总结。

总之，在对东西方早期社会改革的研究方面，主要偏重于春秋战国时期与古代希腊社会早期的社会改革进行对比研究，主要是因为这两个时期都是社会转型的时期。在这种背景下，相似的社会改革需求孕育出社会改革者的伟大创举。同时，他们的改革也为东西方文明的发展奠定了基础。

第三章　近代的改革

近代是一个多变的时代，在这个时期内，世界上各个主要国家都发生了天翻地覆的变化，促成变化的因素不仅有火与血的革命，还有不流血的革命——改革，从当时的历史来看，改革的频率很高，成功的改革对社会的推动作用不亚于革命。

第一节　中国近代的改革

1840年爆发的第一次鸦片战争是中国近代史的开端。对中华民族来说，一百多年的中国近代史是一部列强侵略史，国家多灾多难，民族危机深重；同是，它也是一部走向民族解放和国家独立的革命史，风云激荡，变动剧烈；它还是一部学习西方（包括日本和俄国）、寻求富强的改革史，其间披荆斩棘，充满生机。中国近代大大小小的改革无数，其中影响较大者如洋务运动、戊戌变法、清末新政等，涉及了科学技术、经济管理、政治体制、军事外交、文化教育和社会生活等诸多领域，并逐步推进和深入，对中国历史发展的道路产生了极其深远的影响。

一　中国近代的改革概述

1. 洋务运动

中国，这个昔日的“天朝上国”，进入近代，就像一位年迈的老人蹒跚在坎坷的道路上，盛世不再。两次鸦片战争给中国以沉重的打击，在西方列强的坚船利炮之下清军不堪一击，丧师失地。泱泱中华帝国竟然被所谓“蛮夷之邦”打败，被迫割地赔款，朝野上下因此受到强烈的震撼。对于近代中国面临的历史境遇，时人痛心疾首，用“变局”形容之，如“千古变局”、“非常之变局”、“数千年未有之变局”等。第二次鸦片战争后一度出现所谓“中外和好”的相对稳定局面，清朝统治者对外表示信守不平等条约，以妥协退让的方针力保中外“和局”；同时，西方列强采取所谓的“合作政策”，在涉及中国的重大问题上彼此进行“协商与合作”，寻求在中国权益的最大化。在此期间，统治阶级内部发生分化，一部分开明的官绅意识到中国积弊丛生，在许多方面落后于西方列强，因此主张以洋为师，“采西学”、“制洋器”，采用西方的科学技术和军事设施，创办近代的工矿企业，以实现“自强求富”，挽回利权和加强清朝统治。他们大多是清政府的朝中重臣和封疆大吏，代表人物在中央有恭亲王奕䜣、军机大臣桂良、文祥等，在地方有曾国藩、李鸿章、左宗棠、张之洞等，他们掌握着清朝的实权，为清朝镇压各族人民的反清起义和办理对外事务所仰赖。尽管他们相互之间出现过分歧和争执，彼此争权夺利，但都不同程度地感受到西方军事和工业技术的先进和中国在这些方面的落后，在采用西方的军事和技术、举办洋务事业的问题上步伐基本一致，因而在中国近代历史上通常被称为洋务派。而他们以“自强求富”为口号举办的一系列洋务事业统称洋务运动，海外学者则多称之为“自强新政”。因洋务运动持续 30 多年的时间，从 19 世纪 60—90 年代，跨同治、光绪两朝，故历史上又称其为“同光新政”。

学术界一般以 1861 年清政府设立总理事务衙门作为洋务运动的起点。第二次鸦片战争后，列强的公使以战胜者的姿态进入北京，成为日后影响中国政局发展的重要因素。清政府势必经常同外国公使打交道，传统的理藩院已难以适应新形势下中外交涉的需要。因此，1861 年，清政府设立了总理各国事务衙门（简称“总理衙门”，亦称“总署”、“译署”），总揽对外交涉、通商及其他与洋务有关的财政、军事、教育、海防、边防等事宜，以奕䜣、桂良、文祥兼领总理衙门大臣，下设英国股、法国股、俄国股和美国股，后又增设海防股。总理衙门管辖范围极广，举凡同外国发生干系的一切事宜均属于其职掌，而且一直由满洲王公大臣总领，实际凌驾于六部之上，并在涉及对外交涉的事宜方面拥有指挥六部和地方的权力。因此，它的地位不低于军机处，成为与军机处并行的另一个行政中枢。总理衙门的设立，打破了中国数千年来传统国家机器的固有结构，是外力冲击下的一个被迫却十分重大的变革，不仅开启了中国政治制度的近代化，一定程度上适应了近代的政治变局，而且加强了中外交涉，揭开了洋务运动的大幕。总理衙门有两个直属机构，分别是同文馆和总税务司署。同文馆设立于1861年，本是一所教授外语、培养翻译和对外交涉人才的专门机构，初设英、法、俄三班；后扩大到教授天文、化学、医学、格致等西方科学技术，陆续添设天文算学、化学、格致、医学等馆。同文馆由总理衙门委派官员负责管理，聘用西洋教习教学。总税务司署是掌管中国海关关税事务的行政机构，1861年设立于上海，尽管隶属于总理衙门，是清朝的一个正式行政机构，但长期被西方列强把持。总税务司一职先是英国人李泰国担任，在1863年后的四十多年时间里一直由英国人赫德担任；各地海关税务司也基本上由西方人担任，海关成了名副其实的“国际官厅”，这更加体现了清朝政权半殖民化的特征。

洋务运动的范围非常广，涵盖了当时绝大多数同外洋有关的事务，诸如通商、购买军火、创办近代军事工业、兴办工矿企业和铁路、航运、电报等新式交通、设立新式学堂和派遣留学生、编练新式军队等均可包括在内。从整体而言，洋务运动无外乎“自强”和“求富”两个方面，前者主要是举办近代军事工业制造枪炮船舰、编练新式海军和陆军；后者主要是兴办工矿企业和近代交通事业，这些正是洋务运动最主要的内容。

举办近代军事工业。洋务派以“自强”相标榜，认为“自强之道”在于“采西学”和“制洋器”，“师其所能，夺其所恃”，因此“仿行西法”举办近代军事工业，“广设巨厂”制造枪炮船舰势在必行。[①] 基于这样的认识，洋务运动就从创办近代军事工业开始。从1861年曾国藩创办安庆内军械所到1890年张之洞设立湖北枪炮厂，洋务派先后举办了21个军事工业企业，其中最主要的几个如下表所示：

---

① 虞和平、谢放：《中国近代通史》第三卷“早期现代化的尝试(1865—1895)”，江苏人民出版社2007年版，第43—44页。

名　称	创办年份	所在地	创办人	业务范围
安庆内军械所	1861	安庆	曾国藩	制造洋枪、大炮
江南制造总局	1865	上海	李鸿章	制造洋枪、大炮、弹药、轮船等
金陵机器局	1865	南京	李鸿章	制造大炮、弹药
福州船政局	1866	福州	左宗棠	制造船舰
天津机器局	1867	天津	崇厚	制造洋枪、弹药
湖北枪炮厂	1890	汉口	张之洞	制造洋枪、大炮、弹药

洋务派举办的军事工业企业中，江南制造总局、福州船政局、天津机器局、湖北枪炮厂等少数规模较大，厂房设备投资在100万两白银以上，其余普遍规模偏小，厂房设备投资不到50万两，10万两以下者更超过一半。这些军事工业企业都是官办，不仅由政府发起创办，经费主要来源于关税、厘金和军饷，产品大部分由政府调拨军队使用，而且各局(厂)都由政府委派官员经营管理，沿用官衙和军队的管理制度，生产效率不高，封建性比较浓厚。不过，各局(厂)的日常生产和经营实际上多由政府聘用的洋员主持，技术人员和工人基本上是招募而来，采用雇佣劳动的方式，按照技术熟练程度和劳动量支付工资；除安庆内军械所等极少数局(厂)仍以手工生产为主外，绝大多数采用新式机器大生产的方式，生产设备和技术从西方引进，因此带有一定的资本主义工业企业的性质。

编练新式陆军和海军。在洋务派看来，“自强”的途径除了“采西学”和“制洋器”之外，练兵也是至关重要的。早在1861年，奕䜣等人就奏请清廷购置洋枪洋炮装备纱营，聘用西洋教官训练。清廷批准之，从第二年开始就陆续在天津、上海、广州、福州等地绿营挑选兵丁创办洋枪队，聘用西洋教官，改用西法训练，当时称之为练军。练军之外，当时清军的主力实际上是曾国藩和李鸿章分别创办的湘军和淮军，他们在装备洋枪洋炮和以西法练兵方面走在全国前面，是清朝赖以镇压以太平军、捻军为代表的农民反清起义和对外防务的精锐力量。

在以西法编练陆军之外，筹建新式海军是洋务运动在军事方面的另外一项重要措施。中国海岸线漫长，近代以来西方列强更数度由海上破门而入，使中国的国家安全面临严重威胁，因此有识之士早就认识到海防的重要性，不断提出创建近代海军的建策。洋务运动期间，洋务派屡屡奏请购置或制造船舰、建立新式海军，但遭到顽固派的阻挠，难以推行。直到 1874 年，日本在美国的支持下兵犯我国台湾，清朝竟无装备铁甲船舰的海军出洋抗击，让清朝统治集团深感建设新式海军加强海防迫在眉睫，于是将整顿海防和筹建新式海军提上日程，决定任命直隶总督李鸿章和两江总督沈葆桢分别督办北洋、南洋海防，每年从粤海关、江海关等七个海关的关税和江苏、浙江、广东、福建、江西、湖北等六省厘金项下调拨四百万两作为筹建新式海军的专项经费。清廷计划十年内建成北洋、东洋和南洋三支新式海军，到 1884 年实际建成北洋、南洋、福建、广东、浙江等五支海军。北洋海军有军舰 15 艘，总吨位 12 296 吨，分驻大沽、旅顺、营口、烟台等海港，一直由直隶总督兼北洋大臣李鸿章统辖。南洋海军有军舰 14 艘，总吨位 15 833 吨，分驻江宁、吴淞、浙江等地，归两江总督兼南洋大臣统辖。福建水师有军舰 14 艘，总吨位11 855吨，驻防福建沿海，并巡守台湾、厦门及琼廉海面，归闽浙总督节制。广东和浙江海军规模较小，吨位低，火力弱，难成气候。各支海军互不统辖，归属不同派系，协调作战力差。中法战争期间，北洋水师甚至坐视福建水师的覆没而迟迟不肯施以援手。因此，中法战争后，清廷为加强对海军的统一指挥，设立海军衙门，以醇亲王奕譞为总理海军事务大臣，庆亲王奕劻和直隶总督李鸿章为会办大臣，但实际上为李鸿章控制。李鸿章乘机大力扩充北洋海军的实力，组建规模巨大的北洋舰队，以旅顺和威海卫为军港。到 1888 年，北洋海军已拥有程式舰船 25 艘，其中 2 000 吨以上的舰船 7 艘，远远超过日本，其中还有两艘 7 000 多吨的铁甲舰，号称亚洲第一海军。不过，因经费不足北洋舰队此后再未添设任何新船，每年 400 万两的海防专项经费被大量挪用于颐和园的修筑，而日本则投入巨资大力扩充海军，到中日甲午战争的前夕尽管船舰的数量仍稍少于北洋舰队，但是舰船质量、主辅战舰的数量和舰上武器装备的质量都远远超过北洋海军。[①] 在 1894—1895 年的中日甲午战争中，北洋海军在与日本海军的海战中惨败，最终落个全军覆没的悲惨命运，洋务运动也因此遭到重大挫折。

兴办近代民用工业。洋务派在大力举办近代军事工业和筹建新式军队以实现“自强”的同时，又在“求富”的旗帜下兴办大量的民用工业，其动机有三：一是为了解决举办军事工业所面临的经费困难、原料短缺、运输不畅等

---

① 虞和平、谢放：《中国近代通史》第三卷“早期现代化的尝试(1865—1895)”，第 299 页。

问题；二是基于对西方强大源自工商发达和雄厚经济实力的认识，期望中国也像西方国家一样走上振兴工商、寓强于富、由富而强的发展道路；三是与外资企业“商战”，以挽回利权和抵御西方列强的经济侵略。在洋务运动期间，洋务派共创办了20多个民用工业，涉及采矿、冶炼、纺织、航运、铁路、通讯等诸多领域，其中比较重要的如下表所示：

名　称	创办年份	所在地	创办人	经营方式	备　注
轮船招商局	1872	上海	李鸿章	官督商办	中国第一家近代轮船航运企业，也是洋务派创办的第一个民用企业
开平矿务局	1878	唐山开平镇	李鸿章	官督商办	专营煤矿，一度业务兴盛，但1892年后日渐衰落
电报总局	1880	天津	李鸿章	官督商办	初为官办，后改为官督商办，1884年迁往上海
上海机器织布局	1882	上海	李鸿章	官督商办	中国近代第一个机器棉纺织厂，实际1890年才建成投产，后改为华盛纺织总厂
中国铁路公司	1887	唐山开平镇	伍廷芳	官督商办	原名开平铁路公司，本为开平矿务局为运煤而建，后独立出来，主营唐山至天津全长130公里的铁路
漠河矿务局	1889	漠河	李鸿章	官督商办	专营金、银矿，经营状况相对较好，效益较高
汉阳铁厂	1890	汉阳	张之洞	官督商办	中国近代第一个官办钢铁企业，也是规模最大的钢铁联合企业，初为官办，后改为官督商办

洋务派创办的民用企业，除少数为官办或官商合办外，最主要的经营方式是官督商办。所谓官督商办是政府招募商股创办近代民用企业的一种方式，股东按股份多少程度不一地参与企业管理，但企业的生产经营由政府委派的总办、会办等负责，受到政府的监督和维护，盈利按股份分红。揆诸史实，官督商办的经营方式有其历史合理性。因为，中国长期以来小农经济居于主导地位，重农抑商的传统十分深厚，工商业的发展一直受到诸多障碍和阻挠，近代还遭到外资企业的排斥和打压，故近代工商业的发展举步维艰，依靠政府力量的维护和支持就十分必要，这在发展工商业的风气尚未养成

的洋务运动时期尤其如此。因此，洋务运动期间官督商办的经营方式兴盛一时，许多私人资本接受这种形式，以借助“官”的力量排除各种阻力投资和创办民用企业，洋务派则借用“商”的资本和资本主义生产方式，振兴工商，以达“求富”目的。当然，官督商办的经营方式也存在许多局限性，尤其是企业不能摆脱政府官僚的控制，充斥衙门恶习，贪污中饱、任人唯亲等官场积弊层出不穷，严重影响企业的生产经营和进一步发展。这种局限性随着历史的发展越来越严重，到19世纪90年代以后成为阻碍民族资本主义发展的重要因素，颇为时人所诟病，故日益被削弱，官商合办和商办的经营方式逐渐成为主流。

除了上述内容外，洋务运动还在文化教育方面进行改革，主要是设立数十所近代各类新式学堂，向欧美派遣多批官费留学生，倡导翻译西书和创办报刊等。这些措施为近代中国培养了一大批优秀的科技、军事和政法人才，促进了西学的传播，一定程度上推动了社会风气和中国人思想观念的转变。

2. 戊戌变法

1894－1895年的中日甲午战争，中国惨败于日本，举国震动。时人受到了强烈的刺激，引之为“圣清二百余年未有之大辱”[①]。梁启超曾说：“唤起吾国四千年之大梦，实自甲午一役始也。”[②]这句话反映了近代中国的一个真切事实。痛定思痛，有识之士由清朝军事上的无能联系到中国传统政治、经济、教育等制度的腐败落后，意识到洋务运动只知学习西方的枪械船炮而技术不能对传统的专制制度进行改革的局限性，从而发出了变法维新、救亡图存的呐喊。这样，中国近代的改革就更进一步，由洋务运动着重于物质层面的变革发展到戊戌变法着重于制度层面的变革。

康有为是戊戌变法的主要领导人之一。康有为(1858－1927)，广东南海人，出身理学世家，自幼饱读诗书，师从岭南儒学大师朱次琦，深受儒家思想传统的影响。成年以后，在民族危机的刺激下留意世界事务而大量阅读各种西书，不断受到新思想、新文化的熏陶，日益感觉到中国传统旧学和封建专制制度的不合时宜，于是开始著书立说，营造自己的思想理论体系，并开设学堂，招收麦孟华、徐勤、陈千秋、梁启超等为弟子，宣传自己的思想主

① 汤志钧编：《康有为政论集》(上册)，中华书局1981年版，第139页。

② 梁启超：《饮冰室合集》卷一《戊戌政变记》，中华书局1989年版。

张。1888年，科举考试再次落第的康有为写出《上清帝第一书》达万余言，公开发出变法维新的主张，虽未上达清光绪帝，但影响较大。之后数年，康有为陆续完成《新学伪经考》、《孔子改制考》等多部著作，作为变法维新的理论武器。他通过详细而繁琐的考证——其中不乏武断和片面——否认了孔子述而不作的传统经典看法，认为“六经皆孔子所作”，相信“孔子以前有兴改制之说”，而只有“至孔子改制而后文明”，这样便把孔子打扮成托古改制、变法维新的前辈和典范。他还宣称现存诸经中一大部分是刘歆为辅佐王莽篡汉建新而伪作，因而是“新学伪经”，对传统的神圣不可侵犯的圣经贤传产生了根本的怀疑和动摇，在社会上掀起了“一大飓风”。进乎此，建立在此等“新学伪经”基础上的专制制度、纲常伦理“皆与吾经义相反”，故而在西方列强面前一击即溃，足见其腐朽不堪，因此变革之事应该立行不误的。因此，康有为强烈主张变法维新，学习西方的君主立宪制度，变革在中国实行数千年之久的封建君主专制制度。1894－1895年的甲午战争，中国惨败于日本，康有为深受刺激，具对维新变法的诉求更加强烈。《马关条约》签订之时，他正在北京参加进士考试，当中国割台、赔款的消息传至北京时，群情激愤。康有为连夜草就《上今皇帝书》达一万八千余言，在松筠庵连续多天召集各省举人集会签名联署，然后往都察院投递请求代奏，史称公车上书[①]。康有为在上书中提出四项主张，分别是“下诏鼓天下之气”、“迁都定天下之本”、“练兵强天下之势”和“变法成天下之治”，并指出前三项只是权益之谋，变法才是立国自强之策。[②] 公车上书尽管因顽固派的阻挠并未上达光绪皇帝，没能阻止《马关条约》的签订，但震动朝野，影响甚大。它标志着维新派开始登上政治舞台，推动了维新变法运动的进一步发展。

除康有为外，鼓吹维新变法的代表人物还有梁启超、谭嗣同、严复等思想家。梁启超(1873－1929)，广东新会人，自幼熟读经书，后师从康有为，受到康的思想影响，对鼓吹维新变法不遗余力，为康有为所器重，时人将他们合称“康梁”。1896年梁启超在上海参与创办《时务报》，并亲自担任主笔，撰写多篇宣传变法的政论文章，大力宣传西方资本主义的学说和制度，疾呼

① 汉朝时政府用车马接送被征举的士子，故人们常用公车作为应试士子的代称。

② 马勇:《中国近代通史》第四卷“从戊戌维新到义和团(1895－1900)”，江苏人民出版社2006年版，第451页。

"伸民权"、"设议院"，主张中国维新变法，采用君主立宪制度，振聋发聩，影响极广。谭嗣同(1863－1898)，湖南浏阳人，出身官僚家庭，因受到民族危机的刺激投身于救亡图存道路。在他所著的《仁学》一书中，他猛烈抨击封建传统的伦理纲常和专制制度，热情歌颂西方资本主义的平等、自由学说，鼓吹维新变法，并身体力行，在长沙从事变法运动，为封建顽固派所嫉恨。严复(1854－1921)，福建侯官（今福州）人，曾入福州船政学堂读书，后被派往英国留学，阅读了大量西方近代自然科学和社会科学书籍，西学功底深厚。回国后，他激于民族危机的严重，寻求中国的富强之路。他倡导西学，大力传播西方资本主义的民主自由思想，批判传统旧学，鼓吹维新变法，强调鼓民力、开民智、新民德。他翻译的《天演论》流传极广，使宣扬"物竞天择"法则的达尔文进化论影响了中国几代知识分子。

维新派通过译西书、开学堂、设学会、办报刊，使变法思想得到了广泛传播，并通过与顽固派的论战，使中国传统纲常伦理和专制制度的弊端暴露在世人面前，民权、自由、立宪等名词概念逐步为人们所知，为戊戌变法奠定了思想理论基础。

1897 年 11 月，德国强占中国山东的胶州湾，使甲午战争以来不断加深的民族危机空前严重，之后俄、法、英、日等帝国主义国家纷纷效法强租海港和划分势力范围，掀起了一股瓜分中国的狂潮，中华民族处在生死存亡的关头。正如康有为所疾呼："俄北瞰，英西睒，法南瞵，日东眈，处四强邻之中而为中国，岌岌哉!"[①]在空前严重的民族危机面前，以康有为为首的维新派加紧行动，连续上书，强烈要求实行变法以挽救民族危机，救亡图存。康有为在 1898 年 1 月底的上书中痛陈维新变法的必要性和迫切性，强调在此国家危亡之际必须改弦易辙，立即变法。他指出：中国落后的病根就在于"笃守旧法"，故不得不变，"能变全，不变则亡，全变则强，小变仍亡"。因此，请求光绪皇帝以俄国彼得和日本天皇明治为师，"以俄国大彼得之心为心法，以日本明治之政为政法"，"大集群臣，诏定国是"，宣布维新变法。[②] 之后，康有为发起组织了保国会，以保国保种为宗旨，鼓吹维新变法，得到了大量爱国

① 汤志钧编：《康有为政论集》(上)，第 165 页。

② 中国史学会主编：《戊戌变法》(二)，上海人民出版社、上海书店出版社 2000 年版，第 197－199 页。

人士的响应和支持。维新派的主张和活动尽管为顽固派所嫉恨,但得到军机大臣翁同龢、户部侍郎张荫桓等部分官僚士大夫的支持,并取得光绪皇帝的同情和赏识。1898 年 6 月 11 日,光绪皇帝颁布"明定国是"诏书,正式宣布维新变法。1898 年为中国农历戊戌年,故这次改革运动史称"戊戌变法",又因改革自 6 月 11 日开始至 9 月 21 日慈禧发动政变而失败,前后持续了 103 天,故又称"百日维新"。

百日维新期间,光绪皇帝重用维新派,接受了维新派提出的大部分变法建议,发布大量的新政诏书和法令,试图对传统制度进行改革。变法的内容颇广,涉及政治、经济、军事、文化教育等诸多方面。具体的改革措施如下表所示:

	百日维新期间的主要新政措施
政治方面	令各衙门裁减冗员,删改则例;裁撤詹事府、通政司、光禄寺等闲散机构;停开捐例;广开言路,允许地方官和士民上书言事
经济方面	保护农工商业设立,设立农工商局、铁路矿务局,提倡商办实业和筑路开矿;广开农会,切实振兴农业;颁发制器及振兴工艺给奖章程,奖励科学发明、创造;裁撤驿站,广设邮政局;各省设立商务局、商会,保护商务;改革财政,设立国家银行,编制国家决算,由户部按月公布;准许八旗子民经商,自谋生计
军事方面	遣散老弱残兵,裁汰绿营练勇等旧军,以西法洋操和大炮洋枪练兵;筹办军事工业,奖励制造枪炮船舰,扩大海军;举办民兵和团练,力行保甲
文化教育方面	改革科举,取消乡会试和生童岁、科考试,废除八股,改试策论,开经济特科;仿欧美各国和日本设立各类新式学堂,在北京开办京师大学堂,提倡兼学中学和西学;设立译书局,奖励著书和译书;提倡出国游历、游学;准许开报馆、办学会

百日维新的性质是一场资产阶级性质的改革运动,企图采用资本主义国家的政治、经济、文化教育、军事等方面的制度,尤其以日本明治维新为学习对象,改革中国的传统制度,以实现民富国强的目标。尽管百日维新并没有包含顽固派特别忌恨的开国会、设议院、立宪法等政治内容,但仍遭到巨大的压力,各地官吏多数百般敷衍甚至抵制,导致除了创办京师大学堂、开经济特科等少数政策得以推行外,绝大部分新政诏谕和制度设施如同一纸空文,未能真正推行。顽固派更屡屡到慈禧太后面前控诉光绪皇帝在康梁的"蛊惑"下所谓"结党乱政"、"动摇祖宗根本"之举,要求本已撤帘归政的慈禧太后复出重新"训政",扑灭新政。慈禧太后在光绪皇帝亲政后不甘于最

高权力的丧失，对光绪皇帝培植帝党势力、重用维新派和改组权力中枢十分不满，于是不断阻挠变法，并与亲信直隶总督荣禄密谋，于 9 月 21 日发动政变，将光绪皇帝囚禁在中南海的瀛台，并重新夺回了最高权力，然后大举搜捕维新派，这就是中国近代史上的戊戌政变。康有为和梁启超分别在英国人和日本人的帮助下得以逃脱，谭嗣同、杨锐、林旭、刘光第、康广仁、杨深秀等六人则被杀，史称“戊戌六君子”。戊戌政变标志着戊戌变法失败。

3. 清末新政

1900 年的八国联军侵华战争，使清王朝蒙受了奇耻大辱，慈禧太后匆忙率领清朝皇室“西狩”。在严重的内外危机面前，即使顽固的统治者如慈禧太后，也不能不痛定思痛，极感变法维新的必要，于是被迫举起新政大旗。1901 年 1 月 29 日，逃亡西安的慈禧太后以光绪皇帝的名义颁布上谕，倡言变法之不可缓，并要求各大臣“各就现在情形，参酌中西政治，举凡朝章、国故、吏治、民生、学校、科举、军政、财政，当因当革，当省当并”，“或取诸人，或求诸己”，“各举所知，各抒己见”[①]。4 月 21 日，清政府设立督办政务处，作为议商变法条陈和制订各项新政措施的办事机关。从此，清末新政正式开始。

目前学术界一般把清末新政划分为两个阶段：1901－1905 年是第一个阶段，清政府主要在政治、军事、教育、财政等方面进行改革；1906 年直到清朝统治被推翻是第二个阶段，中心内容是预备立宪。两个阶段之间有着密切的关联，“第一阶段涉及政治、经济、军事、文化教育与社会生活等领域的变革，这些变革基本上都是在体制内进行；第二阶段是政治体制本身的变革，这是前一阶段各项体制内变革发展的必然趋势”。[②]

1901－1905 年清末新政的内容主要包括：①军事方面，停止武科科举考试，筹建武备学堂，裁汰旧军，编练新军。1903 年 12 月成立练兵处，作为编练新军的领导机构，由庆亲王奕劻为总理大臣，袁世凯为会办大臣。清政府计划编练新军 36 镇（师），但到清朝覆亡前夕，共编成约 16 万人的新军，包括 14 个镇、18 个混成协、4 标和禁卫军 1 镇，成为清朝最主要的军事力量。在清政府编练的新军中，袁世凯的北洋新军势力最强大，共 6 个镇，装备精良，控制京畿和直隶。正是以北洋新军为资本，袁世凯的政治资本剧增，武

① 朱寿朋编：《光绪朝东华录》第五册，中华书局 1958 年版，第 4602 页。

② 《中国近代通史》第五卷“新政、立宪与辛亥革命（1901－1912）”，第 1 页。

昌起义后逐步掌握了清朝的实权。②经济方面，设立商部，振兴商务，制定商律，先后颁行了《商部章程》、《奖励公司章程》、《商人通例》、《公司律》、《破产律》、《商会简明章程》等法规章程，奖励兴办实业，肯定了工商业者的社会地位，鼓励组织商会团体。这些法规章程和措施扭转了中国几千年来重农抑商的传统，一定程度上促进了民族工商业的发展。③文化教育方面，鼓励兴学，成立学部，颁布《学堂章程》，在全国推行各类新式学堂，包括高等学堂、中学堂和小学堂以及师范学堂和各类实业学堂，并建立起一套完整的、系统的学制。1905 年下诏“立停科举以广学校”，正式废除了在中国延续一千多年的科举制，而代之以学校教育。在大兴学堂和停废科举的同时，清政府派遣大量留学生出国学习，并鼓励自费留学。在清政府的鼓励下，出洋留学蔚为潮流，尤其是赴日本留学十分兴盛。④司法方面，删改《大清律例》，制订新刑律，废除凌迟、枭首、戮尸、连坐、刺字等酷刑，采取资本主义国家的刑罚制度，并改革“民刑不分、诸法合体”的传统法律结构，制订民律、商律和刑事、民事诉讼律，设立法部，建立完整的司法审判程序。⑤政治方面，整顿吏治，裁汰各衙门的胥吏差役，废除捐纳及各种陋规，裁撤詹事府、国子监、河东河道总督、漕运总督等若干旧的机构，增设督办政务处、学部、商部、法部、巡警部等新的机构，撤销总理各国事务衙门，改为外务部，“班列六部之首”。

1905 年，清廷派载泽、端方、戴鸿慈、李盛铎、尚其亨等五大臣出洋考察宪政。第二年五大臣回国，连续向清廷上奏请求改革官制预备立宪。经过激烈辩论，清廷于 1906 年 9 月 1 日正式发布预备立宪的懿旨，决定参考各国宪政，从改革官制入手，“并将各项法律详慎厘定，而又广兴教育，清理财政，整饬武备，普设巡警，使绅民明悉国故，以预备立宪基础”。[①] 之后，清廷又颁布改革官制的上谕，成立官制编制馆。经过讨论，官制编制馆提出官制改革方案，奏请清廷按照三权分立原则改革官制，同时裁汰军机处与旧内阁。这一方案遭到守旧官僚的激烈反对，最后清廷厘定的中央官制仍保留军机处，将户部改为度支部，兵部改为陆军部，刑部改为法部，工部与商部合并为农工商部，理藩院改为理藩部，巡警部改为民政部，保留外务部、学部和礼部、吏部，增设邮传部。1908 年清廷确定了 9 年的预备立宪期限，同时颁布了中国历史上第一部宪法——《钦定宪法大纲》，最大的特点是以保障“君上大

① 《中国近代通史》第五卷“新政、立宪与辛亥革命(1901—1912)”，第 235 页。

权"为核心。1909年,颁布《城镇乡地方自治章程》,要求各地在乡镇广设自治公所、自治研究所,选举议事会和董事会,调查户口和编钉门牌,大张旗鼓地推行起地方自治。同年,根据清廷的部署,各省相继成立谘议局,作为省议会的"预备";1910年在中央成立了资政院,作为"立法院基础"。

考察清末十年的新政政策与措施,虽然没有触及清朝君主政体,但清政府确实在军事、经济、教育、政治、司法、社会生活等各个领域,都进行了全面而深入的改革,并对中国传统的根基有所动摇。较之洋务运动,清末新政以其废除科举和变革中国传统政体的根本而大大超越之;较之戊戌变法,清末新政又以其逐步推进、全面铺开、上下推行而大大发展之。暂且撇开清政府的动机不谈,清末新政客观上是近代中国要求向现代社会转型这一主题的体现,符合历史潮流,是中国早期现代化的重要内容。之后,中国的一些现代设施,正是肇端于斯。但是,由于清末新政是在内忧外患的情况下清朝统治阶级被迫采取的自救运动,因此缺乏足够的诚意,不愿意放弃君主专制和皇族权力。《钦定宪法大纲》以保障"君上大权"为核心,1911年成立的责任内阁却是皇族控制的"皇族内阁",一再拖延召开国会,更屡借新政之名行集权之实,对此不仅革命派猛烈攻击,就是立宪派和部分地方督抚也强烈不满。而且旧人办新政使得新政的实际成效大打折扣,消极懈怠是普遍现象,阳奉阴违者也大有人在。时人评论道:"内外臣僚,久已习为頍媚","在位诸臣,人各有心,或阳奉阴违,或始勤而终怠,行之不力,则功随半途。"[①]。1908年以后,新政实际面临着诸多困难,进退两难,颇令时人诟病。1911年10月武昌起义爆发后,清朝统治摇摇欲坠,新政已经实行不下去。到1912年初,清帝退位,清朝统治正式覆灭,同时也标志着清末新政以失败而告终。

二 视野拓展及重点问题分析

1. 洋务运动的历史作用

长期以来,中国近代史教学和研究的中心内容是革命,形成了所谓革命史范式。在革命史范式下,中国近代史研究过于重视革命的作用,对于包括洋务运动在内的历次改革重视不够,且评价较低。以往的中国近代史研究

① 陈旭麓:《近代中国社会的新陈代谢》,上海人民出版社1992年版,第255页。

论著一般认为:洋务运动是清朝统治集团为挽救统治危机而实行的自救运动,其目的主要是镇压以太平军、捻军为代表的农民反清起义,性质是地主阶级的改良;尽管引进了西方先进的军事和工业技术,但没有触及封建专制制度的根本,没有也不可能使中国走上富强道路。以下三段话就是革命史范式下大陆学术界关于洋务运动评价的经典性表述:

> 洋务运动从19世纪60年代起,到中日甲午战争,前后30多年。这是清政府一部分带有买办倾向的当权派,采用资本主义外壳以保持封建统治的一种自救运动。它的产生,是清政府在两次鸦片战争的失败和对太平军作战中,一部分官僚军阀认识到自己军器窳败、船只缺乏的危险,他们一方面感觉到洋人船坚炮利的可怕,而对外国屈服;同时也感到洋人的武器可以利用来巩固自己的统治,因而有意识地提倡起所谓"新政"。
>
> 西方的资本主义国家通过战争手段在中国抢得更多的权益后,认为清朝统治阶级已彻底屈服;清政府兴办这些"新政"对它们不但不是什么威胁,反而更便于对中国人民进行深度的剥削与奴役。这就是它们和清朝统治阶级互相勾结的政治基础。因此在这期间,它们尽量把巨额的军火和大批军官、技术人员供给清政府,共同合作来屠杀中国人民。
>
> 这种"新政"并经不起考验,它在中法战争和中日战争的过程里,遭到了彻底的破产。①

改革开放以来,随着改革开放的推行和社会主义现代化建设的蓬勃开展,探讨中国现代化的历史渊源和近代中国现代化历程的学术成果越来越多,一些学者明确提出从现代化的角度而不是从阶级斗争的角度来研究中国近代史,以现代化而不是以革命作为中国近代史研究的主题和基调。这样,一种新的中国近代史研究范式逐步形成,这就是现代化范式。在现代化范式下,洋务运动史的研究受到学术界的热捧,学术成果十分丰富,对其历史地位和作用的认识与以往革命史范式下大不一样。其中,李时岳的观点颇具影响。他在1980年第1期《历史研究》上发表的《从洋务、维新到资产

① 曾业英主编:《五十年来的中国近代史研究》,上海书店出版社2000年版,第26页。

阶级革命》一文中批评了长期以来中国近代史研究过分强调太平天国和义和团运动的意义而忽视其他阶级的历史作用的现状，不同意“三次革命高潮”说，认为1840—1919年间的中国近代史“经历了农民战争、洋务运动、维新运动、资产阶级革命四个阶段”，这四个阶段反映了近代中国社会的急剧变化与近代中国人民政治觉悟的迅速发展，从洋务运动到维新运动到资产阶级革命体现了资本主义在近代中国发生、发展的线索，是中国近代历史发展的进步潮流。文章特别对革命史范式所否定的洋务运动进行了重新评价，誉之为“近代中国前进历程的重要一步”。[①] 基于这种认识，李时岳发表了多部研究洋务运动的论著，充分肯定洋务运动的历史地位和对中国社会经济发展的进步作用，在学术界引起极大的反响。他认为把洋务运动定性为“地主阶级的自救运动”是含混的、不妥当的，准确的表述应该是“地主阶级开明派的改良主义运动或救亡运动”。他进而指出，洋务运动对中国历史发展具有“多方面、多层次”的作用，主要有两个方面：第一，洋务派创办的军事工业，首先是维护了清朝的反动统治，但“还具有对内维持社会安宁、对外防御外来侵犯的意义”；其次，洋务派举办的民用企业和文教事业具有明显的进步意义，“打破了中国社会的停滞局面，使之向资本主义的斜坡流动”。[②]

目前学术界对洋务运动的研究已十分全面和深入，对其历史地位和作用的评价客观了许多。总体而言，多数学者都认识到洋务运动既具有诸多局限和消极作用，又对中国历史发展具有积极的推动作用。局限性方面，承认洋务运动的动机存在镇压人民反抗的成分，是清朝统治集团为挽救危机而进行的一次“自救”，运动本身没有触及封建专制制度的根本，没有实现富强的目标，兴办的军事工业和民用企业也存在诸如封建性、对外依赖性等局限性；对中国历史发展的积极推动作用方面，强调洋务运动在引进西方先进的军事和工业技术、资本主义生产方式以及在促进社会风气和思想观念转变等方面具有十分重大的开创性意义，为民族资本主义的产生和发展创造了条件，大大推动了军事、外交、经济等方面的现代化，是中国早期现代化进程中的关键环节，而且对于近代中国抵御外来侵略和维护国家领土与主权也发挥了不小的作用。当然，就洋务运动而言，局限性和积极作用两方面孰

---

① 李时岳：《从洋务、维新到资产阶级革命》，《历史研究》1980年第1期。

② 李时岳：《洋务运动论纲》，《汕头大学学报》1985年第2期。

重孰轻、孰主孰次，历来就是个争议极大的问题，见仁见智，众说纷纭。因此，如何科学认识和评价认识洋务运动的历史作用？这就成了一个历史难题。对此，研究中国近代史的著名学者陈旭麓的看法或许能给大家一个重要参考：

比之欧西各国资产阶级革命完成之后实现的产业革命，洋务运动像是在缺乏产业革命条件的情况下出现的产业革命迹象。它因模仿一部分西方器物而异于传统，又因主其事者以新卫旧的本来意愿而难以挣脱传统。结果是"东一块西一块的进步。零零碎碎的。是零买的，不是批发的"。中国社会从中世纪到近代的最初一小步实始于这种支离斑驳之中。洋务运动包罗众多，但大致而言，其核心或主导的东西可以归为二端：(一)在这个过程中所建立的一批近代军事工业和民用工业；(二)创置于科技、文化、教育方面的诸种近代设施。正是这几个方面的内容以及与之相关的观念变化，构成了近代化一小步。①

2. 戊戌变法失败的原因

一般认为，戊戌变法失败的根本原因是封建顽固势力力量强大，而资产阶级维新派力量弱小。这一点当然没有错，从变法和反对变法的力量对比来看，两方阵营确实力量悬殊。就变法阵营而言，毫无疑问以光绪皇帝为首，以康有为、梁启超等维新派和翁同龢、张荫桓等帝党官员构成基本力量。光绪名为皇帝，但并没有掌握很多实权，长期受到慈禧太后的压抑，维新派和帝党以士子和文官为主，既没有掌握军权，又得不到封疆大吏的支持，而且严重脱离群众，缺乏群众基础。另一方面，反对变法的阵营既有封建顽固派，还有掌握清朝大量实权的洋务派，他们在改革的问题上其实分歧极大，但对于维新派以西方资本主义政治制度取代中国传统封建制度的主张和活动均持反对态度，又都不同程度地遭到光绪皇帝和维新派的贬抑和批判，故不约而同地走进了反对变法的阵营。他们人数众多，以慈禧太后为后盾，掌握实际权力，尤其是军权，不仅对光绪皇帝的变法诏谕或阳奉阴违，或置若罔闻，或百般抑制，使百日维新期间的绝大部分新政政策成为一纸空文，难以推行，而且通过政变的方式一举扑灭新政，变法阵营却毫无抵抗之力。所

① 陈旭麓：《近代中国社会的新陈代谢》，第106—107页。

以，从客观上讲，变法与反对变法两方阵营过于悬殊的力量对比是造成戊戌变法失败的根本原因。

不过，将戊戌变法失败的原因归咎于双方力量悬殊显得过于笼统和简单，尽管这反映了历史事实，但回避了其中的复杂性。目前学术界的研究已经表明，慈禧太后并非保守顽固分子，实际上并非一开始就反对维新变法。正是在她的同情和支持下，洋务运动才得以大规模的推行，并持续数十年之久，以及20世纪初她又主持了清末新政，而清末新政的许多内容其实就是戊戌变法的延续和发展，这些本身都从某个角度说明慈禧对于变法的态度。揆诸史实，慈禧太后深知中国的腐败落后和传统制度不能墨守，因此并不反对维新变法，时人对此多有记述。如金梁在《四朝佚闻》中写道："帝慑于积威，见太后辄战慄，虽亲政不敢自主。戊戌变法，亦事事请懿旨，太后方园居，厌其烦，遂谕帝但无违祖制，可自酌，帝稍稍得自行其志。"即使反对变法的官员也有类似认识，如与荣禄关系密切的京官陈夔龙明确提出：慈禧太后"并无仇新法之意"。[①] 但是就是时人眼中"并无仇新法之意"的慈禧太后却成为扑灭戊戌变法的元凶，原因何在？其实最主要的原因有两条：其一，慈禧不反对变法是有底线的，这个底线就是不能动摇清朝统治，不能损害满洲贵族的整体利益，因此她对百日维新期间裁冗署、设新局的机构改革和黜旧人、擢新人的人事调整十分敏感，明确反对康有为仿西方三权分立原则开设制度局的主张，当这类主张得到光绪皇帝的同意准备推行时当然为其所不容；其二，这也是目前学术界十分强调的因素，那就是慈禧太后不反对维新变法，但对权力十分在意，对于光绪皇帝借变法罢黜后党、重用维新派培植帝党势力的做法强烈反对，尽管光绪皇帝小心谨慎，时时处处避免"有拂圣意"，但仍无法消除慈禧太后心中的疑虑和猜忌。9月1日光绪皇帝断然对阻挠变法的礼部怀塔布、许应骙等六堂官以革职处分，之后又破例提拔谭嗣同、刘光第、杨锐、林旭等四人为军机章京，这两件事令慈禧太后怒不可遏，认为帝党势力不断扩大，而自己的权力基础正遭到摧毁。康梁为首的维新派深深地卷入帝后的权力之争中，又过于把希望寄托于光绪皇帝身上，将自己同帝党绑在了一起，敌视慈禧，甚至企图密谋拉拢军队除掉慈禧，这不能不让慈禧恨之入骨，必欲除之而后快。可以说，戊戌变法的失败和戊戌政变

① 沈茂骏：《戊戌变法失败原因新解》，《学术研究》1990年第4期。

的发生很大程度上与帝后两党的权力之争和维新派深陷其中不能自拔密切相关。在百日维新中深受光绪皇帝信任的礼部主事王照就明确指出："戊戌政变，外人或误会为慈禧反对变法，其实慈禧当知权利，绝无政见，纯为家务之争。故以余人之见，若奉之以主张变法之名，使得公然出头，则皇上之志可由屈而得伸，久而顽固大臣皆无能为也。"[①]这说明王照早就察觉到慈禧反对变法乃出于权力之争，而维新派采取敌视慈禧而一味依赖于光绪的做法严重失策。当然，也不能因此就按照王照所言，维新派若奉慈禧太后主持变法，即能遏止顽固派的阻挠，从而保证变法成功推行。毕竟这只是假设，谁也无法证明，而且改革成功与否受到太多因素的制约，更何况维新派与慈禧太后之间的政治分歧还是比较大的，弥合相当困难，在慈禧太后已经撤帘归政的情况下也不大可能复出主持这样一场改革运动。

在讨论戊戌变法失败的主观原因时，目前不少论著比较重视维新派的诸多策略错误。概括而言，这些策略错误除了深陷帝后权力之争、排斥慈禧太后和过于依赖光绪皇帝外，还包括以下几点：第一，不是采取循序渐进、逐步扩大的改革途径，而是从一开始就力图"快变、大变、全变"，急于求成，在仅仅一百来天的时间里发布几百条改革诏谕，涉及政治、经济、军事、文化教育等方方面面，表面上大刀阔斧，实际上毫无章法，多是原则性的规定，没有相应的配套措施，推行困难；第二，准备不够充分，低估变法的社会阻力，咄咄逼人，动辄要求光绪皇帝严惩甚至诛杀反对变法的大臣，对于因变法而丧失较多既得利益的旧体制下为官员和士子没有相应的补偿措施，必然导致反对的力量极其强大和顽固派的嫉恨；第三，康有为以所谓"新学伪经"和孔子"托古改制"作为维新变法的思想理论依据，但不乏武断，牵强附会，说服力弱，更由于根本颠覆了中国士人所接受的传统儒学思想体系，可谓惊世骇俗，从而造成无休无止的纠纷和争论，反对者甚至以"卫教"、"翼教"相号召，挑起整个士人群体的攻击，严重影响维新运动的发展。

3. 清末新政的评价

长期以来，人们在革命史观的笼罩下褒扬革命和贬低改良，把清末新政视为一场虚伪的、旨在维护自身统治的政治骗局，本质上是反动的。这种研

---

① 中国史学会主编：《戊戌变法》（四），第359页。

究状况在20世纪80年代以来逐步得到改观。这些年来,中国近代史的研究日益摆脱革命史观的束缚,现代化史观开始兴盛,从现代化的角度审视中国近代史,认为清末新政是中国现代化进程中的重要环节,客观上是近代中国要求向现代社会转型这一主题的体现,有利于中国社会的发展和进步,顺应了时代潮流,是中国早期现代化的重要内容。不仅如此,清末新政还促进和推动了中国几千年来的知识与制度体系发生革命性的根本变化。美国学者任达因此把清末新政称为"新政革命",认为新政使中国的政治体制和思想观念发生了根本性变化,"转变得如此激烈和持久,人们可以毫不犹疑地把它定性为革命,或者说是'从传统到现代'的转变。"[①]任达的观点得到较多国内学者的呼应,如中山大学的桑兵教授提出:任达著作的观念和材料存在一定的局限,但其"所陈述的知识与制度根本转变的事实,却是显而易见的,不宜轻易否定的"。[②]

对于这样一个意义十分深远的历史事件,现行中学历史教材相关的内容较少,评价也以负面为主。如岳麓版和人教版的第一册都只是在讲授武昌起义的历史背景时以一两句简短的话提到清末新政,而且侧重于从负面角度强调清政府新政的政治动机,岳麓版的讲法是"清政府内外交困,试图通过新政来挽救其统治危机",人教版的讲法是"迫于形势,清政府相继打出'新政'和'预备立宪'的幌子,进行一些改革",评价较低,最多提及新政客观上对革命形势的推动作用。像选修一"中外历史上的改革",正文部分对清末新政也都只字未提。岳麓版倒是在讲完戊戌变法后在"知识链接"中介绍了清末新政,认为"客观上体现了中国近代化的趋势",仍旧侧重于讲述它的负面影响。这表明中学历史教学对清末新政还比较轻视,而且在评价上有失公允。对此,华中师范大学刘伟教授就反对中学历史教材从主观动机的角度贬低清末新政而不顾其客观作用,认为:

从主观动机来看,清王朝的改革是为了"延续统治"、"消弭革命"、"永固皇位",这是不容否定的事实。但也要注意,历史上凡是统治集团自身进行的自上而下的改革,都包含了"维护统治"这点。得到普遍肯

① (美)任达著,李仲贤译:《新政革命与日本——中国,1898－1912》,江苏人民出版社1998年版,第215页。

② 桑兵:《晚清民国的知识与制度体系转型》,《中山大学学报》2004年第6期。

定的秦始皇的改革、俄国彼得一世改革、明治天皇改革也是如此。所以,历史评价不能仅依据主观动机,还应从历史发展,看其是否顺应时代潮流,对社会发展的客观作用。从这个角度看,清末改革确定了二元君主立宪制的改革方向;颁布了中国历史上第一个宪法大纲,尽管君主仍有很大的权力,但也提出了司法、行政、立法的分立问题;设立了资政院、谘议局,作为成立正式国会的准备;确立了司法独立的原则,筹建各级审判厅;实行府州县、城镇乡地方自治。这些改革尽管很不彻底,但都是对原有的封建专制制度的改造,是中国政治近代化的重要一步。①

当然,清末新政也存在着严重的缺陷,主要表现在:第一,清政府举办新政缺乏足够的诚意,不愿意放弃君主专制和皇族权力。《钦定宪法大纲》以保障"君上大权"为核心,1911 年成立的责任内阁却是皇族控制的"皇族内阁",规定预备立宪的期限过长,一再拖延召开国会,1908 年以后更一再借新政之名行集权之实,对此革命派猛烈攻击,就是立宪派和部分地方督抚也强烈不满。第二,新政是一场大规模的现代化变革运动,然而清政府中央和地方主持新政的人尽管也有像载泽、端方、张之洞等具有较大的革新色彩,但基本上是旧体制下的官员,长期的纲常名教熏陶使他们难以萌发革新意识,也不具备足够的革新能力,甚至不知宪政为何物,当然还有许多官员因利益的关系反对可能给自己招致损失的改革措施。在旧人办新政的情况下,新政的实际成效要大打折扣,消极懈怠者是普遍现象,阳奉阴违者也大有人在。时人评论道:"内外臣僚,久已习为頫媚","在位诸臣,人各有心,或阳奉阴违,或始勤而终怠,行之不力,则功随半途。"②第三,由于财政的极端困难,清政府举办新政缺乏经费,于是纷纷采取就地筹款的办法,向社会增捐加税和大肆摊派,给广大的民众带来沉重的捐税负担。时人形容:"新政愈多,靡费愈重;筹款愈繁,民生愈蹙。"当时四川省邛州的一位名叫宁缃的诗人还为此作诗《君民叹》,云:"新政纷纷次第兴,国民担任力难胜,谘来议去皆筹款,但见捐输日日增。"就地筹款"几同竭泽而渔","所苦者农民而已",许多农民一年的收入还不够完纳捐税,以致有农民因此将土地"争先贱卖,甚至连阡

① 刘伟:《中国近代史学术研究的新观点——以高中教材〈中国近现代史〉(必修)为对照》,《历史教学》2004 年第 5 期。

② 陈旭麓:《近代中国社会的新陈代谢》,第 255 页。

累陌有不索一钱甘心送人耕种”。因此,普通民众视清末新政为“病民之政”,不断掀起反对新政的武装斗争,“几若斩木揭竿为寻常事”。[①]

三 深入探究指引

20 世纪 80 年代以来,随着改革开放的推行和社会主义现代化建设的蓬勃开展,探讨中国现代化的历史渊源和近代中国现代化历程的学术成果越来越多,洋务运动、戊戌变法和清末新政是其中的重点研究课题,论著十分丰富,深度和广度远远超过此前,取得了令人瞩目的进展,为学界所瞩目。

关于洋务运动,以往学术界在革命史范式下,重视不够,且评价较低,基本是全面否定。近年来,研究成果大量涌现,传统观点遭到不少学者质疑,新的观点不断涌现。洋务运动史的研究,李时岳的成果值得关注。他发表的《从洋务、维新到资产阶级革命》、《论洋务运动》、《洋务运动论纲》等论文对传统全面否定洋务运动的观点进行了批驳,充分肯定洋务运动的历史地位和对中国社会经济发展的进步作用,誉之为“近代中国前进历程的重要一步”,在学术界引起极大的反响。1993 年,他的这些论文收入《近代史新论》一文,由汕头大学出版社出版。他还和胡滨教授合著《从闭关到开放》(人民出版社 1988 年版)系统阐述了洋务运动的历程和内容,肯定了洋务运动的历史地位和作用,提出:“洋务运动是在世界资本主义潮流冲击下,地主阶级改革派为了挽救民族危亡而倡导的‘富国强兵’运动,随着运动的发展,日益显示出运动的资本主义倾向,所以,也可以说它是地主阶级开明派的改良主义运动或救亡运动。”[②]除了李时岳上述研究成果外,夏东元的《洋务运动史》(华东师范大学出版社 1992 年版)也是一部研究洋务运动史的权威著作,系统详尽地论述了洋务派兴办的近代军事工业和民用工矿企业和交通事业,并对其历史地位和作用进行了比较正面积极的评价。最新出版值得研读的一部洋务运动史成果是虞和平和谢放合著的《中国近代通史》第三卷“早期现代化的尝试(1865—1895)”(江苏人民出版社 2007 年版)。这部书将洋务运动誉为中国早期现代化的重要尝试,对洋务运动两个阶段的新政举措和设施进行了全面论述,既肯定了其对中国社会的积极作用,也客观地指出了

---

① 黄珍德:《论清末新政时期的谣言》,《华南师范大学学报》2004 年第 1 期。

② 李时岳、胡滨:《从闭关到开放》,人民出版社 1988 年版,第 413 页。

其存在的诸多局限性，认为："洋务运动是一种局部的、初步的和畸形的早期现代化运动，其求富举措尚有可嘉，其自强之道实属可训；其失败结局令人可悲。"①

关于戊戌变法，新中国成立以来一直都受到我国学术界的重视，研究成果丰硕，成绩斐然。当然，改革开放前在革命史范式的束缚下，戊戌变法被定性为资产阶级的改良主义运动，学术界尽管大多承认其在当时中国的特殊历史条件下具有进步的作用，但仍遭到贬抑，肯定不多，研究领域相对较为狭窄。20 世纪 80 年代以后这种状况得到大大的改观，戊戌变法成为中国近代史研究的一个热点课题，无论史料发掘还是学术研究都取得了空前的成就，关于康有为、梁启超、谭嗣同、严复等维新派代表人物，翁同龢、张荫桓、王照等帝党官员，维新派内部的宗旨歧异和组织流变，维新派与洋务派的关系，戊戌变法的原委、过程、性质、功过得失以及戊戌政变的事实真相等诸多问题都有了全面和深入的专题研究，认识和评价日益客观和理性。其中《戊戌变法史述论稿》、《戊戌变法史研究》和《戊戌变法史事考》是近年出版的三部引人注目的专著。《戊戌变法史述论稿》是清华大学历史系蔡乐苏、张勇、王宪明合著，对维新思想的源流、发展和各种政治势力维新方案的提出、比较，以及《时务报》和时务学堂的兴衰、百日维新、戊戌政变的过程等进行了深入的分析和探究，从一个宽广的视角和多元的结构来重构戊戌变法史。北京大学刘桂生评论说：

> 许多在过去没有触及的领域，这次触及了；没有进入的层次，这次进入了，如维新变法方案的多极导向与新政措施的原委利弊；变法高潮中中央权贵、地方士绅、维新志士三者之间的分化、结合、排斥、利用；康有为、梁启超维新变法思想的内在理路、境况关联及文化特性；湖南维新事业的多元格局以及梁启超与时务学堂的关系；《时务报》在维新运动中的地位、作用和内部争执；严复在李鸿章、张之洞之间的微妙关系以及由此引发出的严著解读密码；变化莫测的政变历程及人物心理的细微描写等，这些方面，在充分吸取国内外现有成果的基础之上，调整视角，更新方法，展拓领域，深入内层，在解释上加强了深度和力度，取

① 虞和平、谢放：《中国近代通史》第三卷"早期现代化的尝试(1865—1895)"，第 485 页。

得了新成就，此书无疑是自有戊戌维新变法史研究以来一部承先启后之作。[①]

《戊戌变法史研究》是台湾著名学者黄彰健生前最重要的一部著作，作者运用大量对康有为和戊戌变法的相关史实进行了极其细致的考证和辨伪工作，还原康梁曲意隐讳的历史，澄清了戊戌变法历史进程的诸多史实，更新了对戊戌变法的许多认识，如他认为袁世凯告密不是慈禧太后发动政变的直接起因，但袁世凯告密加剧了政变的激烈程度，又如他认为现存谭嗣同狱中诗并非原来面目，而是经过梁启超的篡改，等等。[②]《戊戌变法史事考》是北京大学历史系茅海建教授近年出版的影响较大的一部学术专著，发掘大量的鲜为人知的文献资料，对戊戌变法的重大史实进行精心考证和重要场景进行细密描述，如戊戌政变的时间、过程与原委、中下层官员与民众对变法的建策、张之洞调京主持朝政与机会错失、光绪帝的对外观念、日本政府的观察与反应等，尤其是关于戊戌政变的时间、过程与原委的研究，在对旧说一番详尽的认识、补证与修正的基础上，展开、论证与建立了自己的新说，资料之翔实、考证之严谨、分析之缜密，条分缕析，可谓近年中国近代史学界难得之佳作，为深入推动戊戌变法史的研究做出了重要贡献。[③] 有学者形容这是多年来不多见的一部"精耕熟地"，"提出并解决了许多有深度的学术问题"，具有相当高学术质量的戊戌变法史研究著作。[④]

关于清末新政，这是目前中国近代史研究领域的一个热点课题，也是一个争议较多的课题。即使清末新政的内涵，学术界就有不同的看法。过去常常把清末新政界定为1901－1905年清政府在政治、军事、教育、财政等方面的改革，而不包括1906年开始的预备立宪。现行的中学历史教材虽然没有明确提出清末新政的起止时间，但基本上将清末新政与预备立宪并列，实际上就是这种传统的看法。其实，1901－1905年清政府的改革和1906年以

---

① 刘桂生：《序言》，蔡乐苏、张勇、王宪明：《戊戌变法史述论稿》，清华大学出版社2001年版。

② 黄彰健：《戊戌变法史研究》，上海书店出版社2007年版。

③ 茅海建：《戊戌变法史事考》，生活·读书·新知三联书店2005年版。

④ 谢维：《考证行为，体察动机——读茅海建〈戊戌变法史事考〉》，《近代史研究》2005年第4期。

后的"预备立宪"之间有着紧密关联，后者是前者的进一步发展，而且1901—1905年的许多改革在1906年后继续展开，因此是不能截然两分的。故清末新政应该是1901—1911年十年间清政府在各个方面的改革的总称，这也是目前史学界基本上认同的。近年出版的《中国近代通史》第五卷就指出："'清末新政'是历史学家对清末十年改革的指称。虽然曾经有人把1901—1905年清政府的改革称为'清末新政'，而不包括1905年以后的预备立宪，但是，现在学术界已基本上认同这是清末新政所包含的两个互相关联的历史阶段：第一阶段涉及政治、经济、军事、文化教育与社会生活等领域的变革，这些变革基本上都是在体制内进行；第二阶段是政治体制本身的变革，这是前一阶段各项体制内变革发展的必然趋势。"[①]作为近年来近代史研究的一个热门领域，清末新政研究在众多学者的努力下取得了很大的进展。清末新政不再仅仅作为辛亥革命的背景出现，一批以清末新政为研究对象的专著陆续面世，其中较为重要的成果有：赵军的《折断了的杠杆——清末新政与明治维新比较研究》、韦庆远等的《清末宪政史》、侯宜杰的《二十世纪中国政治改革风潮——清末立宪运动史》、张连起的《清末新政史》、高旺的《晚清中国的政治转型：以清末宪政改革为中心》、李细珠的《张之洞与清末新政》等。综观这些成果，主要研究的问题包括新政的性质、历史地位、与辛亥革命的关系，新政期间的改革举措、新设立的机构和重要历史人物的活动，列强（尤其是日本）与新政的关系等，对清末新政的整体评价大大提高，更有一些成果深入发掘清末新政在中国现代化中的历史地位。国外学者同样做了不少深入的研究，研究视角和观点与国内不尽一致，"兴趣和重心主要放在政治、军事、教育方面的改革"[②]。

第二节　外国近代的改革

世界史意义上的近代时期，革命席卷了大半个世界，纵观历史不难发现，革命的前后往往由改革为其打下基础，前期的思想改革为革命做好了舆

① 《中国近代通史》第五卷"新政、立宪与辛亥革命(1901—1912)"，第1页。

② 崔志海：《国外清末新政研究专著述评》，《近代史研究》2003年第4期。

论准备，后期的政治、经济体制改革稳固了革命的成果。改革所确立各种体制指明了一个国家的发展方向，它在世界近代史上起着举足轻重的作用。

一　外国近代的改革概述

1. 欧洲宗教改革：政教关系新起点

公元 476 年，西罗马帝国灭亡，欧洲随即陷入众多日耳曼蛮族王国各自割据称雄的大分裂时代。尽管查理大帝（Charles the Great，742－814 年在世，800－814 年为皇帝）于公元 800 年建立查理曼帝国，奥托大帝（Otto the Great，912－973 年在世，962－973 年为皇帝）于公元 962 年建立神圣罗马帝国，但查理曼帝国在公元 843 年《凡尔登条约》之后即陷入分裂，而神圣罗马帝国则始终未能确立对全欧洲的统治，甚至未能在德意志地区建立起有效的中央集权，重建罗马帝国的梦想由此化为泡影。正因如此，在西罗马帝国灭亡之后，罗马天主教会（Roman Catholic Church）就成为欧洲大陆绝无仅有的、能够将其触角伸向欧洲每个角落的、具有普世性质的神权政治组织。在中世纪盛期（尤其是在公元 11 世纪至 13 世纪），罗马教廷的政治影响力远远超过欧洲所有基督教王国与帝国，而罗马教皇的政治权威性也远远超过欧洲所有基督教国王与皇帝。最典型的例证莫过于由教皇乌尔班二世（Urban II，1035－1099 年在世，1088－1099 年在位）首先发动的十字军（Crusades）东征。从 1095 年至 1270 年，在罗马教廷的鼓吹与煽动下，欧洲各个基督教王国或帝国响应教皇的号令，纷纷派出武装骑士团，甚至由国王或皇帝亲自率领部队，投入到收复耶路撒冷圣地以及掠夺拜占庭帝国的远征。在这前后八次的军事远征中，尽管罗马教皇没有派出教皇国本身的直属部队，但以法兰西王国与神圣罗马帝国为代表的各个基督教王国或帝国都对罗马教皇俯首听命，而罗马教皇也仿佛成为欧洲大陆的最高君主，罗马教廷的势力如日中天、臻于极盛。

中世纪盛期罗马教皇在欧洲大陆的宗教权威与政治权威，还体现在罗马教皇与世俗君主的权力斗争中，无论是在教皇格里高利七世（Gregory VII，1020－1085 年在世，1073－1085 年在位）与神圣罗马帝国皇帝亨利四世（Henry IV，1050－1106 年在世，1084－1105 年为皇帝）的交锋中，还是在教皇英诺森三世（Innocent III，1160－1216 年）与英国国王约翰（John Lackland,无地王约翰,1167—1216 年在世,1199—1216 年在位)的较量中,罗马教皇都能够凭借其至高无上的宗教权力,迫使对方俯首称臣。在前一次冲突中,神圣罗马帝国皇帝被迫在卡诺莎城堡外面的冰天雪地里披发赤足静候罗马教皇发落,而在后一次冲突中,英国国王被迫承认英国是教皇国的附属国。罗马教皇之所以能够在政教冲突中长期立于不败之地,其根本原因在于,在中世纪盛期的欧洲大陆,各个基督教王国或者帝国的君主权力依然不够集中、不够强大,各国内部都存在着叠床架屋的封君封臣关系。可想而知的是,一旦国王或者皇帝被罗马教皇革出教门、革除教籍,那么在绝大多数附庸以及臣民的眼中,失去基督教徒身份的国王或者皇帝便与普通的异教徒无异,而附庸以及臣民便自动解除对国王或者皇帝的效忠义务,甚至人人可围而攻之,人人可诛灭之。正因如此,在中世纪盛期,尽管存有不臣之心的世俗君主不乏其人,但敢于公开挑战罗马教皇宗教权威与政治权威的世俗君主,却可谓是凤毛麟角。

然而,随着十字军东征运动最终归于失败,随着欧洲各个基督教王国与帝国民族向心力的增强,罗马教皇的宗教权威与政治权威也开始变得摇摇欲坠。首先起来挑战教皇权威的是法兰西王国的国王腓力四世(Philippe IV,1268—1314 年在世,1285—1314 年在位)。从 1296 年至 1303 年,法国国王腓力四世与罗马教皇卜尼法斯八世(Boniface VIII,1235—1303 年在世,1294—1303 年在位)先后围绕法国境内的教会免税特权与教会司法特权发生几次纠纷,腓力四世不能容忍卜尼法斯八世任意干涉法国的税务主权与司法主权,更加不能容忍卜尼法斯八世动不动就以革除腓力四世的教籍相要挟。1302 年,忍无可忍的腓力四世在巴黎圣母院召集由教士、贵族、平民共同组成的法国历史上首届三级会议,腓力四世在三级会议上公开声讨卜尼法斯八世,并且公开声称法兰西王国只忠于上帝,不忠于教皇。1303 年,得到三级会议以及法国国民普遍支持的腓力四世,仅仅向意大利半岛派出一支精锐的法国骑士小分队,就让不可一世的卜尼法斯八世束手就擒,在法国骑士对卜尼法斯八世施以殴打、加以羞辱之后,卜尼法斯八世精神失常,并于同年忧愤而死。1305 年,敢作敢为的腓力四世一不做、二不休,干脆在法国军队的护送(实际上是押送)之下,将罗马教廷强行搬迁到法国东南部的小城阿维农,并且在此任命出身于法国的神职人员出任教皇。从 1305 年至 1377 年,总共有七位出身于法国的大主教先后出任阿维农教皇。

在此期间，教皇与教廷完全被法国国王玩弄于股掌之中。对罗马天主教会来说，这段不堪回首的经历被称为“阿维农之囚”。此事充分证明，江河日下的罗马天主教会，已经不足以成为蒸蒸日上的世俗民族国家的对手。

公元1377年，历时长达70多年的“阿维农之囚”终于结束，教皇与教廷都从阿维农迁回到罗马城内。然而好景不长，在1378年的教皇选举中，法国主教团与意大利主教团分别支持各自属意的人选，结果选出了两位彼此不承认对方合法性、甚至彼此革除对方教籍的阿维农教皇与罗马教皇，天主教世界由此出现了两个教皇、两个教廷的尴尬局面。欧洲各个基督教王国与帝国从各自的国家利益出发，分别选择承认与支持其中一位教皇。承认与支持阿维农教皇的国家，包括法兰西、西班牙、苏格兰、西西里、撒丁尼亚等国；当时承认与支持罗马教皇的国家，包括德意志、意大利、英格兰、波兰、波希米亚、丹麦、瑞典等国。实际上，阿维农教皇与罗马教皇，已经分别沦落为法兰西王国国王与神圣罗马帝国皇帝手中的傀儡。教皇与教廷的处境，比起“阿维农之囚”期间更加不堪。对罗马天主教会来说，这场起始于1378年的内部分裂被称为“教廷大分裂”。这场内部分裂对基督教信仰的伤害，甚至远远超过1054年造成天主教会与东正教会分道扬镳的“东西大分裂”。一直到1414年，在神圣罗马帝国皇帝西吉斯孟(Sigismund，1368—1437年在世，1411—1437年在位)的主持下，历时将近40年的“教廷大分裂”才终告结束。此事充分证明，早已腐朽不堪的教皇制度，只有借助甚至依靠世俗君主的政治影响力，才能勉强得以维持。

总而言之，“阿维农之囚”与“教廷大分裂”这两场合起来持续一个多世纪之久的政治闹剧，已经预示着中世纪盛期一度覆盖整个欧洲大陆的罗马教廷神权统治即将土崩瓦解。然而，正是由于罗马教廷的神权统治处于风雨飘摇之中，罗马教廷在欧洲大陆尤其是地中海国家的神权统治更加趋于严酷。罗马教廷在欧洲大陆广泛设置宗教裁判所(Inquisition)，以种种残酷的刑罚迫害甚至诛杀任何危及罗马教廷神权统治的、敢于对罗马教廷的教规教令提出质疑的进步人士与普通百姓。除了英国与北欧国家以外，几乎所有欧洲国家都深受其害，其中又以西班牙异端裁判所(Spanish Inquisition)最为残酷。在西班牙，异端裁判所不仅裁判异端人士，而且还对犹太人、阿拉伯人为代表的异教徒加以迫害与驱逐。以西班牙宗教裁判所中一位裁判官托奎马达(Torquemada，1420—1498)的判决结果为例，经由他的判决而被送上火刑架的异端人士多达 2 000 人，而由他下令逐出西班牙的犹太居民多达 20 000 人，而这仅仅是西班牙宗教裁判所的冰山一角而已。

同样是在 15 世纪，由于在 1453 年英法百年战争结束后，英国和法国等大西洋沿岸国家已经走上了建立近代民族国家的道路，民族向心力与民族独立性都大为增强，罗马教廷想要在这些国家榨取财政收入已经越来越不可能，而仅仅从西班牙与意大利等地瘠民贫的地中海沿岸国家搜刮财政收入，又不足以维持罗马教廷的惊人开销。由于在 15 世纪末 16 世纪初，连续几任罗马教皇都是腐化堕落、奢靡浪费的典型，罗马教廷不得不想方设法开辟新的财政来源，而向空有神圣罗马帝国的名号、实则尚未完成民族统一的德意志地区兜售赎罪券（Indulgence），毫无疑问，这是最为理想的聚敛钱财的手段。1517 年，罗马教皇利奥十世（Leo X，1475－1521 年在世，1513－1521 年在位）以募款重建梵蒂冈的圣彼得大教堂为名义，向德意志地区派出负责兜售赎罪券的教廷代表，教廷代表公开声称：只要购买赎罪券的钱一敲响钱柜，罪人的灵魂立刻就可以从炼狱升上天堂。这种厚颜无耻的招摇撞骗，一方面确实可以吸引到大批头脑简单的信仰虔诚者，有许多孤苦无依的垂暮老人，甚至愿意拿出其毕生积蓄来购买赎罪券，但在另一方面却引起了德意志地区大批正直的知识分子与善良的普通民众的莫名愤怒，他们更加痛恨罗马教廷的无耻行为，甚至包括部分德意志地区天主教会的神职人员。

1517 年 10 月 31 日，德意志南部维登堡的神父马丁·路德（Martin Luther，1483－1546）在维登堡教堂的大门上贴出一份被称为《九十五条论纲》（*Ninety－Five Theses*）的文告，在《九十五条论纲》中，马丁·路德以其深厚的宗教学知识逐一驳斥赎罪券的所谓救赎功能。尽管在当时，马丁·路德还只是把批判的矛头指向不道德的赎罪券交易，尚未发起对罗马教皇权力的批判，但《九十五条论纲》的发表，标志着声势浩大的宗教改革已经缓缓拉开了序幕。随着《九十五条论纲》在德意志境内的广泛传播，以及德意志民族精神的普遍觉醒，德意志地区的贵族与民众乃至马丁·路德本人对罗马教皇的怀疑与批判也开始逐步升级。1519 年，马丁·路德开始公开否定罗马教皇的宗教权力，并且公开对在 1414 年康斯坦茨宗教会议上被宣布为异端、并于 1415 年被送上火刑架的捷克宗教改革先驱约翰·胡斯（John Hus，1370－1415）表达了深切的同情。1520 年 6 月，罗马教皇利奥十世下令革除马丁·路德的教籍，并且要求德意志地区的世俗统治者焚毁马丁·路德的宗教著作。1520 年 12 月，马丁·路德当众焚毁了罗马教皇利奥十世的命令，毫不退让地表明了与罗马教廷决裂的决心。

正是在 1520 年，马丁·路德提出了他的“因信称义”的宗教学说与“人人皆僧侣”的斗争口号。总体而言，马丁·路德的宗教思想大致可以概括为以下几条原则：一、一个人之所以得到永远的救赎，仅仅是因为上帝的恩典，而这种恩典只有在基督教徒本人虔诚的信仰之中才能得以感知与体现，而与事功或者苦行无关，更与购买赎罪券无关，这就是所谓的“靠恩典，因信称义”；二、在上帝面前，神职人员与普通信徒一律平等，普通信徒也无须通过神职人员的中介，人人皆可自行阅读与理解圣经；三、圣经的宗教权威高于教皇与教廷的宗教权威，皇帝的世俗权力高于教皇的世俗权力；四、应该建立德意志民族的教会，反对向罗马教廷称臣纳贡，废止名存实亡的神职人员独身制度，废止圣经当中并无记载的宗教仪式。其中，“因信称义”是马丁·路德宗教学说当中的核心思想。正因如此，信奉马丁·路德宗教学说的派别被称为“信义宗”。

在 1521 年 1 月的沃姆斯帝国会议上，神圣罗马帝国皇帝查理五世(Charles V，1500－1558 年在世，1519－1556 年在位)企图强迫马丁·路德放弃自己的宗教观点。面对空前巨大的精神压力与人身威胁，马丁·路德丝毫没有表现出畏缩、动摇与退让，而是以无比坚定的语气回答道：“这是我的立场，我只能如此。上帝助我，阿门。”在沃姆斯帝国会议之后，查理五世下令逮捕马丁·路德，而马丁·路德则在会议结束时已经秘密藏匿到萨克森选帝侯的领地之中。实际上，此时的神圣罗马帝国已经日益分裂为两大阵营，南方的诸侯由于受到来自罗马的政治影响，依然保留传统的罗马天主教信仰，包括神圣罗马帝国皇帝本人也继续信仰罗马天主教；而北方的诸侯由于远离罗马，早已相继皈依方兴未艾的路德教。在 1529 年的斯拜耶帝国会议上，天主教诸侯联合提出关于禁止异端与禁止夺取教会财产的禁令，招致新教诸侯的联合抗议，新教徒由此取得“抗议者”(Protestants)的称号，而各个新教派也被统称为“抗议宗”。及至 16 世纪 30 年代，波罗的海沿岸的各个北欧王国如丹麦、挪威、瑞典的君主与臣民也陆续宣布皈依路德教。

从 1521 年至 1534 年，马丁·路德都隐居于萨克森选帝侯的领地，但在这十三年间，马丁·路德并没有在闲居中虚度光阴，而是凭借其渊博的古典语言学知识，完全绕过被罗马教廷奉为正统经典的拉丁文本《圣经》，直接把希伯来语的原版旧约《圣经》与希腊语的原版新约《圣经》翻译为德语。此举让德意志民族有了一部毫不逊色于拉丁文本《圣经》的、完全通过本民族语言呈现的《圣经》,而且极大地促进了近代标准德语的形成。在马丁·路德之后,欧洲各个基督教王国的宗教改革家都模仿马丁·路德,纷纷把《圣经》翻译为人人都能看懂的本民族语言。可以中肯地说,每一部以民族语言出版的《圣经》的问世,都意味着罗马教廷对《圣经》的绝对解释权又被削弱了一分。

在欧洲大陆,与马丁·路德同时推动宗教改革的,还有瑞士苏黎世的乌尔里希·茨温利(Urish Zwingli,1484—1531)等其他宗教改革家。然而,其影响力足以与马丁·路德并驾齐驱的,就只有瑞士日内瓦的约翰·加尔文(John Calvin,1509—1564)。约翰·加尔文是法国人,早年曾经受到马丁·路德与乌尔里希·茨温利的宗教改革思想的影响,但在流亡瑞士期间,逐渐形成了自己独具特色的宗教学说,并且最终得到日内瓦地方当局的接纳。1536年,约翰·加尔文发表了《基督教原理》,这部洋洋洒洒的著作系统地阐述了约翰·加尔文关于"命定论"(又被称为"预定论")的宗教学说。总体而言,约翰·加尔文的宗教思想大致可以概括为以下几条原则:一、一个人之所以得到永远的救赎,仅仅是因为上帝的恩典,而与事功或者苦行无关(这一点与路德教的教义基本相同);二、上帝在创世之初就已经把世间的人们区分为"选民"与"弃民",人们的自由意志与虔诚信仰都不能改变自己的命运;三、人们并不知道自己到底是上帝的"选民"还是"弃民",只有在个人对事业的追求与奋斗中,才能得到印证,但凡事业取得成功的就是上帝的"选民",但凡事业遭到失败的就是上帝的"弃民"。加尔文主义者认为自己对救赎的理解,才是回归原始基督教的正统教义。正因如此,信奉约翰·加尔文宗教学说的宗教派别被称为"归正宗"。

如果说德意志的马丁·路德是路德教(信义宗)的创立者,那么瑞士的约翰·加尔文就是加尔文教(归正宗)的创立者。在16世纪30年代以来的欧洲大陆,罗马天主教、路德教与加尔文教形成了三足鼎立的态势,尤其是在罗马天主教极端腐朽堕落,路德教日益沦落为新教诸侯政治工具的背景下,加尔文教的出现又为欧洲大陆的基督教信仰带来了一股新风。如果说罗马天主教以封闭落后的南欧地中海沿岸地区为大本营,路德教以分裂割据的北欧波罗的海沿岸地区为根据地,那么加尔文教则主要流行于瑞士、法国、尼德兰、英格兰与苏格兰等资本主义相对发达的地区,而加尔文教徒也以资产阶级精英分子为其骨干力量，以加尔文教教义为集中体现的新教伦理也最符合资本主义精神。

由于加尔文教废除了主教制度，转而实行教友集体自治的长老制度，因此加尔文教是各个新教教派中最具有民主色彩的派别，往往会成为现存政治体制的反对力量。在法国，加尔文教徒又被称为“胡格诺教徒”（Huguenots，秘密同盟者）；在英国，加尔文教徒又被称为“清教徒”（Puritans，清除旧习者）。在16世纪末，“胡格诺教徒”在法国引发了持续三十年之久的“胡格诺战争”；在17世纪初，“清教徒”则在英国引发了持续半个世纪之久的“清教革命”。随着大批“清教徒”因为受到英国政府的政治迫害而漂泊海外，他们还把加尔文教的宗教信仰带到北美大陆，并且逐渐演绎出美国社会的“清教主义”传统。

几乎在欧洲大陆发生宗教改革的同时，英国也进行了独具民族特色的宗教改革。1533年，由于与英国王后、西班牙公主凯瑟琳的离婚请求迟迟得不到罗马教廷的回复，英国国王亨利八世（Henry VIII，1491－1547年在世，1509－1547年在位）与罗马教皇克勒芒七世（Clement VII，1478－1534年在世，1523－1534年在位）公开决裂。亨利八世荒诞不经的所谓离婚事件，其实只不过是英国宗教改革的突破口与导火线，背后还潜藏着英国与教皇国之间政治经济利益的分配、英国在法国与西班牙之间盟友关系的变换、英国的坎特伯雷大主教托马斯·沃尔西争夺罗马教皇宝座的失败等一系列错综复杂的外交冲突与宗教冲突。也正是在1533年，在改革派大臣托马斯·克伦威尔的怂恿下，英国国王亨利八世不顾保守派大臣托马斯·莫尔的反对，在未经罗马教皇克勒芒七世许可的情况下，擅自任命托马斯·克莱默为新任坎特伯雷大主教。坎特伯雷大主教其实是罗马天主教会在英国的最高圣职，亨利八世这种公然侵犯克勒芒七世主教叙任权的越权行为，令克勒芒七世勃然大怒，克勒芒七世公开宣布革除亨利四世的教籍。1534年，在与罗马教廷决裂的道路上越行越远的亨利八世干脆一不做、二不休，鼓动英国国会通过一份《至尊法案》，正式宣布英国国王为英国教会的“最高元首”，拥有决定教会教义、制定教规教令、任命神职人员、主持实施圣礼、调查惩处异端的全部宗教权力，一个完全摆脱罗马教廷控制的英格兰民族教会由此诞生。然而，由于《至尊法案》的立法宗旨主要着眼于教会领导权的移交，因此英格兰民族教会在宗教教义、宗教制度与宗教仪式等方面与罗马天主教会并没有太大的差异之处，制度上依然保留了天主教会的主教制度，仪式上依然保留了天主教会的繁文缛节。历经改革之后的英国民族教会，被人们称为英国国教会(Anglican Church，又被称为圣公会)。

在16世纪的宗教改革运动中，路德教、加尔文教以及英国国教(圣公会)是新教三大主要派别。然而，与路德教和加尔文教等由宗教思想家、宗教改革家建立的宗教派别不同，英国国教(圣公会)的建立是英国国王主导的结果，英国的政教冲突更像是一场政治冲突而不是一场宗教冲突。正因如此，英国国教(圣公会)最终也未能像路德教与加尔文教那样，成为开放性的跨民族宗教，或者为欧洲大陆众多新兴的民族国家，提供建立民族宗教的通用模式，而是成为一个具有旗帜鲜明的英格兰民族特色的教会，随着大英帝国的对外扩张而扩大其对外影响。尽管如此，英国国教(圣公会)的出现，同样意味着在欧洲各个基督教王国与帝国建立民族教会的改革浪潮达到其最高峰。总体而言，发生在16世纪的宗教改革运动，是继文艺复兴运动之后的又一场伟大的思想解放运动，它不仅解放了在中世纪思想禁锢之下受到压迫的普通大众，而且还解放了在中世纪神权政治格局之下受到压抑的民族国家。在经历过宗教改革之后，欧洲各国的基督教会再不能凌驾于世俗政府之上，欧洲各国逐渐出现政教分离的倾向，基督教会越来越难以借助世俗政府的力量，强迫民众改变宗教信仰，宗教信仰越来越成为信徒个人的私事，这是非常重大的社会进步。总而言之，欧洲宗教改革是欧洲各国的政教关系的新起点。

2. 穆罕默德·阿里改革：旧邦新造

埃及是历史悠久的文明古国，曾经创造过无比辉煌灿烂的古代文明，但也先后遭受过波斯人、希腊人、罗马人、阿拉伯人和土耳其人的外来统治。从1516年起，奥斯曼土耳其帝国的军队打败并且收编了埃及马木路克王朝的军队，并于1517年占领了埃及全境，埃及由此沦为奥斯曼土耳其帝国属下的帝国行省。此后，帝国政府派出被尊称为“帕夏”的行省总督进行高压统治，帕夏通常由奥斯曼土耳其帝国苏丹本人所宠信的土耳其贵族担任，具有相当大的自主权与人事权，帕夏有权任命被尊称为“贝伊”的县区长官，而位列贝伊者不乏原有的马木路克贵族，后来更加形成了土耳其贵族担任帕夏、马木路克贵族担任贝伊的不成文惯例，帕夏与贝伊构成了省县两级的等级统治网络。此外，还有出身于土耳其人或者马木路克人的包税人，承担为帝国政府和省县政府征收赋税的职能，包税人在为帕夏和贝伊搜刮赋税的同时，趁机中饱私囊。由于埃及民众受到国内外统治者的双重压迫和双重剥削，因此原本安宁富庶的埃及，变得民穷财尽、民不聊生，这是埃及历史上最为黑暗的时期。

及至18世纪末期，尽管埃及依然是奥斯曼土耳其帝国的行省，但是由于帝国的统治日益腐朽和松散，帕夏与贝伊逐渐坐大，成为在埃及自作主张的封建割据势力。与此同时，帕夏与贝伊之间也存在着合作与竞争并存的权力关系。一方面，作为行省总督的帕夏，企图把自己变成独立于帝国政府之外的埃及君主；另一方面，作为县区长官的贝伊，也企图联合起来架空帕夏，在各自的县区内成为只手遮天的土皇帝。统治阶级内部的斗争与分裂，为新兴外来势力的介入以可乘之机。在18世纪末期，以英法两国为代表的欧洲列强已经在新大陆建立起了领土辽阔、资源丰富的殖民地，随着欧洲列强国力的持续上升，以及欧洲资本主义经济的持续发展，欧洲列强也是胃口大增，开始尝试征服非洲甚至亚洲那些人口众多、物产丰富的文明古国，而埃及正好处于欧洲列强通往东方的交通要道上。实际上，英法两国早已着手对奥斯曼土耳其帝国统治下的埃及进行经济渗透，并且随时准备对埃及实施军事占领，英法两国已经展开了一场争先恐后的殖民竞赛。

1798年，法国督政府派出旗下最为出类拔萃的青年军事将领拿破仑·波拿巴（Napoleon Bonaparte，1769－1821）率领40 000名法军，乘坐300艘军舰，发动对埃及的远征。出人意料的是，这支远离后方、欠缺后勤的远征部队，竟然只用了一个月就占领了最为繁荣富庶的尼罗河三角洲，以及亚历山大里亚和开罗这两个最具有战略意义的中心城市。拿破仑·波拿巴抵达开罗后，也尝试把在法国大革命中出现的先进政治制度带到埃及。为了消除土耳其贵族和马木路克贵族在埃及的政治影响，为法国人在埃及的殖民统治扫清道路，拿破仑·波拿巴邀请开罗本土居民当中的伊斯兰教长老和社会贤达，加入到法国人组织的被称为“迪万”的开罗政务会议，此后政务会议又推广到埃及其他地区，埃及各地的代表组成了埃及政务总会。“总会的职责是审查和讨论三件事：宗教法庭和司法制度；土地所有制；继承法。”①

---

① 彭树智主编，雷钰、苏瑞林著：《中东国家通史·埃及卷》，商务印书馆2003年版，第186页。

姑且不论拿破仑·波拿巴的做法是真心实意的开明之举，还是虚情假意的宣传手段，在埃及的政权机关中吸纳埃及本土的社会精英，这在当时可谓创举，因为无论是来自高加索山区的马木路克贵族，还是来自小亚细亚半岛的奥斯曼土耳其贵族，都是把埃及本土居民视为下贱的被征服者和被统治者，绝对不允许埃及本土的社会精英分享统治权力。然而，拿破仑·波拿巴毕竟是来自欧洲的征服者，法国行政当局与埃及社会精英的内在矛盾，法国军队与埃及民众的公开斗争，基督教文化与伊斯兰教传统的激烈冲突，都注定拿破仑·波拿巴在埃及的殖民统治很难达到稳定状态。再加上英国海军对法国远征军的严密封锁，英国政府与土耳其政府对法国政府的联合排挤，以及法国国内的政局动荡，最终都让拿破仑·波拿巴无心恋战。1799年，拿破仑·波拿巴扔下在埃及孤军奋战的部下，仅仅携带数百名亲卫队官兵潜回法国，参与对法国最高权力的争夺。1801年，在英国军队与土耳其军队的联合进攻之下，独木难支的法国远征军被迫向英国军队投降，并且以向英国军队交出大批从尼罗河两岸掠夺而来的古埃及文物作为确保全体官兵安全离开的代价，之后黯然登船撤出埃及。

“至此，拿破仑在埃及的军事冒险以彻底失败告终。”“法军远征埃及，前后总共只有短短三年多，但这一事件产生的影响是复杂而深远的。首先，它把埃及卷入了国际政治的旋涡，使之成为西方列强的一个角逐场。在好几百年里，埃及在世界事务中始终只起一个配角的作用，只是被当作奥斯曼帝国的一个财源和作战基地。由于拿破仑的军事行动，它突然身价大增。一直习惯于绕好望角去远东和印度贸易的英国现在开始意识到控制这一东西方交通枢纽的重要性……此后，英国又通过扶植傀儡、经济渗透来操纵埃及。而法国则不甘心在埃及的失败，千方百计卷土重来。由此引起一连串的反应，使埃及和近东成了欧洲玩弄种种阴谋手段的中心之一。”“其次，它使埃及第一次受到西方近代文明的猛烈冲击……使一向因循守旧、不求进步、也不关心外部世界文化的埃及人受到当头棒喝。当埃及的知识分子在法国人的实验室中看到那些神奇的化学反应时，他们的好奇心和求知欲被激活了。总之，与西方文化的突然接触，使埃及人从中世纪的酣睡中惊醒过来，深深意识到了与西方的巨大差距，由此开始了他们追赶西方的漫长历程。”“再次，它使埃及社会生活出现了某些有意义的变化……从拿破仑统治埃及的方式中，埃及人也依稀看到了一个完全不同于自己的世界：崇尚民主自由，秘密投票选举，禁止非自愿的奴役，工人按月领取工资，等等。由此引发了一个持续了一百多年争论不休的问题，即埃及要不要欧化？”[1]

1801年，根据法国与奥斯曼土耳其帝国签订的和约，法国军队撤出埃及。1802年，根据法国与英国签订的《亚眠和约》，英国军队撤出埃及。随着英法两国殖民军队的先后撤出，埃及重新成为奥斯曼土耳其帝国直接控制下的帝国行省。然而，无论是卷土重来的奥斯曼土耳其帝国政府，还是东山再起的马木路克贵族，在埃及早已彻底丧失民心，就连曾经参与过拿破仑·波拿巴“迪万”政务会议的埃及本土社会精英，也对奥斯曼土耳其帝国政府与马木路克贵族野蛮粗暴的暴虐统治深恶痛绝，这就为来自阿尔巴尼亚的青年军官穆罕默德·阿里（Muhammad Ali，1769－1849）的异军突起提供了千载难逢的机遇。1803年，在阿尔巴尼亚军团与土耳其近卫军的互相残杀中，穆罕默德·阿里得以升任阿尔巴尼亚军团的新头领，并且先后消灭了土耳其近卫军，驱逐了马木路克军团。1805年，穆罕默德·阿里凭借埃及长老立法会议的支持，再次驱逐了从叙利亚移驻埃及的土耳其军团，并且废黜了原来由帝国政府任命的行省总督，自行出任行省总督，要求帝国政府予以追加任命。由于土耳其军团未能打败阿尔巴尼亚军团，因而未能重新征服埃及，奥斯曼土耳其帝国苏丹最终不得不承认既成事实，任命穆罕默德·阿里为埃及行省的“帕夏”。

尽管穆罕默德·阿里在名义上依然是奥斯曼土耳其帝国任命的埃及行省总督，但他实际上已经成为埃及的最高统治者。穆罕默德·阿里就任行省总督后，首先牢牢抓住土地所有权和人事任免权。在土地所有权问题上，穆罕默德·阿里首先动用武力镇压和肃清马木路克贵族，然后将原有的马木路克贵族名下的封建领地全部收归国有，实际上绝大部分收归穆罕默德·阿里本人所有，余下的土地分封给其王室成员、军队长官、政府官吏、地方士绅等，埃及的土地所有关系由此变得相对清晰和简单，农民的负担也相应有所减轻，但最大的受益者无疑是穆罕默德·阿里家族。在人事任免权问题上，穆罕默德·阿里模仿奥斯曼土耳其帝国的行政体制，也在埃及境内划分和设立行省、专区、区等地方行政机关，所有级别的地方长官都由穆罕默德·阿里亲自任命，至于陆军和海军的司令长官职务，以及首都开罗的市

---

① 彭树智主编，雷钰、苏瑞林著：《中东国家通史·埃及卷》，第189－191页。

政长官职务，则只能由穆罕默德·阿里的男性直系子孙担任，而穆罕默德·阿里家族的其他成员也都被安排到各个高官要职的位置上去。通过家族治理国家的传统手段，穆罕默德·阿里在埃及建立起了一个新的封建王朝，也就是其统治一直持续到1952年的阿里王朝。

在穆罕默德·阿里完全掌握了埃及的行政权力、并且实现了埃及政治秩序的稳定之后。穆罕默德·阿里开始着手对埃及进行近代化改革，而他本人亲自提出的改革措施，可以被归纳为军事、工业、农业、教育等四个主要方面。①

第一，军事改革。穆罕默德·阿里的军事改革，其目的是要仿效拿破仑军队的法国军事制度，建立一支近代化的欧洲式的陆海军。在陆军方面，1820年，在法国以及其他南欧国家的军事顾问团的帮助下，穆罕默德·阿里在阿斯旺创办第一所步兵学校，以训练陆军军官，并且在首批学员毕业后，以军校毕业生为骨干，着手编练新式陆军。经过将近二十年的努力，及至19世纪30年代末，穆罕默德·阿里麾下已经拥有了23万人之众的新式陆军，成为一支数量相当可观的、足以与奥斯曼土耳其帝国相抗衡的军事力量。在海军方面，同样是在法国工程技术人员的帮助下，穆罕默德·阿里又着手建立新式海军，通过自造辅助舰只与进口先进军舰两种方式，成功建立起地中海舰队与红海舰队。虽然在1827年的海战中，由于穆罕默德·阿里不合时宜地卷入奥斯曼土耳其帝国与欧洲列强的争霸战争，埃及与土耳其的联合舰队被英国、法国、俄国的联合舰队全部歼灭，并且由此断绝了埃及进口欧洲军舰的途径，但在埃及民众艰苦卓绝的努力下，通过在亚历山大里亚建立造船厂，埃及开始重建海军。及至1839年，埃及海军已经拥有32艘各式战舰，重建了地中海与红海两支地区舰队，海军官兵员额达到15 000人，成为地中海东部海区不可忽视的海军力量。

第二，工业改革。埃及原有的工业基础并不发达，还处于工场手工业的发展阶段，而且手工业行会在各行各业有相当大的影响力。从1816年起，穆罕默德·阿里对工业产品实行政府专卖，手工业行会自此衰落，工场手工业也开始让位于大工业生产。从1818年起，穆罕默德·阿里通过引进欧洲的机器设备，开始建立起一些既服务于军队特需，又服务于民间市场的军民

① 彭树智主编，雷钰、苏瑞林著：《中东国家通史·埃及卷》，第193—196页。

两用工业。但在很大程度上，穆罕默德·阿里的工业改革，是要为其雄心勃勃的军事改革提供产业支持。正因如此，穆罕默德·阿里在发展埃及工业时，往往优先发展直接服务于国防部门的相关产业，而且在埃及政府出资建立的工矿企业中，往往也采取军事化的管理方式，将各个企业的产业工人编成排、连、营等军事单位，而产业工人在工余时间还要参加军事训练。不得不承认，这种政府出资、政府主导、具有高度军事化色彩的工业经营方式，有其迫不得已的历史背景，而且承担着富国强兵、保卫国家的历史使命，但这种几乎渗透到每一个行业的政府垄断，实际上非常不利于民间资本自发性的生长与发育，从长远来看也不利于埃及民族资本主义的发展。尽管如此，早在19世纪20年代，埃及国内已经形成了相对完整的工业部门与工业体系，而及至1840年，埃及国内的产业工人数量已经达到了26万人，虽然比起欧洲各国的产业工人队伍实在微不足道，但在地中海东岸地区已是相当可观。正是在穆罕默德·阿里统治时期，埃及开始了工业革命。

第三，农业改革。埃及原有的封建土地所有制度相当复杂，在这种错综复杂的生产关系中，失地农民要受到政府、地主还有包税人的多重盘剥。穆罕默德·阿里上台之后，通过没收马木路克贵族封建领地等方式，将埃及国内绝大多数土地收归政府所有，并且分配给无地农民耕种。与此同时，穆罕默德·阿里还废除层层剥削的包税人制度，让农民根据契约直接向政府交税。与坐享其成的马木路克贵族不同，穆罕默德·阿里及其主导下的埃及政府，致力于引进良种、兴修水利、开垦荒地。从19世纪初到19世纪50年代，埃及的耕地面积扩大了一倍。在一定程度上，由穆罕默德·阿里主持的农业改革，降低了农民的租税负担，提高了农民的劳动热情，有效缓解了埃及农民多耕地少的结构性矛盾，并且为埃及刚刚起步的资本主义工商业，提供了丰富而优质的工业原材料。

第四，教育改革。在奥斯曼土耳其帝国统治时期，埃及的教育事业主要由伊斯兰教知识分子承办，教学内容也主要偏重于宗教常识与宗教义理的传授。在埃及的近代化改革启动之后，穆罕默德·阿里深感埃及缺乏通晓近代科学技术知识的应用型人才。正因如此，穆罕默德·阿里下定决心改革国民教育体系，在政府机构中设立公共教育部，在埃及建立欧洲式的、以实用型教育为主要内容的国民教育系统。1816年，埃及出现了第一所西式工科学校。1827年，埃及出现了第一所西式医科学校。其他各个专科的学校也陆续创办，这些新式学校所培养的学员，为穆罕默德·阿里改革的逐步深入与持续推广提供了宝贵的人才储备。除了在国内培养新式人才，穆罕默德·阿里还尝试派遣出色的学生到欧洲留学深造。从1813年到1849年，埃及政府总共派出了311名公费留学生，尽管派出的留学生数量并不多，但他们为埃及带回了急需的科学技术知识，并且成为埃及民众了解西方世界的先驱。

对于穆罕默德·阿里的改革，尤其是农业改革与工业改革，有着各种各样正面或者负面的评价。1837年，英国下议院议员约翰·鲍林接受英国政府的请求与委托，前往埃及和克里特岛调查和收集当地的情况。1839年，约翰·鲍林回国之后，向英国政府呈交了一份题为《关于埃及和克里特的报告》，并在报告中对穆罕默德·阿里改革后埃及的农业与工业状况作出了自己的评价。虽然这份报告出自英国人的手笔，立场难免会倾向于英国，但由于这篇文稿是内部报告，而非公开发行的宣传册子，因此我们依然可以从中了解19世纪30年代埃及的近代化改革的成功与失败、经验与教训。

关于埃及的农业，约翰·鲍林写道："埃及的所有制情况并不清楚，界限也不分明。承包者只有土地的使用权，土地的所有权则属最高君主苏丹所有。穆罕默德·阿里掌握政权，即要求将所有的文书契约存入国库，付给这些文书契约的主人以年金。这种所有权就经常从一个人转给另一个人，代价相当于三四年的地租。土地不属于任何个人，一般是由帕夏随意赏赐。通常，农民们离开了土地，政府就把它分配给新的申请者。由于政府已成为地主，它就能划出任何面积的土地给想种植的人，条件是他们每年得交捐税(地租)。"[①]约翰·鲍林指出了一个基本的事实，即埃及原有的土地所有制是模糊而又混乱的，但在穆罕默德·阿里掌握政权之后，土地的实际所有权就被转移到帕夏(此处特指穆罕默德·阿里)手中，过去叠床架屋、层层盘剥的封建土地剥削关系，已经简化为政府和农民之间收税与交税的垂直关系。尽管我们很难对这种生产关系作出封建主义或者资本主义的定义，但毫无疑问当中的剥削环节是被大大减少了，而这对于埃及的农业发展还是有一定好处的。

① 潘光、朱威烈主编，邓新裕、陈万里等译校：《阿拉伯非洲历史文选》，华东师范大学出版社1992年版，第38页。

关于埃及的工业，约翰·鲍林则写道："阐述帕夏引进工业的尝试，很难泛泛而谈。帕夏重视实现人们要求的对外独立，不过，人们也可以怀疑这种目标是否明智。实现这个目标无论怎样令人向往，但手段却是完全无用的。假如建立各种工厂肯定能提高全国人民的道德水平，能使工人们具有更高的文化，初级的原始道路会得到平整和修理，确有明显的倾向利用资本，以最终有益的方式使用工人，假如真是如此，那么政府开始试验时所作出的牺牲就完全有理由。然而，人所皆知的是，这些试验耗费巨大，却失败了，除少数情况外，进步很有限，工厂并没有增加国家的收入。如果把同样数量的资金和动力用于农业，那收益就要大得多。事实上，在不健全的基础上投资工业，每年都造成埃及的巨大损失。"①

约翰·鲍林认为，帕夏（此处特指穆罕默德·阿里）坚持独立自主发展埃及工业的努力令人费解，因为在约翰·鲍林看来，埃及发展工业的尝试并不成功，甚至可以说是徒劳无功的。对此，我们应该有所鉴别地进行分析。诚然，在埃及发展近代工业，无疑有许多的不利条件，无论资金、技术、人才都极度匮乏。然而，如果埃及不发展近代工业，则埃及永远都只是一个传统的、落后的农业国家，难以保证自身的主权独立与领土完整。假如埃及像约翰·鲍林所说的那样，将资金和动力用于农业的话，最终受益的必然是工业国家英国。实际上，埃及在发展近代工业的过程中所遇到的重重困难，除了埃及国内的条件局限之外，与18世纪末就已遗留下来的、英法两国绕过奥斯曼土耳其帝国、迫使埃及行省签订的通商条约也有很大关系。就连约翰·鲍林自己也承认："在支付了约为3%的名义上的关税之后，外国产品就涌入国内，实际上的税收比3%还要少得多。帕夏的产品自然也只能以欧洲商品的低廉价格出售。"②英法两国当年胁迫制定的关税税则对埃及如此不利，穆罕默德·阿里要在埃及发展近代工业就更加是难上加难了。

当然，在穆罕默德·阿里改革期间，由他本人所制定的对外政策也并非毫无破绽，其中最为人所诟病之处，就是他在改革期间发动的一系列军事远征。这些军事远征缺乏清晰明确的战略意图，具有明显的以武力扩张和武装掠夺为目的的军事冒险性质。从1811年起，也就是早在穆罕默德·阿里

① 潘光、朱威烈主编，邓新裕、陈万里等译校：《阿拉伯非洲历史文选》，第40—41页。

② 同上，第41页。

启动军事改革之前，他就已经迫不及待地要扩张其家族领地。穆罕默德·阿里生前几次大规模的战争包括：1811年至1818年，应奥斯曼土耳其帝国政府的要求，出兵镇压阿拉伯半岛中部的教派起义，埃及的军事势力乘机向阿拉伯半岛渗透；1820年至1822年，出兵占领埃及以南的苏丹，并且建立起埃及对苏丹的殖民统治；1824年至1827年，又是应奥斯曼土耳其帝国政府的要求，出兵镇压希腊人民争取独立的民族起义，结果在英法俄三国的联合干涉之下，埃及陆军3万将士战死沙场，埃及海军全军覆没，远征希腊彻底成为一场闹剧；1831年至1833年，为了夺取巴勒斯坦地区和叙利亚地区，埃土两国反目成仇，但这次埃土两国的战争以埃及取得阶段性胜利而暂告平息。[①]

此后数年间，埃土两国硝烟不断，直至1840年，由英国提出倡议，英俄普奥四国在伦敦签订了集体援助土耳其苏丹对付埃及帕夏的协定。“该协定强调要保持奥斯曼帝国的完整和独立，承诺保护博斯普鲁斯和达达尼尔两海峡和伊斯坦布尔，并要求阿里承认苏丹的最高统治权。”[②]协定公布后，英国海军更加派出地中海舰队炮击亚历山大里亚，迫使穆罕默德·阿里停止在地中海东部沿海的军事行动。“阿里接受了列强的要求：承认自己是土耳其苏丹的藩臣，只保留世袭领地埃及和苏丹，埃及军队由20多万缩减到18 000人，并同意1838年的英土贸易协定适用于埃及。”“列强的武装干涉粉碎了穆罕默德·阿里建立强大的埃及帝国的梦想，同时也为以后西方国家特别是英国在埃及的经济扩张准备了条件。1841年以后，表面上埃及对土耳其政府的依附性加强了，而实际上是土耳其政府失去了埃及，它整个地转到了英国势力影响之下。”[③]

1841年2月13日，奥斯曼土耳其帝国素丹给穆罕默德·阿里颁发敕令：“在前已颁发的敕令中，朕已同意你世袭埃及总督之职，但附有某些条件和一定限制。除此之外，朕还授权你治理努比亚、达尔富尔、科尔多凡和塞纳尔诸省及其所属地区，即在埃及境外的上述各省的邻接地区，但无世袭之

① 彭树智主编，雷钰、苏瑞林著：《中东国家通史·埃及卷》，第197—200页。

② 同上，第200页。

③ 同上，第200页。

权。"[①]1841 年 6 月 1 日，奥斯曼土耳其帝国苏丹再次给穆罕默德·阿里颁发敕令："从今以后，如埃及总督之位出缺，当由你子孙中直系男性按年龄长幼之序继承之。他们的任命将由朝廷作出。一旦天意断绝你族之男系，朝廷将埃及总督之职授予其他人时，埃及总督之女所生男性后嗣将无权继承总督之位，也无合法的资格要求继承。虽然埃及总督取得世袭特权，但就地位高低而言，仍应与其他大臣完全相等，与朝廷其他大臣待遇也相同，在公文往来时所用称呼也都一视同仁……上述每项条件均系附加于世袭特权，如其中任何一条未被执行，世袭特权则应立即废止。"[②]

从 1811 年到 1841 年，历经 30 年的对外征战、对外扩张，穆罕默德·阿里的埃及帝国几乎在一夜之间退回到原点。我们认为，真正导致穆罕默德·阿里改革中途夭折的并不是所谓的"在不健全的基础上投资工业"(约翰·鲍林语)，而恰恰正是穆罕默德·阿里本人所热衷的、穷兵黩武的对外扩张，正是在这种以扩展家族封建领地为目的、带有前资本主义性质的盲目扩张中，穆罕默德·阿里耗尽了埃及经年累月积蓄起来的国力，最终让埃及重新回到既是奥斯曼土耳其帝国的半附属地、又是英法两国的半殖民地的尴尬地位。

最后，我们援引国内学者哈全安先生的文字，作为对穆罕默德·阿里改革的总体概括与总体评价。"穆罕默德·阿里当政期间，埃及历史的核心内容在于权力结构和财富分配原则的重新调整。穆罕默德·阿里家族政权的建立，标志着尼罗河流域开始摆脱长期依附于奥斯曼帝国苏丹的状态，初步奠定埃及作为现代民族国家的历史基础。穆罕默德·阿里家族取代奥斯曼帝国素丹、马木路克、土著乡绅贵族和欧莱玛诸多传统阶层而成为尼罗河流域最高的统治者和最大的财富拥有者，包括官僚化和国有化在内的诸多新政举措则是穆罕默德·阿里家族强化极权政治和追求财富的重要手段。尤其需要注意的是，穆罕默德·阿里与马木路克统治者尽管同样具有聚敛财富和占有货币的强烈需求，然而两者聚敛财富和占有货币的方式迥然不同。马木路克时代，埃及作为奥斯曼帝国的行省，沿袭传统的经济模式，经济生活处于相对封闭的状态。马木路克统治者将尽可能多的赋税强加于农民，

① 潘光、朱威烈主编，邓新裕、陈万里等译校：《阿拉伯非洲历史文选》，第 42 页。

② 同上，第 43—44 页。

赋税名目往往多达数十种，尤其是包税制泛滥成灾，农民不堪重负，经济凋敝。穆罕默德·阿里当政期间，埃及俨然成为穆罕默德·阿里家族的私人庄园；国家对于生产领域的超经济干预，加速了埃及农业生产的市场化进程和现代工业的萌生，促使埃及逐渐告别传统的经济模式，形成与欧洲诸国之间广泛的经济交往，进而开始融入资本主义市场体系。”①

3. 俄国农奴制改革：步履蹒跚

自从拿破仑帝国于1815年倾覆以来，在反法同盟当中兵员人数最多、军队规模最大的俄罗斯帝国，就当之无愧地成为了欧洲大陆第一强国，并且当仁不让地成为了俄罗斯、普鲁士、奥地利三国“神圣同盟”的盟主，并作为欧洲大陆封建势力的总代表和“欧洲宪兵”，在欧洲大陆到处镇压民主革命。然而，俄罗斯帝国在欧洲大陆的政治军事优势仅仅是暂时的，由于缺乏雄厚的经济与科技实力、先进的政治与经济制度的支撑，俄罗斯帝国其实是一个外强中干、色厉内荏的帝国。当时中欧与西欧的四大列强，即普、奥、英、法四国，早已走上了资本主义高速发展的道路，而俄国由于受到落后的农奴制度的拖累，还停留在资本主义萌芽的阶段，与中欧西欧四大列强的发展程度越拉越远。而且，随着欧洲各国外交关系的分化组合，不仅在“神圣同盟”外部，围绕着黑海海峡的控制权问题，英法两国试图挑战俄罗斯帝国在地中海东部的霸权地位，而且在“神圣同盟”内部，围绕着巴尔干半岛的势力范围与利益分配，俄罗斯帝国与奥地利帝国的利害冲突也日益突显，而普鲁士王国与俄罗斯帝国也早已是离心离德。在当时，俄罗斯帝国的欧洲霸主地位已是摇摇欲坠，但俄罗斯帝国的统治集团却还沉醉在“神圣同盟”盟主的迷梦之中，对迫在眉睫的全面危机懵然不觉。

1853年初，俄罗斯政府向英奥两国政府提出瓜分土耳其，被英奥两国断然拒绝，又向土耳其政府提出，对奥斯曼土耳其帝国境内（包括土耳其本土以及其中东殖民地）的东正教徒有保护权，又被土耳其政府拒绝，俄罗斯海军马上前往黑海海峡进行武装挑衅。1853年10月，在俄罗斯帝国咄咄逼人的外交施压与军事恫吓之下，俄土战争再次爆发。装备落后、武备废弛的土耳其军队独木难支，迅速被俄罗斯军队击败，黑海海峡乃至整个地中海东部

① 哈全安著：《中东史（610—2000）》，天津人民出版社2010年版，第503页。

的控制权随时可能落入俄罗斯帝国手中。1854 年上半年,英法两国与见风使舵的奥地利帝国先后向俄罗斯帝国宣战。1854 年 9 月,英法两国联合舰队以及英法两国的登陆部队陆续投入战斗,开始围攻黑海北岸克里木半岛上的塞瓦斯托波尔要塞,受到重重围困的俄罗斯军队开始陷入全线崩溃的绝境。1855 年 2 月,沙皇尼古拉一世因为心力交瘁而服毒自尽,皇储亚历山大临危受命,继任沙皇,被称为亚历山大二世。1855 年 9 月,已经被围困一年之久的塞瓦斯托波尔要塞终于被英法联军攻陷,"俄国的南大门"由此彻底洞开。1855 年 12 月,俄罗斯帝国在"神圣同盟"中的所谓盟友、首鼠两端的奥地利帝国乘机落井下石,要求俄罗斯帝国完全退出黑海海域和多瑙河流域,俄罗斯帝国在外交上完全陷入孤立。1856 年 3 月,俄罗斯帝国与英法奥三国在巴黎签订和约。"根据和约,俄国被迫让出多瑙河三角洲,把比萨拉比亚南部归还给摩尔多瓦;取消俄国对土耳其属下的东正教臣民的保护;黑海中立化,禁止外国军舰通过海峡;禁止俄国在黑海保有海军;俄国把卡尔斯交还给土耳其以换取塞瓦斯托波尔和其他被占领的城市。"[①]《巴黎和约》把俄国完全封锁在黑海海峡之内,甚至剥夺了俄国通过保留海军以保卫南部海疆的基本权利。对于俄国来说,《巴黎和约》完全是一个丧师失地又丧权辱国的不平等条约。

在近代民族国家之间的国际关系史上,某国对外战争的失败,往往意味着该国在政治经济制度等各个方面的全面失败。正因如此,一场失败的对外战争,则往往会引起人们对现存制度的反思和检讨,乃至最终引发制度性的改革。"俄国在克里木战争中的惨败是俄国在经济、政治和军事等方面落后的结果,充分暴露了俄国专制制度和农奴制度的腐败。不仅俄国军队在武器装备、军事训练、作战方针方面大大落后于英法联军,而且它落后的经济状态拖了俄国军队的后腿。战争时期,俄国因为缺少铁路,调动军队和给养都要花上数月的时间。在塞瓦斯托波尔保卫战中,俄国海军只能以木帆船对阵英法的铁甲舰。"[②]通过在战场上的较量,俄罗斯帝国严重落后于西方的客观现实,已经是充分暴露并且显而易见,一场姗姗来迟的制度性改革终于初现曙光。

---

① 张建华著:《俄国史》,人民出版社 2004 年版,第 106 页。

② 同上,第 106 页。

1856年4月11日(俄历3月30日),沙皇亚历山大二世在向莫斯科省贵族代表发言时说道:“农民和他们的地主之间存在着敌对情绪,不幸的是由于这种敌对情绪,发生了一些不服地主管束的事情。我深信,我们迟早会解决这个问题。我想,诸位是同意我的意见的,因而从上面解决要比由下面解决好得多。”①沙皇亚历山大二世希望,政治上通过自上而下的人身解放,让俄国的农奴取得一定程度的人身自由,以促进自由资本主义在俄国的发展,经济上通过农奴对地主土地的和平赎买,让俄国的土地所有权分散化,在俄国人为扶植一个自耕农阶层,以改变俄国农业的经营方式,使之与自由资本主义的发展彼此匹配。一言以蔽之,沙皇亚历山大二世希望让俄国走上“普鲁士道路”,顺利地从封建农奴制度向资本主义制度转型,最终成为发达的资本主义国家。

1861年3月3日(俄历2月19日),沙皇亚历山大二世签署了《解放宣言》(以下简称为《宣言》)和《关于农民脱离农奴依附关系的总法令》(以下简称为《总法令》);1861年3月17日(俄历3月5日),《宣言》和《总法令》被正式颁布,俄国的农奴制改革正式拉开帷幕。“《宣言》强调解放农奴是贵族的历史性功绩,是他们自愿放弃迄今拥有的权利的慷慨举动,农民对此应表感激之情,忠诚地履行对地主的义务。《总法令》的序言阐述了农民改革的以下主要原则。自法令公布之日起,农民获得人身自由,政府宣布他们为‘自由农村居民’,享有公民权利,地主无权买卖、赠送和抵押农民,农民可以购买动产和不动产,可以从事工商业活动,可以签订有法律效力的契约,可以自由缔结婚约,可以独立进行诉讼,可以自由迁徙,可以转为市民或商人等级,可以参加乡村自治机构;保留地主所属全部土地的所有权,但地主必须分给农民永久使用的宅园地和耕种份地;农民因获得份地必须承担劳役和缴纳代役租,至少在9年内无权拒绝份地,否则地主将丧失劳动力和现金收入;份地的大小和义务的多少应当在契约文据中作出规定,起草契约文据的工作由地主负责以两年为限,监督契约文据的执行由省政府在地方贵族中任命的公社调解吏负责;在有村社的地方,契约文据不同个别农民签订,而是同村社签订,以连环保制度保证农民履行对国家和地主的义务;未经村社

① 刘祖熙著:《改革和革命——俄国现代化研究(1861—1917)》,北京大学出版社2001年版,第15页。

同意，农民不得擅自离开农村；农民有权通过赎买把宅园地和份地归于私有，但必须经地主同意，当地主要求赎买时，农民无权拒绝，赎地也不是由个人进行，而是由村社进行，在签订赎买契约前，农民对地主负有'暂时义务'，称'暂时义务农'，只有在签订契约后，才是'自主农'。不难看出，上述原则是保持封建关系的地主保守派方案和资产阶级自由派方案的妥协，既废除了农奴制，又保持了封建土地所有制和农民的封建义务，既宣布农民获得人身自由，又限制农民离开农村。这些原则互相矛盾，既有利于资本主义的发展，又妨碍了资本主义的发展。"①

总体而言，在1861年俄国农奴制改革当中，关于土地赎买的规定，对俄国的广大农奴非常不公平。首先，在地主与农奴签订的土地赎买契约中，关于土地是否赎买，以及土地如何赎买，主动权完全操纵在贵族地主阶层手中，农奴只能被动地接受地主开出的条件，没有任何讨价还价的余地，实际上是被政府和地主套上了沉重的经济枷锁。其次，凡是在有村社的地方（在俄国，村社组织的分布极为广泛），农民辛苦赎买得来的土地，并不直接划归农民个人所有，而是由村社代为支配，而村社为了迫使村社农民承担赎买义务，对村社农民实行连环担保制度，实际上是让村社组织承担起控制村社农民的社会监视功能。最后，由于在完成土地赎买义务之前，村社农民不得离开村社，而赎买期限又往往长达半个世纪，因此所谓的"自由农村居民"，实际上只是一个有名无实的空头称号。在1861年俄国农奴制改革之后的几十年间，俄国的农民既没有真正的人身自由，又没有完整的财产权利。由于发展资本主义经济的两大关键性前提条件都未完全具备，因此在俄国资本主义发展依然是困难重重。

对于1861年俄国农奴制改革这种内在的保守性，曾经有西方学者作出过言简意赅而深入浅出的总结："经过漫长而迟缓的准备，农奴制被正式废除。农奴们大声朗读沙皇的声明，宣告他们成为'自由公民'。这是一个历史性的时刻。至少在原则上，农奴们突然获得了自由，这是几个世纪以来封建制度一直拒绝给予他们的权利：包括拥有私有财产的权利、自由安排工作的权利、享有正当程序而公正的司法权。这些主要是象征性的公民权利。在当时的社会，沙皇做出改革的决定，更多是为了保持俄国的地位，却并不

① 刘祖熙著：《改革和革命——俄国现代化研究(1861—1917)》，第19—20页。

鼓励创造一种西方模式的国民社会。"就改革的根本目的而言，引发1861年俄国农奴制改革的首要动机，可能是出于军事上的目的，其次才是政治上或者经济上的目的。"现代战争对人力的需求也日益成为一个重要因素。沙皇军队却仍旧建立在封建的征募新兵体系之上，近来的军事溃败也残酷地证实了军队需要招募每个公民的权力。沙皇戏剧性地给予所有人平等的公民权，其首要目的就是要保卫俄国。"[①]如果1861年俄国农奴制改革仅仅是对克里木战争战败的条件反射式的被动反应，那么也就不难理解，为什么在改革总法令的执行过程中，许多改革措施会半途而废或者浅尝辄止了。

总体而言，在1861年俄国农奴制改革中，俄国农奴获得的所谓"自由公民权利"的确是历史性的，但在更大程度上则是原则性的、象征性的，且不论农奴人身自由权利与财产自由权利的获得，要以有偿赎买为前提，仅仅是村社制度的存在，就足以抵消农奴制改革的仅有成果。更有甚者，1861年俄国农奴制改革，主要是一场社会层面的经济改革，而且尽量避免任何涉及政府层面的政治改革。值得注意的是，早在1812年，亚历山大二世的老师、大臣斯佩兰斯基，就曾经因为推行政治改革而身败名裂，从中可见罗曼诺夫王朝历代君主对待政治改革的态度。归根到底，作为"改革者"和"解放者"出现在俄国历史舞台上的亚历山大二世，根本不容许人们对沙皇专制制度作出任何怀疑与非议，更加不要说改变沙皇专制制度了。1861年俄国农奴制改革未能完成的历史任务，只能留待1906年的斯托雷平改革，乃至1917年的二月革命与十月革命来完成。

4. 日本明治维新：脱亚入欧

从公元1603年，德川家康被天皇任命为征夷大将军(由于将军的政厅被称为幕府，所以征夷大将军又被称为幕府将军，通常被简称为将军)时起，直至19世纪中叶，日本一直处于德川幕府(因为其驻地位于远离京都的江户，因此又被称为江户幕府)的等级封建统治之下。与中国乃至东亚其他国家的专制主义中央集权制度相比，日本的政府统治制度具有两个非常鲜明的特色。首先是在中央层面，存在着天皇与将军两个最高权力中心，天皇是名义上的最高统治者，而将军则是实质上的最高统治者。或者说，没有掌握

① (意)安东尼拉·萨洛莫尼著，卡佳、吉娜、文娟译：《列宁与俄国革命》，生活·读书·新知三联书店2006年版，第4—5页。

实际权力的天皇，如同宗教领袖，掌握实际权力的将军，则是世俗领袖。这种名实分离的统治体制，与盛行于欧洲大陆的教皇与皇帝之间的二元政治不尽相同，但却也有共通之处。其次是在中央与地方之间，并不实行中国式的中央至地方的层级官僚制度，而是实行欧洲式地保留了封君封臣关系的等级领主制度。在将军与大名（也就是诸侯）之间，尽管存在着领地分封的关系，尽管将军也要求大名遵守法度、拆除城堡、呈报婚姻、参觐交代、交纳人质，但大名在自己的领地内还是保留了很大的独立性，而且除非大名正面挑战将军的统治权威，以致发生战争，否则大名对领地的世袭统治权也不可以随便被将军改易。正因如此，近代时期的日本，在东亚地区可谓特立独行的异类，反而与欧洲式的封建社会更为接近。

同样，从德川家康就任征夷大将军以来，为了巩固德川政权对整个日本的家族式统治，德川幕府对任何外来影响严加防范，一改织田信长和丰臣秀吉统治时期对外打开国门的开放态度，转而奉行严格的闭关锁国政策，仅仅保留九州岛上的长崎作为对外通商口岸。值得注意的是，德川幕府的闭关锁国政策，尽管与中国明清两代的海禁政策在形式上颇为类似，就连一口通商也跟清朝如出一辙（鸦片战争以前，清朝唯一的对外通商口岸是广州），但在程度上却有很大不同。由于日本民族向来有虚心学习外来文化的传统，因此即使是在闭关锁国政策期间，被称为兰学（最初特指荷兰人带来的学问，后来泛指来自所有西方国家的学问）的西方学术，也依然能够在日本的民间社会广泛传播。不过同样值得注意的是，尽管岛国上的日本民众普遍对外洋事物与外部世界充满好奇心，但德川幕府始终对外来思想与外来势力充满戒备心，依然顽固地采取闭关锁国、闭目塞听、抱残守缺的消极态度。然而，这种故步自封的心态，只不过是自欺欺人的鸵鸟政策而已，必将被残酷的现实所击碎。

如果说德川幕府代表了日本国内相对保守的政治势力，那么地方诸侯尤其是西南诸藩却代表了日本国内相对开放或者相对开明的政治势力。与幕府恰成对照，西南诸藩由于靠近日本当时唯一的对外通商口岸长崎（位于肥前藩境内，肥前藩又被称为佐贺藩），深知对外贸易的好处，因此对外来事物与外来文明抱持更为开放的态度。值得注意的是，由于西南诸藩肩负着防范外国入侵的首要任务（日本人把从西南方向的海面上航行而来的西方人统称为南蛮），因此西南诸藩在武器性能、装备水平、动员能力等方面一直位居日本前列。而且，由于西南诸藩普遍擅长制造、改装、使用从西方传入的火枪和火炮，因此西南诸藩早就在军事上积累了一定的技术优势。同样值得注意的是，在西南诸藩当中，又以萨摩、长州、土佐、肥前四藩最为强大，而在这四藩当中，除了四国岛上的土佐藩（山内家）是与德川幕府较为亲近的谱代大名之外，本州岛上的长州藩（毛利家）、九州岛上的萨摩藩（岛津家）与肥前藩（锅岛家）都是与德川幕府较为疏远的外样大名，其中萨摩藩（岛津家）与长州藩（毛利家）甚至与德川幕府有过由于改封或者减封领地而造成的世仇宿怨。正因为如此，明治维新前夕的幕藩对立，除了有现实因素之外，还有着深厚的历史背景。

1853 年 6 月，美国海军东印度舰队司令佩里（Perry，1794－1858）率领四艘军舰强行驶入日本的浦贺港，佩里代表美国总统向德川幕府呈递国书，要求日本开放通商口岸，德川幕府方面并未给予正面回应，仅仅表示来年再作回复。由于佩里舰队的军舰都被漆成黑色，因此在日本近代史上，佩里舰队的武装访问被称为"黑船来航"，也是日本近代历史上的"第一次开国"。

1854 年 1 月，佩里再次率领美国海军舰队来到日本，进一步对德川幕府施加压力，面对变局束手无策的德川幕府，被迫与佩里展开外交谈判。1854 年 3 月，德川幕府的重臣们在已经向天皇禀告、但尚未得到天皇敕许的情况下（孝明天皇对签订条约持反对态度），擅自与美国政府签订《日美亲善条约》（因为双方接洽与谈判的地点深入日本内地神奈川，又被称为《神奈川条约》）。"条约全文共十二条，这是日本和外国缔结的最初的近代条约。根据这个条约，幕府规定：（1）下田即时开港，箱馆从翌年三月开港（第二条）；（2）现今美国未被允许的条件，如果许诺给他国人，美国人可不经交涉，也同样可以享受，即最惠国待遇（第九条）；（3）关于领事的驻留等等。"[①]在《日美亲善条约》中，最为引人注目的条款是"片面最惠国待遇"，这意味着在美国打开日本国门之后，如果德川幕府给予其他西方国家任何优惠条件，美国也可以一体均沾。此后，德川幕府又陆续与俄国、英国、荷兰签订了类似的不平等亲善条约。

1858 年 6 月，根据《日美亲善条约》得以在日本驻留的美国领事，又向德

---

① （日）安冈昭男著，林和生、李心纯译：《日本近代史》，中国社会科学出版社 1996 年版，第 5 页。

川幕府提出订立通商条约的要求。由于美国领事的态度极为强硬，方寸大乱的德川幕府重臣们再次在已经向天皇禀告、但尚未得到天皇敕许的情况下（孝明天皇再次对签订条约持反对态度），擅自与美国政府签订《日美友好通商条约及贸易章程》。该条约及章程规定："（1）公使在江户的驻留权和日本国内的旅行权等。（2）除既定开港的神奈川、下田、箱馆以外，再开长崎、新潟、兵库诸港，并在江户、大阪开市。两国商人的自由贸易及其居留地的设定。（3）治外法权。（4）单方面的协定税率制。（5）货币同种同量的通用。（6）美国人的信教自由，等等。在贸易章程中，日本输出品的关税全部定为按价税5%，输入品中除若干品种为5%，酒类为35%外，全部定为20%。"① 在《日美友好通商条约及贸易章程》中，最为引人注目的条款是"治外法权"与"协定关税"，日本的司法主权与关税主权由此遭到极大损害。此后，德川幕府又陆续与荷兰、俄国、英国、法国签订了类似的不平等通商条约。

无论是1854年的《日美亲善条约》，还是1858年的《日美友好通商条约及贸易章程》，孝明天皇（1831－1866）都没有予以敕许，尽管孝明天皇拒绝签署条约，主要是出于盲目抗拒外来势力的排外情绪，而非出于对现实状况的清醒判断与理性考虑，但恰好也由于孝明天皇拒绝签署条约的坚决举动，让京都朝廷赢得了维护国权、抵御外侮的"大义名分"。反过来也可以说，德川幕府是在违抗天皇旨意的情况下，自作主张地与外国政府签订了不平等条约，这不仅让德川幕府背上了欺君犯上、丧权辱国的骂名，而且极大地动摇了德川幕府凌驾于地方诸侯之上的统治权威。1861年，为了挽回德川幕府江河日下的政治声望，德川幕府的重臣们提出"公武合体"（公家为朝廷，武家为幕府，两股势力在政治上合为一体）的政治口号，极力促成孝明天皇的妹妹与幕府将军德川家茂（1846－1866）的联姻。德川幕府鼓吹"公武合体"的根本目的是，借助京都朝廷的权威，压制地方上的反对势力。尽管出于传统习俗与现实需要，孝明天皇本人并不反对皇室成员与幕府将军的联姻，但在幕府权威已经从根本上动摇的情势下，德川幕府主导的"公武合体"只不过是镜花水月，转眼之间就淹没在地方诸侯主导的"尊王攘夷"运动的滚滚洪流之中。

"尊王攘夷"是普遍流行于西南诸藩中下级武士与德川幕府的"公武合

① （日）安冈昭男著，林和生、李心纯译：《日本近代史》，第13页。

体"分庭抗礼的政治思想当中的。所谓"尊王攘夷",顾名思义,就是尊奉君主的权威、抵御外敌的入侵。只从字面意思上,人们几乎看不出"尊王攘夷"这个政治口号包含了多少反对幕府的含义,因为就连德川幕府的亲藩水户藩也曾经倡导过"尊王攘夷"。但在"黑船叩关"的历史背景下,"尊王"也好,"攘夷"也罢,实际上都是把矛头对准未经天皇敕许就私自与外国政府签订不平等条约的德川幕府。正因如此,从"尊王"和"攘夷"到"讨幕"几乎是顺理成章的政治逻辑,而且"攘夷派"后来也果然转变为"讨幕派"。但耐人寻味的是,这一场最初以"尊王攘夷"为号召的政治运动,最终却演变为一场以全盘学习西方为目的的激进政治改革,而造成这种戏剧性转变的转折点,则是发生于 1863 年的"萨英战争"与"下关战争"。

所谓"萨英战争",是指萨摩藩与英国之间的武装冲突。1862 年 8 月,出于盲目排外的非理性情绪,萨摩藩的藩士在横滨生麦村的官道上,攻击了四名未能及时为萨摩藩主的仪仗队列让路的英国商人,当场砍死一人,砍伤二人,史称"生麦事件"。事后德川幕府向受害者及其家属支付了赔偿金与抚恤金,但萨摩藩却始终拒绝就此事道歉。1863 年 7 月间,英国海军舰艇驶入鹿儿岛湾,直逼萨摩藩的主城鹿儿岛城,萨英双方互相炮击,一开始双方几乎打成平手,但最终以萨摩藩的战败而宣告结束。所谓的"下关战争",则是指长州藩与英法美荷四国之间的武装冲突。1863 年 5 月,长州藩的藩兵炮击通过下关海峡的外国舰船,美国、法国、荷兰的舰船先后受到炮击。1863 年 7 月,美国舰队与法国舰队先后炮击下关,但未获得任何战果;1864 年 8 月,英国、法国、美国、荷兰四国联合舰队炮击下关,海军陆战队登陆并且占领了下关炮台,战争同样以长州藩的战败而告终。

但值得注意的是,无论是在"萨英战争"还是在"下关战争"中,萨摩藩与长州藩的藩兵都并非不堪一击。通过利用在藩政改革中初步建立起来的准近代化军事力量,萨摩藩与长州藩的藩兵先后对英国海军及其海军陆战队攻击并造成重大伤亡(在萨英战争中,英国军队的伤亡人数甚至大于萨摩军队的伤亡人数),让在刚刚结束的对中国的两次鸦片战争中轻易得手而骄傲轻敌的英国军队吃尽了苦头。英国军队从此对萨摩藩与长州藩的军事实力与战斗意志刮目相看,并且由此改变对萨摩藩与长州藩的敌对态度,开始疏远德川幕府而亲近西南诸藩。而耐人寻味的是,同样是在"萨英战争"与"下关战争"之后,在萨摩藩与长州藩中,本来极端排外的"尊王攘夷"分子,也充分认识到日本与英国之间巨大的实力差距，不仅转而与英国政府握手言和，而且毫不避讳地以英国为其虚心学习的模仿对象，认为虚心向西方学习才是有效抵御外侮的良方，“攘夷派”由此极端戏剧性地转变为“讨幕派”。此后，在日本一度出现了英国政府支持西南诸藩，而法国政府支持德川幕府的错综复杂的外交局面。

不过，西南诸藩尤其是萨摩藩与长州藩最初并未站在同一战线。由于在1864年，萨摩藩曾经参与过德川幕府发动的第一次征伐长州的战争，因此萨摩藩与长州藩存在着很深的成见与芥蒂。1866年1月，在出身于土佐藩的浪人坂本龙马（1835－1867）的奔走串联之下，萨摩藩的代表西乡隆盛（1827－1877）与长州藩的代表木户孝允（1833－1877）才终于在京都的藩邸秘密会晤，双方达成共同进退的秘密条约。因此在1866年，当德川幕府发动第二次征伐长州的战争时，由于萨摩藩出兵不出力，征长战争最终以幕府军队的全面败退而告结束，萨摩藩与长州藩自此成为“讨幕派”的巩固基地。

1866年，幕府将军德川家茂与孝明天皇先后去世，这预示着政治局面的巨大变动。在幕府方面，德川家茂是一位比较有政治决断能力与军事指挥能力的将军，尽管他两次征伐长州都以失败而告终，但在幕府与朝廷的政治角力中却很少落于下风。在德川家茂英年早逝之后，继任者是出身于水户藩（水户藩以其深厚的儒学传承而被称为“水户黄门”，典故出自中国汉代主讲经学的黄门侍郎）、深受儒家哲学熏染，同时也曾经是“尊王攘夷”提倡者之一的德川庆喜（1838－1913）。作为幕府将军，德川庆喜的政治性格较为优柔寡断，总是在效忠朝廷与守护幕府之间陷入两难境地，他也力图改革幕政、振兴国家，但又缺乏力挽狂澜于既倒的能力、手段与机遇。在朝廷方面，孝明天皇与德川幕府尽管在开国与否的问题上有过矛盾，但实际上孝明天皇是出于其传统观念与保守思维而反对开国的，而且他并不反对天皇与将军并立的二元政治体制。在孝明天皇离奇去世（其死因可能为暗杀）后，即位者是强烈反对幕府统治体制并且决意实行政治改革的明治天皇（1852－1912），而朝廷当中的关键位置也由以岩仓具视（1825－1883）与三条实美（1837－1891）为首的讨幕派公卿掌握。此后，幕府在与朝廷的权力斗争中更加趋于被动。

1867年7月，作为西南诸藩联络人与维新志士启蒙者的坂本龙马，在经长崎到京都的海船上，拟定了关于未来新政体的构想，被后世人称为“船中八策”。“其纲领为:(1)大政奉还,政令归朝廷;(2)设置上下议政局,万机决于公议;(3)录用人才,裁减冗官;(4)和外国的交际,要基于公议订立最合理的规约;(5)折中自古以来的律令,撰定永远的大典;(6)扩充海军;(7)设置亲兵守卫帝都;(8)使金银货和物价与外国平衡等八条。这是一个模仿西洋议会政治的中央集权体制的构想,即把政权归于朝廷,使国政一元化,采用二院制的公议政体案,这个构想案成为后来明治政府政体书的出发点。”[①]按照坂本龙马“船中八策”所构想的蓝图,日本将会成为一个实行君主立宪的议会制民主国家。但在当时,讨幕派却只是把“大政奉还”视为首要的斗争目标,而把建立“公议政体”搁置一旁。

1867年7月,坂本龙马抵达京都后,继续奔走串联,终于促成萨摩藩与长州藩的代表再次举行会面,会上达成了“王制复古”的共识。“席上达成的协定的‘主旨’是:(1)匡正国体,不耻于面向万世万国,此乃第一义;(2)‘王制复古宜审察宇内之形势以参酌匡正’;(3)‘国无二帝,家无二主,政刑惟归于一君’;(4)‘设将军职以掌权柄,此乃天地间前所未有之理也,宜归于侯列,应以翼载为主’(大久保利通手抄)。协定把德川氏置于诸侯之列,使用了‘王制复古’一语。”“萨摩藩和长州藩已结成武力讨幕的战线,但同时又接纳了土佐藩以和平方式解决问题的意见而订立了盟约,从而建立了以和战两手来应付政局变化的势态。”[②]至此,“大政奉还”(将政治权力奉还给天皇)与“王政复古”(恢复天皇亲政的古老制度)成为讨幕派的政治斗争目标。

1867年10月,在朝廷向西南诸藩发出“讨幕密敕”(敕令的真伪至今仍有争议)之后,深知对手已取得“大义名分”(政治合法性)的幕府将军德川庆喜主动提出“大政奉还”,将主要的政治权力从幕府移交到朝廷手中,由于主张和平变革的土佐藩主尽力居中斡旋,朝廷也取消了之前发布的“讨幕密敕”,德川幕府暂时保住了部分政治特权,萨摩藩与长州藩对土佐藩妥协折中换来的结果感到不满;1868年1月,以萨摩藩与长州藩为主的讨幕派发动宫廷政变,入主朝廷,进而假借朝廷的名义发布“王政复古”大号令,公开宣布废除幕府,并且勒令幕府将军德川庆喜辞去官职、交出领地。萨摩藩与长州藩对德川幕府的步步进逼,终于引发了朝廷与幕府之间的“戊辰战争”

---

① (日)安冈昭男著,林和生、李心纯译:《日本近代史》,第95—96页。

② 同上,第96页。

(1868—1869)。

1868 年 1 月,幕府将军德川庆喜亲自坐镇大阪,指挥 15 000 幕府军进攻京都,与之对阵的是 5 000 讨幕军(又被称为官军)。尽管幕府军在人数上占据绝对优势,而且也装备了相当数量的洋枪洋炮(德川幕府主要依靠法国顾问进行军事改革),但由于德川幕府的近代化军事改革并不彻底,军官团成员依然由缺乏近代军事常识的传统武士充任,因此幕府军的训练水平很低,作战方式也很落后。由于萨摩藩和长州藩的近代化军事改革相当彻底,讨幕军的装备水平和训练水平都比幕府军要高出许多。在京都郊外的伏见和鸟羽,幕府军的两路主力先后被讨幕军打败,德川庆喜及其主要家臣丢下溃退的部队,慌忙从大阪乘坐海船逃回江户,此后讨幕军从关西追击到关东,日益逼近江户。1868 年 5 月,德川幕府派出胜海舟(1823—1899)与讨幕军(官军)代表西乡隆盛举行和谈,双方达成协议,最终实现江户"无血开城"(交战双方和平移交城市),德川庆喜以乱臣贼子的身份,被迫引退。也就是在 1868 年,明治天皇亲自诏示:"自今起江户称呼变为东京",为明治天皇迁都东京奠定了基础。及至 1869 年 6 月,随着幕府军在北海道的残余势力被讨幕军肃清,戊辰战争也以讨幕派的胜利而宣告结束,从而为明治维新的全面铺开扫清了道路。

1868 年 3 月 14 日,早在戊辰战争的初始阶段,明治天皇就发布了著名的"五条誓文"(又被称为五条誓约),其内容包括:"一、广兴会议,万机决于公论;二、上下一心,大展经纶;三、公卿与武家同心,以至于庶民,须使各遂其志,人心不倦;四、破历来之陋习,立基于天地之公道;五、求知识于世界,大振皇基。"[①]明治天皇发布的"五条誓文",可以被视为明治政府日后施政的政治纲领。在"五条誓文"中,我们仿佛可见坂本龙马在"船中八策"中提出的建立"模仿西洋议会政治的中央集权体制"的初步构想。然而,"五条誓文"中的"广兴会议,万机决于公论",比起"船中八策"中的"设置上下议政局,万机决于公议",要更加模糊不清。而且,在后来的政治实践中,所谓"广兴会议"更是被功成名就、志得意满的讨幕派(维新派)肆意歪曲,变成由功臣宿将、元老重臣组成的统治集团内部的小圈子会议决策模式。此后,日本进入"有司专制"(官僚政客垄断政治权力)时期,最终在民间引发以争取实

① 王仲涛、汤重南著:《日本史》,人民出版社 2004 年版,第 201—202 页。

现民主宪政为目标的“自由民权运动”。

如果说，“五条誓文”仅仅是大致的政治纲领，那么，明治政府在明治维新当中所采取的具体政策，则主要包括版籍奉还、废藩置县、太政官制、四民平等、家禄奉还、秩禄处分、富国强兵、殖产兴业、文明开化等几个方面。其中，富国强兵、殖产兴业、文明开化更被定义为明治政府的三大纲领。[①]

一、版籍奉还、废藩置县、太政官制可被归结为政治改革。1869年，在戊辰战争中大获全胜的萨摩、长州、土佐、肥前(佐贺)西南四大强藩，主动向朝廷提出“版籍奉还”，将本藩领地完全奉还给中央政府，原来的藩主只担任“藩知事”。在四大强藩的示范与威压之下，关西各藩与关东各藩都只能被动跟随，而在个别发生骚动的藩，则由萨摩、长州、土佐三藩联合出兵，以武力血腥镇压。1871年，同样是在西南四大强藩的武力支持下，中央政府断然实行“废藩置县”，将各藩改为国家地方行政区划的县(相当于中国的省)，在大阪等个别大城市单独设置直接隶属中央的府(相当于中国的直辖市)。至此，各藩的地方行政权力完全被回收到中央政府手中。与此同时，在中央政府层面，实行了太政官制改革，出身于西南四大强藩的维新派武士，由此得以进入中央政府，并可出任可被天皇任免的太政官，逐步取代了世袭公卿在中央与世袭藩主在地方的政治权力，也逐步形成了明治天皇最为倚重的维新派官僚政客统治集团。

二、四民平等、家禄奉还、秩禄处分可被归结为社会改革。1871年，明治政府宣布废除士、农、工、商与贱民(秽多、非人)的分野，原本的平民也有了取立姓氏的权利，原本的武士则被剥夺了携带刀具的特权，平民家庭与武士家庭之间也可以彼此通婚。与此同时，明治政府又仿照西方的惯例、结合日本的国情，制定了新的贵族制度，天皇家被称为皇族，公卿家被称为华族，武士家被称为士族。然而，由于德川幕府统治末期大批中下级武士因为破产而变卖武士头衔(通常通过收取养子的方式，把武士家名转让给出身平民的继承人)，也由于大批在戊辰战争中跟随德川幕府的中下级武士因为战败而被贬斥为庶民(以德川庆喜为代表的上级武士，基本上不受政权更迭的影响，照样保留贵族头衔，并且得以进入贵族院担任议员甚至议长)，明治维新之后的贵族集团人数大大减少。

① 王仲涛、汤重南著:《日本史》,第203—228页。

对于戊辰战争之后仍然需要继续支付的武士俸禄，明治政府采取了赎买的方式来解决。1872年，明治政府曾经打算向武士支付六年期的禄券，但因为阻力太大而没有付诸实施。1876年，明治政府终于下定决心建立“家禄奉还”制度，通过发行“金禄公债”的方式，彻底赎买和废除武士俸禄，史称“秩禄处分”。由于“金禄公债”是按照原武士阶层的身份等级来分配的，原本的藩主和上级武士凭借其雄厚的债券资金，得以成为地主、资本家或者食利者，而原本的中下级武士由于不善经营，往往将债券抵押或者变卖，所得来的资金很快就被挥霍一空，从而家道中落，沦为破产武士。

三、富国强兵可被归结为军事改革。其实德川幕府也好，西南强藩也罢，早在明治维新之前，由于幕政改革与藩政改革，日本的军事近代化已经有了相当雄厚的基础。正因如此，明治维新期间进行的军事改革，首要的是军制改革，而非军备改革。1871年，明治政府开始进行军制改革，在东京（关东）、大阪（关西）、熊本（九州）、仙台（东北）设置四大镇台府，实际上是四个军区及其四个军区司令部，全国所有军队直属中央政府，彻底打乱了过去各藩藩兵的驻屯界限。1872年，明治政府将兵部省拆分为陆军省与海军省，凸显了明治政府重视海军地位与作用的意愿，也流露出日本对外侵略扩张的企图。此外，明治政府更进一步推行普遍义务兵役制，在招兵程序中实行四民平等，实际上是实行全民皆兵的近代化征兵制度，在当时的亚洲地区是相当先进的兵役制度。此举不仅加速了武士阶层与平民阶层的融合，而且大大扩充了日本军队的兵源，为后来日本帝国的对外侵略扩张充实了兵力。

四、殖产兴业可被归结为经济改革。为了实现日本的工业近代化，也为了给日本的军事近代化提供近代工业基础，从1870年起，明治政府的工部省与内务省分别开始在军用领域与民用领域实行殖产兴业政策。工部省主要专注于矿山、冶炼、铁路、电信等重工业，内务省主要专注于纺织、海运、垦荒、畜牧、农林等轻工业。通过政府出资、政府主导兴办工业企业，日本的工业近代化由此迈出了第一步。与此同时，从1872年起，明治政府还致力于建立货币体系与银行体系，日本的财政金融近代化也由此迈出了第一步。

在后来的经营实践中，人们逐渐发现，明治政府擅长于从事工业基础建设，却并不擅长于从事企业日常经营，政府部门按部就班的官僚习气并不适应于瞬息万变的市场活动。正因如此，从1880年起，明治政府开始进行“工厂处理”，将其创办的绝大多数工业企业（甚至包括军工企业）都转让给私人资本家。在这个工业企业私有化的过程当中，与政府部门有人脉关系与金钱关系的特权商人，能够以接近无偿的低价收购这些工业企业，从中获得了巨大的好处，因此这毫无疑问是官商之间的利益勾结、利益交换与利益输送。然而，从 1884 年起，在“工厂处理”完成之后，日本的工业资本主义走上了高速发展、高速扩张的道路，这是个非常耐人寻味的历史悖论。

五、文明开化可被归结为文化改革。对于任何社会来说，如果没有思想观念的转变，则断然不会有社会改革的持久成功，因为政治经济的制度改革还相对容易，而社会文化的观念改革则相对困难。明治政府的“文明开化”政策，首先就是从文化教育领域开始的。1871 年，明治政府设立文部省，主管新式国民教育。1872 年，仿照欧美国家的西式教育体系被全面引进日本，建立起小学、中学、大学等分级学制，由于明治政府要求适龄男女儿童的家长都有义务送子女入读小学，小学入学率因而大幅提高。而早在 1869 年，明治政府就建立了东京大学，此后福泽谕吉和大限重信又分别建立了庆应大学和早稻田大学。而且，为了促使皇族子弟与华族子弟接受全面的、高质量的西式教育，明治政府又于 1877 年专门成立了学习院大学。公立大学与私立大学的齐头并进，让日本近代高等教育取得了长足的发展。除了国民教育体系的全盘西化，明治政府还重金礼聘外国学者到日本担任教员，并且大量选派留学生留学欧美，在日本当时的高等学府里，绝大多数大学讲义都是以外文印刷的，要想在大学里学习，首先要在东京的专门学校里完成预备门（预科）的外语培训课程以及其他基础课程。事实证明，明治政府的国民教育政策取得了巨大的成功，日本社会之所以能够在短短十几年时间里，完成近代化的变革与转型，国民教育事业可谓是居功至伟。

颇有趣味的是，“文明开化”政策不仅仅体现在教育领域，而且还体现在衣食住用行等日常生活领域。明治维新以后，日本民众开始剪去传统的发髻，改蓄轻便的短发，把和服只作为节庆的礼仪服与日常的家居服，改穿便利的西服；日本民众的饮食习惯也发生了明显的改变，过去日本人只吃稻米、蔬菜与海产品，如今开始吃牛肉、喝牛奶，民众的营养状况与身体条件大为改善；日本的城市与港口出现大量西式建筑与西式街道，并且建设了仿欧美城市的公共交通系统，铺设仿欧美城市的水电煤气管道系统；日本的富有阶层与中产阶层开始把怀表、时钟、眼镜等欧美日用品作为生活必需品；日本民众的出行习惯也有所改变，随着公路与铁路的贯通、内河码头与海运码头的建成，出门乘搭汽车、电车、火车、轮船也成为时尚。最后，欧美的交响音乐、化装舞会等生活风俗的输入，也丰富了日本民众的日常生活。

除了上述具体的改革措施以外，明治维新最具有奠基意义的改革内容，毫无疑问是明治宪法的制定，而明治宪法的制定，又可以溯源到岩仓使节团考察欧美。1871 年 12 月，明治政府派出以岩仓具视为正使，以大久保利通、木户孝允、伊藤博文为副使，使节及其随员总人数达到 100 多人的使节团，奔赴欧美进行考察，史称“岩仓使团”。岩仓使团有递交国书、修改条约、考察制度等三大任务，递交国书仅仅是例行公事，修改条约在当时可谓无功而返，考察制度则着重于考察各国宪法，同时使团成员互有分工，分别考察各国的立法、司法、行政、财政、金融、教育、政党、社团、军队、警察等具体制度，并且每位使团成员都必须向明治政府提交详尽的考察报告。岩仓使团在海外两年，先后游历美国、英国、法国、比利时、荷兰、德国、俄国、丹麦、瑞典、意大利、瑞士等各国，考察取得了非常大的成果，如果把每位使团成员的考察报告汇总起来，就是一部介绍与分析欧美各国制度的百科全书。“岩仓使团”考察欧美，体现了日本民族严谨细致、虚心好学的精神，与 1905 年装模作样的清朝“五大臣出洋”（五大臣对外洋事务一窍不通，考察报告只好由并未参加使节团的朝廷钦犯梁启超在日本代笔交差）完全不可同日而语。

“岩仓使团”回国后，岩仓具视与伊藤博文等人马上着手制定宪法草案，但由于复杂的国内政治局势，原本制定的宪法草案经过三番四次的反复更正，也未能得到明治天皇的采纳。后来才在德国顾问勒泽勒（Roesler，1834－1894）的协助下，由井上毅（1844－1895）勉强完成了一个宪法草案大纲。1881 年 8 月，岩仓具视将制定宪法的基本方针上奏给明治天皇。“大纲共有 18 项：(1)钦定宪法主义；(2)皇室自律主义；(3)统帅权等天皇的大权；(4)大臣对天皇的责任；(5)二院制；(6)限制选举制；(7)预算不成立的情况下，实施前年度的预算等，完全是基于帝国宪法的基本构想。”[①]总体而言，这个宪法草案大纲强调天皇高于宪法，天皇统帅军队，天皇任命内阁，具有明显的普鲁士宪法色彩。1882 年，伊藤博文再次前往欧洲，专门考察欧洲各国宪法，进一步认定德国的宪法最适合日本的国情。1883 年，伊藤博文回国

① （日）安冈昭男著，林和生、李心纯译：《日本近代史》，第 281 页。

后，继续率领井上毅与勒泽勒等人制定宪法草案。1884年4月，由伊藤博文等人制定的宪法草案终于得到明治天皇的敕许。1889年1月，经由明治天皇钦定的《大日本帝国宪法》正式公布，史称“明治宪法”。

“大日本帝国宪法（也称明治宪法）由天皇、臣民权利义务、帝国议会、国务大臣以及枢密顾问、司法、会计、补则等7章76条组成。第一条以‘大日本帝国由万世一系的天皇实施统治’为开头，其具有以下的特点：(1)天皇主义——为保有绝对的君权，范围广泛地规定了天皇的大权。法律的裁决、公布、执行；议会的召集、闭会、停会、众议院的解散；紧急敕令；官制、文武官俸给、任免；统帅；决定陆海军编制、常备兵力量；宣战、讲和、缔结条约、宣告戒严；授予荣誉；大赦、特赦、减刑、复权；战时、国家事变之际的特别大权；司法大权；建议修改宪法；修改皇室典范等。(2)皇室自律主义——关于皇室的事项置于宪法之外，不让议会干预。(3)法律的保留——规定国民的自由权，要置于法律范围内并受其制约。(4)行政权的优越地位——由天皇任命的大臣辅弼行使行政权。(5)立法权的制约——帝国议会的立法协赞权，预算审议、承认权，受到天皇大权的制约，天皇可以制定代替法律的敕令。(6)司法权的制约——行政裁判、军法会议等特别裁判所置于司法裁判所的管辖之外。”①

“明治宪法”的颁布，让日本从此进入宪政时代，然而这里所说的日本宪政，却远非欧美模式的民主宪政，而是天皇本人的合法专制宪政。“明治宪法”虽然以德国宪法为蓝本，但其所规定的日本天皇的政治权力，却远远超越德国皇帝的政治权力（在德意志帝国的政治架构中，宰相的权力既无所不包又集于一身，实际上足以对皇帝的权力形成分权与制衡）。天皇本人的绝对君权，涵盖立法、行政、司法三大领域，立法机关、行政机关、司法机关都不得违背天皇本人的旨意行事；皇室凌驾于宪法之外与议会之上，但皇室事务与国家事务之间却没有明确的分野；天皇本人对帝国军队拥有绝对的统帅权，陆军大臣与海军大臣直接向天皇本人负责，完全无须听从内阁总理大臣的指挥，但如果陆军大臣或者海军大臣拒绝出席内阁会议，却可以直接造成内阁倒台。总体而言，“明治宪法”是一部为天皇专制统治保驾护航的法律，也是明治维新的政治纲领在法律方面的最高体现。可以中肯地说，天皇权

---

① （日）安冈昭男著，林和生、李心纯译：《日本近代史》，第290页。

力的毫无制约，军队权力的恶性膨胀，全部都因为“明治宪法”的相关规定而得以合法化，最终为明治维新以后日本走上军国主义道路，以及在20世纪上半叶走上法西斯主义道路，埋下了祸根。

二　视野拓展及重点问题分析

1. 如何认识中世纪天主教的地位，以及欧洲宗教改革的必要性？

中世纪天主教的地位极为尊崇，可以从政治与经济两个方面来分析。在政治层面，天主教会实际上是一个凌驾于欧洲各个君主国之上的普世主义政权。尽管由罗马教廷以及教皇国直接掌握的领土面积与军队人数都相对有限，因此我们很难说教皇国是一个军事强国，但在基督教信仰气氛极为浓厚的中世纪欧洲，由于罗马教皇拥有为欧洲各国君主（尤其是神圣罗马帝国皇帝）加冕的最高权力，罗马教皇就能够以此胁迫欧洲各国君主听从罗马教廷的号令（十字军东征使罗马教廷的威望达到顶峰），否则只要罗马教皇宣布革除某国君主的教籍，该国君主马上会失去作为基督教国家君主的全部统治合法性，并且沦落为人人群起而攻之而且人人得而诛之的孤家寡人。罗马教皇至高无上的政治权威，还体现在欧洲各国君主与罗马教廷的往来书信中，无论教皇年纪几何，欧洲各国君主都必须尊称罗马教皇为父亲，并且自称为罗马教皇的儿子，而欧洲各国君主彼此之间则以兄弟相称，仿佛欧洲各个基督教王国的统治阶级构成了一个基督教大家庭，而罗马教皇毫无疑问是这个基督教大家庭中最为德高望重的家长。

在经济层面，天主教会是欧洲最大的封建地主，不仅教皇国是罗马教廷的直接地产，而且在欧洲所有基督教王国，都有大批被赏赐、捐赠、寄进到天主教会名下的地产。除此之外，同样是在欧洲所有基督教王国，以农民为主的基督教信徒，必须把每年农产品收获量的十分之一预留与提取出来，用于向天主教会交纳“什一税”。更有甚者，天主教会还在欧洲所有基督教王国兜售“赎罪券”，而祛邪驱魔、消灾解难等“专业”服务也是需要收取不菲的费用的。正因如此，中世纪的天主教会不仅有着非常稳定的收入来源，而且还有大量不劳而获或者不期而至的意外之财。在欧洲各国的税收制度尚未发育健全的中世纪，世俗政权的经济实力相对有限，而天主教会通过这种无孔不入的经济活动，让罗马教廷积累了惊人的财富，以及足以压倒欧洲各国所有世俗政权的惊人的财力。

欧洲宗教改革的必要性,首先表现为打破天主教会对个人思想自由的禁锢,其次表现为打破天主教会对国家主权独立的侵害。

在个人思想自由的层面,天主教会完全垄断了对《圣经》的解读权,以及对宗教义理和教会规条的解释权,还有对世俗道德和科学技术的话语权。天主教会不容许宗教人士或者世俗人士对罗马教廷的教规教令有丝毫的怀疑,罗马教廷动辄把宗教上的异议与抗争斥为“异端”,把科学上的怀疑与探讨斥为“邪说”,经常发布“禁书目录”,把大批闪耀着思想光芒的科学著作视为禁书并且予以焚毁,把大批勇敢地坚持己见的异见分子投入宗教裁判所并且处以种种酷刑。如果不打破天主教会对个人思想自由的禁锢,基督教欧洲将无法从中世纪的野蛮与蒙昧过渡到近现代的文明与开化。

在国家主权独立的层面,天主教会对欧洲各国世俗事务的随意干涉,严重侵犯了欧洲各个正在成长中的民族国家的政治经济自主权。天主教会的普世主义观念,决定了罗马教廷自视为欧洲各国的首都,而且罗马教皇也自视为欧洲各国的首脑。如果不打破天主教会对国家主权独立的侵害,基督教欧洲将无法从中世纪的神权政治过渡到近现代的民主政治。

2. 如何认识马丁·路德的宗教改革主张以及欧洲宗教改革的实质?

马丁·路德的宗教改革主张,可以简明扼要地概括为“因信称义”,即信徒本人因为其虔诚的信仰而得到上帝的称许与救赎。具体而言,还可以概括为“因信,因恩典,因经文”。其中,“因信”与“因恩典”是紧密联系在一起的,即一个人的之所以得到救赎,既不是因为事功,也不是因为苦行,更不是因为出钱购买赎罪券,而是因为上帝的恩典,而恩典又来自于人们对上帝的发自内心的虔诚信仰。“因经文”则是指所有的教义都必须以《圣经》的原文为标准,而不是以罗马教廷自行发布的教规教令为标准。为了排除罗马教廷对基督教基本教义的干扰,马丁·路德凭借其深厚的语言学功底,绕过被罗马教廷奉为权威的拉丁文圣经,直接把最为原始、最为古老的希伯来文旧约圣经与希腊文新约圣经,翻译成优美的德文散文。尽管马丁·路德的《圣经》译本,并非最早的以欧洲民族国家语言出版的译本(英国的约翰·威克里夫和威廉·廷德尔都曾经把圣经翻译为英文),但却是在欧洲大陆影响力最大的一个译本。马丁·路德主张人人都可以自己阅读和理解《圣经》，无需借助神职人员的布道和讲解，从而降低了神职人员在解读《圣经》时的话语权。

至于欧洲宗教改革的实质，我们不妨将其视为自文艺复兴以来的另一次思想解放运动。如果说，文艺复兴的人文主义思想主要着眼于人类在世俗生活中的解放。那么，宗教改革就主要着眼于人类在宗教生活中的解放。个人直接阅读《圣经》，个人以其虔诚信仰求得救赎，在这一过程中，个人本身的地位与价值得以提高，而教会组织的地位与价值则相应下降。欧洲宗教改革，打破了罗马天主教会在欧洲一统天下的局面，令欧洲出现了基督教宗教信仰的多元化，也让个人获得了自由选择其基督教宗教信仰的可能。尽管在欧洲宗教改革期间，在部分新教地区（尤其是信奉加尔文教义的地区）同样出现了极度偏执的宗教狂热，但随着宗教纷争乃至宗教战争的结束，宗教宽容逐步成为人们的普遍共识，而宗教信仰也逐步转化为人们的私人事务，而这正是欧洲宗教改革的最大贡献。

3. 如何认识欧洲宗教改革的历史作用？

关于欧洲宗教改革的历史作用，我们可以从个人的自由与国家的独立两个角度来理解。就个人的自由而言：首先，宗教改革后出现的基督新教，无论是德意志的路德宗，还是瑞士的茨温利宗与加尔文宗，都主张信徒直接阅读和个别理解《圣经》当中的教义，从而降低了基督教神职人员对《圣经》的解释权与话语权。而且，在瑞士以及其他西欧国家，加尔文宗废除了主教制度，实行长老治教与教友自治的管理制度，这体现了教会组织的民主化倾向。其次，宗教改革让欧洲大陆出现了基督教信仰的多元化，尽管16世纪下半叶与17世纪上半叶，基督教信仰的多元化曾经引起过宗教纷争甚至宗教战争，但在1618年至1648年的三十年战争结束以后，宗教宽容与宗教自由的观念已经开始在欧洲大陆上传播开来，最终实现宗教信仰的个人自主选择，宗教信仰由此成为个人的私人事务。

就国家的独立而言：首先，宗教改革打破了天主教会的普世主义神权政治。在宗教改革之前，作为罗马教廷所在地的教皇国，是凌驾于欧洲大陆所有基督教王国之上的、半宗教半世俗的神权统治政权，实际上妨碍了欧洲各个民族国家的形成；而在宗教改革之后，欧洲大陆各个基督教王国内部出现了不同基督教宗派的对立，罗马教廷向欧洲各国发布的教规教令，逐渐失去了往日不容置疑的、无可挑剔的宗教权威与政治权威，欧洲各个民族国家逐渐摆脱罗马教廷的宗教控制与政治控制。其次，宗教改革树立起民族国家的民族宗教。由于在宗教改革中，罗马教廷的宗教权威与政治权威江河日下，因此在中欧与北欧等远离罗马教廷的地区，当地的世俗统治者纷纷接受了在宗教改革中出现的路德教义或者加尔文教义，而在英国则是出现了英国国教。无一例外的是，这些新教教派都提倡以本民族语言来传播教义教理，并且建立起与罗马教廷分庭抗礼的、以主权国家为效忠对象的民族教会，这对于近现代欧洲民族国家的形成与巩固，无疑起着至关重要的作用。

4. 如何认识穆罕默德·阿里改革的历史背景和历史作用？

穆罕默德·阿里改革，是19世纪上半叶、西亚北非阿拉伯国家近代化改革的早期范例，是在欧洲列强主导的资本主义世界体系初步形成的大背景下、欧洲文明对埃及传统社会秩序形成巨大冲击的小背景下展开的改革，也是埃及民族寻求自强与独立的近代化改革，对其他西亚北非阿拉伯国家乃至东亚国家的近代化改革提供了宝贵的经验与教训。总体而言，这是一场值得我们去仔细研究的、具有典型意义的近代化改革。

就改革的历史背景而言，穆罕默德·阿里改革前夕的埃及正处于历史巨变的旋涡之中。一方面，曾经在15世纪至17世纪雄踞整个西亚北非地区，并且对东南欧形成严重威胁的奥斯曼土耳其帝国，由于政治经济全面落后于欧洲列强，加上在与俄国的争霸战争中屡屡落败，此时早已丧失当年咄咄逼人的气势，正陷入全面土崩瓦解的慢性危机之中，奥斯曼土耳其帝国本身也在改革派与保守派的反复斗争中进退不定，设在伊斯坦布尔的帝国中央政府，对包括埃及在内的各个地方行省逐渐丧失控制，这为埃及实现民族独立提供了千载难逢的机遇；另一方面，随着资本主义世界体系的初步形成，欧洲列强在全面征服地广人稀的美洲之后，开始着手对非洲乃至亚洲的文明古国进行征服，埃及作为连接亚非欧、联通东西方的战略要地，成为欧洲列强争相渗透与侵略的对象，在世界文明古国中首当其冲地成为受害者，这为埃及实现民族独立带来了前所未有的挑战。

之所以会出现这种机遇与挑战并存的局面，是由于欧洲列强是比奥斯曼土耳其帝国强大得多也先进得多的外来征服力量，如果埃及未能及时通过近代化改革，建立起独立而强大的近代民族国家，那么埃及必将陷入比奥斯曼土耳其帝国统治时期更加严重的、全面殖民地化的巨大危机。实际上，18世纪末拿破仑对埃及的远征，虽然由于兵力不足与补给匮乏，最终未能占领埃及，但这已经预示了英法两国日后完全占领埃及的战略意图。让人始料不及的是，拿破仑这次对埃及的冒进而失败的远征，竟然对奥斯曼土耳其帝国在埃及残存的统治秩序造成了毁灭性的打击，从而在埃及形成了暂时的、局部的政治真空，让世代盘踞在埃及的马木路克贵族建立起一个由贵族集团统治的、根基并不牢固的临时性过渡政权，这就为穆罕默德·阿里通过政变上台进而推行改革提供了可乘之机。

穆罕默德·阿里上台后，马上在埃及着手进行近代化改革，试图将古老的埃及变成具有欧洲色彩的近代化国家。然而，穆罕默德·阿里改革是在国内外条件并不充分具备的条件下艰难进行的。在埃及国内，由于资金、技术、人才等必要条件的严重缺乏，穆罕默德·阿里政府在兴办工业时遭遇到很大的困难。但更为困难的是，由于当时的埃及还处在相对落后的农业文明阶段，原有的经济关系与社会观念并未实现转型，而在埃及刚刚形成的民族资产阶级与产业工人阶级也并不成熟，因此由政府出资兴办的工矿企业如同无源之水、无本之木，浪费极大同时效率极低，其产品难以与来自欧洲的进口工业品竞争。在埃及国外，以英法两国为代表的欧洲列强并不乐见埃及成为独立自主的近代民族国家。为了遏制穆罕默德·阿里改革之后国势渐有起色的埃及，英法两国致力于在奥斯曼土耳其帝国政府与埃及政府之间维持平衡，始终保留奥斯曼土耳其帝国对埃及在名义上的宗主权，与此同时，英法两国却在加紧对埃及进行实质上的政治把持与经济渗透，企图将埃及变成西方列强的势力范围乃至殖民地，以及西方列强通往南亚与东亚的战略通道和中转站，因此以振兴埃及为目的的穆罕默德·阿里改革势必受到外国势力的阻碍与破坏。

就改革的历史作用而言，穆罕默德·阿里改革虽然为埃及社会带来了近代文明，但却未能从根本上扭转埃及逐步沦为英法两国殖民地的危险趋势。归根到底，从奥斯曼土耳其帝国派驻埃及的帝国行省总督，摇身一变成为埃及最高统治者的穆罕默德·阿里，身上始终残留着太多的封建统治者的前近代因素，导致穆罕默德·阿里改革未能走上可持续的轨道，最终也未能让埃及成为独立自主的近代民族国家。

首先，穆罕默德·阿里在埃及的统治始终是家族式的统治。自从完成对马木路克贵族的武力清剿，以及在政治上摆脱奥斯曼土耳其帝国的遥控之后，穆罕默德·阿里家族就已经成为埃及的世袭最高统治者。在奥斯曼土耳其帝国确认穆罕默德·阿里家族对埃及的世袭统治权之后，穆罕默德·阿里也就承认了奥斯曼土耳其帝国对埃及的宗主权，这其实是牺牲埃及的国家主权，来换取其家族的世袭统治权，从中可见穆罕默德·阿里身上的时代烙印。

其次，在穆罕默德·阿里统治埃及期间，为了争夺地中海东岸如叙利亚地区的控制权，埃及屡屡对土耳其发动战争。尽管在客观上，埃土两国之间的战争有利于阻止奥斯曼土耳其帝国对埃及的武装干涉，也有利于巩固埃及在事实上已经取得的半独立地位；但在主观上，埃土两国之间的战争其实是穆罕默德·阿里家族扩大其家族统治范围的战争，仍然是封建王朝之间争夺封建领土的传统战争，甚至可被视为对奥斯曼土耳其帝国领土扩张政策的继承与延续。这种穷兵黩武极具封建色彩的对外战争，虽然满足了统治者的野心，但却严重损耗了埃及的人力、物力与财力，不利于埃及国内资本主义经济的萌芽与发展，反而为英法两国对埃及的经济渗透留下了可乘之机。

复次，穆罕默德·阿里在埃及建立了等级森严、职责明确、功能清晰的中央集权制度与国家官僚制度，以取代埃及原本盘根错节的封建统治关系，但这套经过强化的国家机器却只服务于穆罕默德·阿里的家族利益。穆罕默德·阿里政权的人治色彩非常明显，穆罕默德·阿里本人更像一位专制君主，而非受到国家法律和宪政程序约束的立宪君主，所谓欧化改革只停留在技术层面而基本不涉及制度层面。

最后，在穆罕默德·阿里统治埃及期间，通过对土地所有权的兼并，穆罕默德·阿里家族成为埃及国内地位最高、占地最广的封建地主，而大批埃及农民成为穆罕默德·阿里政权统治下的国家农奴，这种具有浓厚封建色彩的生产关系，既阻碍了土地的自由买卖，也束缚了农民的人身自由；既不利于农业资本主义的发展，也不利于产业工人阶级的形成。可以说，改革本身就蕴含了违背历史潮流也违背改革使命的落后因素。

总体而言，穆罕默德·阿里改革未能够为埃及赢得独立自主的近代化强国的地位，而在日趋腐朽的家族统治之下，穆罕默德·阿里家族的继承者更是失去了昔日的自强意识与进取精神，逐步沦为欧洲列强统治埃及的傀儡与附庸。正因如此，“穆罕默德·阿里当政期间，埃及的权力重心表现为从伊斯坦布尔向开罗倾斜的明显趋势。穆罕默德·阿里死后，西方势力开始向尼罗河流域渗透，埃及的权力重心逐渐表现为从开罗向欧洲倾斜的历史走向。”①

5. 如何认识1861年俄国农奴制改革的历史背景？

对于如何认识1861年俄国农奴制改革的历史背景，我们不妨从浅层背景与深层背景两个层面来理解。仅就浅层背景而言，如前所述，就是1856年至1860年的克里米亚战争，在这场旷日持久的拉锯战与消耗战中，占尽人力物力以及地理优势的沙皇俄国，最终却屈辱地输掉了这场守卫国家南大门的战争。克里米亚战争既让俄国的国际地位一落千丈，也彻底暴露出沙皇制度在政治上与农奴制度在经济上的腐朽与落后，由此引发了1861年的俄国农奴制改革，这是一场不得不进行的被动改革。

就深层背景而言，俄国的农奴制度与村社制度是俄国农奴制改革的两大制度背景。就农奴制度而言，“农奴制度是俄国社会的一个重要特点。农奴制在16世纪形成，17世纪确立，18世纪发展巩固，连彼得一世的西化改革也是以加强农奴制为基础的。直到1861年，农奴制才被废除。与西欧相比，俄国农奴制形成较晚，被废除则更迟。在这一方面，俄国比近代的一些东方国家都更要落后。”②

俄国农奴制度的特色，首先就在于它与俄国近代化进程的共生关系。在西欧，资本主义经济的发展往往要以农奴制度的瓦解为前提，因为没有自由劳动力就没有自由雇佣关系，就没有近代早期自由资本主义的巨大发展，就没有西欧的资本主义近代化；在俄国，农奴制度竟然反过来成为俄国经济近代化的制度基础，因为俄国最早的西式工场手工业都是在国家主导下发展起来的，俄国并没有发达的农业，为资本主义工业提供高质量的原材料（俄国的农业甚至比中国、日本和印度还要落后），俄国也没有富足的农村社会，为资本主义工业提供广阔的市场（俄国的农民都很贫穷），在彼得一世的西化改革之前，

① 哈全安著：《中东史（610—2000）》，第503页。

② 曹维安著：《俄国史新论——影响俄国历史发展的基本问题》，第21页。

俄国甚至没有具备独立精神与冒险精神的资产阶级，作为俄国发展资本主义的主导力量。正因如此，俄国的经济近代化，是在沙皇政府主导之下的空中楼阁式的近代化，是“国家动员型”的近代化，并不鼓励人格独立的公民社会的形成，反而要以牺牲与侵犯个人自由为代价。这种由沙皇政府强行拉着俄国社会前进的畸形近代化模式，注定了俄国的近代化进程必将是崎岖不断、荆棘满途。

总体而言，“农奴制度是俄国地缘政治的产物，是俄国动员型社会发展的需要。农奴制度为俄国集中了巨大的人力物力，成为俄国国家统一和对外扩张的经济基础。在工业化以前的俄国，没有农奴制这样的方式来集中全国的人力物力，就没有彼得一世强力实行的西化改革，也不会有俄国长期的对外扩张，更不会在1812年的卫国战争中打败拿破仑帝国。但是，也正是由于保存了农奴制这样野蛮的和没有效率的社会制度，才使俄国在19世纪中期的克里米亚战争中遭到惨败，从而也就决定了农奴制在俄国最终被废除的命运。”①

就村社制度而言，“俄国自有文明以来，占人口绝大多数的农民世世代代都生活在农村公社之中。俄国农村公社从基辅罗斯起，一直保持到20世纪20年代末。农村公社俄语叫米尔，一个个公社面目相似、利益相同，但又互不往来。米尔的另一个含义是指世界，对俄国农民来说，公社就是他的世界，世界也只是他的公社。”②

俄国村社制度的特色，首先就在于它符合俄国民众的民族性格与民族心理。“农村公社的基本特征是土地公有私耕，行政自治。公社把农民联为一体，而且把农民与地主、与国家联在一起。‘俄罗斯人民永远喜欢生活在集体的温暖之中，生活在大自然的亲密无间之中，生活在母亲的怀抱之中。’一方面，农村公社的传统使俄国农民天然成为土地公有私耕式的农业社会主义的拥护者。另一方面，这种公社集体精神，必然限制和否定个性的自由，而对集体的崇拜与对国家的崇拜密不可分，沙皇国家往往就会以集体的代表来出现。这样，农村公社又成为沙皇专制制度的基础。”③

---

① 曹维安著：《俄国史新论——影响俄国历史发展的基本问题》，第21页。

② 同上，第21—22页。

③ 同上，第22页。

综上所述，农奴制度与村社制度作为在沙皇俄国根深蒂固的经济制度，甚至作为俄国的民族传统，其存在与延续有着深厚的历史背景：一方面，俄国的农奴制度与村社制度构成了沙皇专制政治制度的经济基础，沙皇政府并不愿意轻易动摇这两个作为国家根基的经济制度；另一方面，俄国农民的群体心理并不像西欧与北美那样提倡个人奋斗，而且对个人英雄主义极为反感，因此与农奴制度紧密相连的村社制度成为俄国农民的心灵归宿。正因如此，在俄国推行农奴制改革并不容易，因为改革的阻力不仅来自死抱权力不放的沙皇政府本身，而且来自坚持农奴制剥削方式的地主阶级，甚至来自很大一部分不愿意失去农村公社庇护的底层农民，这是俄国历史上的巨大悲剧。但也正因如此，尽管自19世纪以来，俄国也经历过几次改革(1802年的斯佩兰斯基改革、1861年的亚历山大二世改革、1906年的斯托雷平改革)，但俄国与西方的制度差距与发展程度却依然是越拉越大，最终只能依靠暴力革命，扫除农奴制度与村社制度的残余影响，为俄国的近代化进程寻找新的出路。

6. 如何认识“二一九法令”的历史进步性和历史局限性？

1861年俄国农奴制改革，以俄国沙皇亚历山大二世钦定的“二一九法令”为主要条文，该法令的主要内容与精神主旨是：在原则上，法令赋予农奴以人身自由与财产自由。但在实际上，人身自由与财产自由的获得，都必须以高额赎买为代价。总体而言，“二一九法令”所规定的赎买原则非常不公平：首先，在法令公布之后近十年时间内，农民要按照过去的惯例，继续为地主提供劳役、交纳地租，继续完成各种繁重的封建义务；其次，份地的赎买与否，以及赎买的价格，都以地主单方面的意愿与要价为准则，农民只能被动接受地主强加的赎买条件；再次，在有村社的地方，份地的赎买并非以农民个人为主体，而是以村社为主体，并且在村社内部以“连环保”的方式，确保农民不会擅自逃离当地，确保农民继续履行对地主的赎买义务，在赎买义务完成之前，农民实际上依然得不到充分的人身自由与财产自由，而在农民极端贫困的情况下，要完成赎买义务往往需要花上几十年的时间。

根据半个世纪之后的统计数据，“农民改革使地主农民平均获得3.4俄亩份地，为此付出赎金8.67亿卢布，按实际土地价格应为5.44亿卢布，赎金比实际价格高出3.23亿卢布。在非黑土地带，赎金高于市价120%，在黑土地带高出市价56%。到1906年政府宣布停止支付赎金贷款时,地主农民已偿付了15.65亿卢布(包括利息和行政组织费用)。宫廷农民平均获得4.2俄亩份地,到1906年共偿付赎金1.15亿卢布。国有农民平均获得5.7俄亩份地,向国家支付赎金9.64亿卢布。三类农民共付出赎金26.44亿卢布。"[①]由此可见,俄国农民是以高出实际土地价格好几倍的价钱,向地主阶级购买农民世代耕种的土地,由此不难理解,为什么后世学者会把1861年俄国农奴制改革形容为对俄国农民的无耻掠夺。

"这样2月19日法令实施的结果,农民不但失去大量原来耕种的土地,而且由于缴纳巨额赎金而负债累累,难于进行简单再生产……这种掠夺农民的暴行在易北河以东的再版农奴制国家和地区在同样实行自上而下解放农奴的情况下,是绝无仅有的。农民不满意这次改革,纷纷举行起义。改革不只没有按照农民的愿望和革命民主主义者的主张进行,也没有按照资产阶级自由派的方案进行,而是更多地按照地主一农奴主的利益进行。改革保留着大量的封建残余(首先是封建土地所有制),农民仍没有争得自由,生产力的发展继续受到遏制。改革没有完成的任务,只能由革命来完成……尽管如此,由农奴主实行的1861年农民改革是一次资产阶级改革,它为俄国结束传统农业、走向现代农业开辟了道路,具有重大的历史意义。俄国历史由此开始了新的资本主义时代。"[②]

如引文所述,正是在"二一九法令"实施的过程中,出现了在易北河以东的再版农奴制国家和地区绝无仅有的掠夺农民的暴行。综上所述,"二一九法令"的历史进步性仅仅在于,作为地主阶级总代表的沙皇政府,在废除俄国农奴制问题上,总算作出了有限的让步,从而让俄国农民在原则上有了人身自由与财产自由,也让俄国勉强走上了发展资本主义经济的近代化道路;与此同时,"二一九法令"的历史局限性却在于,沙皇政府与地主阶级所作出的让步极为有限,让这个姗姗来迟的解放农奴法令未能发挥出更大的历史进步作用。最起码,与易北河以东的强国普鲁士相比,沙皇俄国解放农奴的改革力度实在是相形见绌。在普鲁士,无论是1807年至1808年相对开明的施泰因改革,还是1811年至1816年相对保守的哈登堡改革,农民赎买封

---

① 刘祖熙著:《改革和革命——俄国现代化研究(1861—1917)》,第25页。

② 同上,第25—26页。

建土地与封建义务的代价都相对较低，而且农民在法律上的自由人身份可以不经过村社而马上得到兑现。19 世纪初期普鲁士大刀阔斧的农奴制改革，固然有法国大革命与拿破仑战争作为其特殊的历史背景，但 19 世纪中期俄国农奴制改革的力度，却依然比不上半个世纪之前的普鲁士农奴制改革。由此不难理解，正是由于“二一九法令”的历史局限性，让亚历山大二世通过走“普鲁士道路”实现俄国近代化的愿望最终落空。

7. 如何认识 1861 年俄国农奴制改革对俄国近代化进程的影响？

尽管 1861 年改革是一场在克里米亚战争失败之后被迫进行的被动改革，尽管 1861 年改革也是一场兼具历史进步性与历史局限性的保守改革，但这场农奴制改革依然是俄国近代化进程中不可抹杀的重大历史事件，在经济领域与政治领域都产生了极为深远的影响。

就经济领域的影响而言，“亚历山大二世的大改革是国家、地主和农民各种对立利益之间进行复杂的协调、折中的结果。政府被迫对地主做了多种多样的让步，没有这些让步要和平解放农民看来是不大可能的。2 月 19 日法令的许多缺点和改革明显的不彻底性由此便可以作出解释。法令规定把大约一半土地留给了地主，只把另一半土地分给了从前的农奴，而且后者还须为他们所获得的土地付出赎金，以赔偿前者所受到的损失。另一方面，农民虽有了一半土地的所有权，但这些土地并没有成为他们的私产。这些土地一经赎回，就变成了古老村社的集体财产，村社能够把一定的土地重新分配。村社保留了连环保，集体负责向国家纳税和缴纳赎金，故它可以阻止农民从村庄迁走，以免让那些留下来的人负担全部赎金。这样，俄国农民在解放后仍没有充分的个人行动自由，他们在思想上、行动上和法律义务上，都受到村社的约束，就像当年他们曾受到他们的主人约束一样。”①

1861 年俄国农奴制改革在经济领域的保守性，一方面体现在农民赎买地主土地时，所付出的代价极为高昂，另一方面体现在农民赎买地主土地后，其土地所有权由村社而非农民自己掌握。可以说，与 19 世纪初期的普鲁士农奴制改革相比，俄国农民为了赎买封建土地与封建义务付出了更大的代价，但俄国农民所得到的人身权利与财产权利却并不完整，绝大多数被

① 曹维安著：《俄国史新论——影响俄国历史发展的基本问题》，第 103 页。

解放的农奴依然被束缚在抱残守缺的农村公社当中。直到1906年，这一历史遗留问题才在雷厉风行的斯托雷平改革中，以"扶植富农、牺牲贫农"的不人道方式来勉强解决。与此同理，由于农奴制改革之后的俄国农民并没有享受到充分的人身自由与财产自由，因此俄国的农民阶级很难转化为产业工人阶级或者农业资产阶级，而个别流入城市并且成为产业工人的，则往往是彻底破产的贫苦农民。在20世纪初期的俄国，这些流入城市的破产农民，构成了最为苦难深重的俄国无产阶级，同时也是最具有革命精神的俄国无产阶级。

就政治领域的影响而言，"大改革把俄国推向了较稳定的社会经济发展的道路，但是这离真正的稳定还很遥远，尤其是在政治方面；改革为形成独立的社会意见创造了有利条件，但是又不容许社会意见影响国家的政策；先进的司法制度、有效的地方自治与不受法律限制的专制政权、不受社会监督的官僚机构极不协调地结合在了一起；改革前遗留下来的许多问题还没有解决，改革后工业的迅猛发展又产生了新的社会问题，这些问题便沉积在没有解决的旧问题之上；社会各阶层不满意国家缺乏民主、自由的专制统治方式，但国家又坚持这种方式，于是作为回答，就出现了激进知识分子不断掀起的革命运动。"①

1861年俄国农奴制改革在政治领域的保守性，主要体现在沙皇政府在推行经济改革的同时，始终拒绝推行任何触动沙皇政府绝对统治权威的政治改革。尽管1861年俄国农奴制改革已经是一场相当保守的经济改革，但随着经济改革在社会层面的逐步推开，在经济基础与政治制度之间，在公民社会与专制政府之间，还是出现了越来越大的错位与裂痕。及至19世纪末20世纪初，在俄国社会中不仅存在着日益趋于激进的、信奉民粹主义或者社会主义的、鼓吹恐怖活动或者暴力革命的知识分子阶层，而且形成了数量日益庞大、影响日益上升的资产阶级与无产阶级，尽管他们的政治信仰不尽相同，但他们都有着民主与自由的政治诉求。然而，1861年俄国农奴制改革之后的沙皇政府，依然是极端保守、极端专制的反动政府，这就注定了1861年改革未能解决的历史遗留问题，只能留待1917年革命来解决。

---

① 曹维安著：《俄国史新论——影响俄国历史发展的基本问题》，第103页。

8. 如何认识明治维新的历史条件与历史地位？

关于明治维新的历史条件与历史地位，我们在下一节“中外近代改革比较”当中会有更为详细的分析，在这里我们只作简明扼要的、以概括观点和开拓思路为目的的回答。

关于明治维新的历史条件，我们可以从内在条件与外在条件两个方面来分析。就其内在条件而言，我们必须认识到：在整个东亚文明体系中，日本社会的政治制度与社会形态所具有的特殊性，是决定其比较容易实现近代化自主改革的重要条件甚至是首要条件。天皇与幕府将军并立的体制，以及幕府将军与地方诸侯并立的体制，其实是一种权力多元化的政治制度。这一制度与其他东亚国家普遍实行的君主专制中央集权制度截然不同，而与欧洲中世纪的政治制度和社会形态更为接近，从而让日本更容易走上欧洲式的近代化改革的道路。由于天皇与将军之间，以及将军与诸侯之间，存在着政治权力方面的竞争关系，因而在很大程度上保留了各个政治参与势力的进取心与行动力。在幕府统治末期，幕府与诸侯几乎同时进行幕政改革或藩政改革，竞相引入西方的军事技术和民用技术，乃至科学思想和政治思想，就是其封建社会依然充满活力的明证。与此同时，由于日本并不实行科举制度，因而日本在所有受到中国文化影响的东亚国家当中可谓独树一帜，其坏处是许多知识分子由此失去晋身统治阶级的阶梯，从而削弱了封建国家的统治基础，但其好处是许多社会精英并未被纳入保守而僵化的传统政治体制，从而为后来的幕政改革、藩政改革乃至明治维新保留了具有革命精神的重要力量。

就其外在条件而言，我们也必须看到：从西亚、南亚直到东南亚、东北亚，在欧洲列强的扩张路线上，日本正是处于这条路线的最远端，偏处一隅而且战略价值和经济价值相对较低的日本，向来就并非欧洲列强侵略的首选目标，而日本所受到的外来威胁与国际压力也远远小于中国和印度。正好相反，在明治维新前后，欧洲列强出于遏制俄国和侵略中国的目的，更加倾向于把日本变成它们在东亚的合作者与代理人。在戊辰战争期间，英法两国分别给予西南强藩与江户幕府以鼎力支持；而在戊辰战争之后，英法美三国也和明治政府建立起了相对稳定的合作关系。正因如此，日本在明治维新之后，也致力于实行“脱亚入欧”的扩张性外交政策，在欧洲列强侵略中国时出兵出力，并将欧洲列强所奉行的强权政治和实力外交原则，施行于朝鲜和中国等东亚邻国。

至于明治维新的历史地位，我们同样可以从国内意义和国际意义两个方面来分析。就其国内意义而言，明治维新使启动了日本的近代化，成功实现了日本从传统社会向近代社会的转型，日本在短短二三十年间发展为资本主义强国，一个总体上独立自主的近代民族国家，也让日本民族实现了富国强兵、殖产兴业、文明开化等民族理想。在一定程度上，日本所走过的近代化道路，也为其他亚洲邻国提供了具有启发意义的示范。但就其国际意义而言，明治维新之后日本奇迹般地迅速崛起，更大程度上意味着其他东亚邻国的灾难。日本古已有之的侵略扩张传统，带有军事封建性质的帝国主义，加上“脱亚入欧”的扩张性外交政策，注定了日本不可能成为亚洲地区民族独立运动的领导者。恰恰相反，明治维新之后的日本统治阶级决意步欧洲列强的后尘，将其侵略的魔爪首先伸向一衣带水、近在咫尺的亚洲邻国，而首当其冲并且深受其害的就是朝鲜和中国。

三　深入探究指引

在本教材有所涉及的世界各国近代改革中，俄国亦步亦趋的农奴制改革，无疑是最值得人们去关注与研究的。究其原因，不仅仅在于俄国是世界上领土最为辽阔的大国，也不仅仅在于俄国后来首创了建设社会主义社会的重大实验，而且还在于俄国为人类提供了最为丰富的关于改革与革命关系的历史范例。回首 18 世纪与 19 世纪，世界各大主要强国步入近代社会的道路是殊途同归的：比如美国和法国，走的是资产阶级革命的道路；比如德国和日本，走的是资产阶级改革的道路；又比如英国，走的是首先进行资产阶级革命，之后在革命打下的良好基础上进行持续改革的道路。无论是革命还是改革，上述各国都建成了发达资本主义与近代民族国家，都成功地步入了近代社会，堪称世界近代化进程中的成功范例。但俄国走过的道路与上述各国却迥然不同，从 19 世纪初到 20 世纪初，尽管俄国也经历过好几次政治经济改革尝试，其中规模最巨大而且影响最大的，当数 1861 年俄国农奴制改革。令人遗憾的是，由于主观条件与客观条件的欠缺，历次改革都没有从根本上改变俄国落后于其他欧美列强的总体格局。1906 年的斯托雷平改革，实际上是迟至 20 世纪初，才着手解决其他欧美列强早在 19 世纪初就已经基本解决的社会问题，这次还算是雷厉风行的改革，也因为斯托雷平遇刺身死而戛然终止。在近代化道路上屡战屡败的俄国，最终不得不走上彻底革命的激进道路。

如要深入了解与探究近代俄国改革与革命的关系，不妨阅读刘祖熙先生著《改革和革命——俄国现代化研究(1861－1917)》(北京大学出版社，2001 年版)，以及赵士国先生著《历史的选择与选择的历史——近代晚期俄国革命与改革研究》(人民出版社，2006 年版)，此外还可以阅读曹维安先生著《俄国史新论——影响俄国历史发展的基本问题》(中国社会科学出版社，2002 年版)。

刘祖熙先生的著作《改革和革命——俄国现代化研究》，此书以丰富翔实的统计数据与统计图表见长。在此书中，作者从经济、政治、文化三个角度，综合分析从 1861 年农奴制改革启动到 1917 年十月革命成功的数十年间的俄国历史。对于经济领域的封建农奴制、农奴制改革、普鲁士道路、斯托雷平改革、农村公社命运、工业革命、维特体制等基本问题，以及政治领域的沙皇专制君主制与国家杜马君主制等重大问题，作者都提出了深入而独到的看法。读罢此书，我们将会清晰地看到：自 1861 年改革以来，俄国并未走上近代化的坦途，而是在改革与反动之间、进步与退步之间反复徘徊，尽管沙皇政府内部不乏维特与斯托雷平等有识之士，但少数改革派大臣挽救俄国的最后努力，还是被反复无常的沙皇和贪得无厌的贵族所抵消，最初不得不启动改革的俄国，最终也不得不改弦易辙走上革命的道路。

赵士国先生的著作《历史的选择与选择的历史——近代晚期俄国革命与改革研究》，此书以条分缕析、生动细致的历史叙述见长。在此书中，作者讲述了从 19 世纪初到 20 世纪初的、一个多世纪的俄国改革史。从秘密委员会的改革到斯佩兰斯基的改革，从亚历山大二世的改革到亚历山大三世的反动，从维特的政治改革到斯托雷平的经济改革，绝大多数的改革，要么半途而废，要么原地打转，要么大打折扣。而在改革与反动之间，还穿插着对改革充满期待的十二月党人的武装起义，以及对改革感到绝望的民粹派的恐怖活动。在这一个世纪中，俄国的改革道路走得步履艰难而且命途多舛，而对改革三心二意的沙皇政府，屡屡错过在历史转折的紧要关头选择正确道路的时机，最终被历史的滚滚浪潮所淹没。

曹维安先生的著作《俄国史新论——影响俄国历史发展的基本问题》，此书以对俄国社会发展基本特点与俄国历史发展基本特点的专题分析而见长。作者着眼于长时段的历史，从古罗斯国家入手，探究俄罗斯文明的起源与特征，并且对俄罗斯国家与沙皇制度、俄国东正教、俄国农奴制度、俄国农村公社等基本问题，都进行了脉络清晰的、具有回溯性的历史考察。尤其值得注意的是，作者特别辟出两个章节的篇幅，专门论述19世纪俄国社会思想领域的演变史。从中可以窥见俄国知识分子阶层在19世纪各个历史时期的分化、组合、变迁，从斯拉夫派与西方派之争，从民粹派到社会革命党，俄国知识分子各个派别的总体趋势是从温和走向激进，相继放弃和平改良的试验，陆续走上暴力革命的道路，最终投身到1917年的二月革命与十月革命中去。

第三节　中外近代改革的比较

——以中日两国为例

古罗马著名学者塔西陀曾说："要想认识自己，就要把自己同别人进行比较。"在改革史中，比较研究是一种重要的研究方法，它可以使读者更加清楚、明了各国改革的背景、内容以及最终发展方向不一致的原因，本小节试以中日两国为例加以比较，以期展示出中日近代改革结果大相径庭的深层原因。

一　中外近代改革的比较概述

作为东亚地区两个最具有影响力的大国，中国和日本经常被作为相互比较的对象。在古代的东亚，中国长期雄踞中华册封体系与中华文明体系的正中央，几乎所有与中国接壤或邻近的周边国家，都被纳入到这个朝贡体系与册封体系当中，而日本则几乎始终游离于这个朝贡体系与册封体系之外。尽管在东亚各国之中，日本向来以最善于学习中国古典文明而知名，但日本也是东亚地区绝无仅有的、敢于与中国分庭抗礼、乃至挑战中国在东亚主导地位的国家。在近代的东亚，在面对西方文明咄咄逼人的扩张时，自古以来居于中华文明体系正中央的中国，由于未能实现政治上与经济上的根本性体制变革，在半殖民地化的泥潭里越陷越深，而自古以来善于学习外来文明的日本，则在所有东亚国家之中脱颖而出，迅速实现传统社会向近代社会的转型。然而，日本在迅速完成政治经济近代化之后，马上就对中国与朝鲜等亚洲国家的民族独立与领土完整构成严重威胁，而日本在其殖民活动与侵略扩张中给亚洲各国人民所带来的灾祸与苦难，更是远远甚于任何欧美殖民帝国，甚至直接阻碍和打断了中国与朝鲜等亚洲国家的近代化进程。

日本学者安冈昭男曾经指出："幕府末期的日本，既给了各国以领事裁判权，又使他们各自拥有了居留地；在通商关系上也没有关税自主权，又被强迫降低关税；由于片面的最惠国待遇使日本在外交上处于不利地位；接着又进一步允许外国军队的驻屯等，国家的尊严、独立和主权受到侵害，但和中国不同的是，日本没有因列强势力的侵入而半殖民地化，这虽是由于当时的国内外条件不同所造成的，但也是一个需要从政治体制和经济的发展程度、民族特性、历史和地理的条件，以及对外来压力的态度等角度进行比较考察的复杂问题。"[①]为何同样面对西方列强入侵的现实威胁，甚至同样丧失了部分国家主权与国家利益，中国在半殖民地化的困局中难以自拔，而日本却最终避免了进一步陷入半殖民地化？安冈昭男为我们提供了一种思考路径，其中包括中日两国不同的政治制度、经济发展程度、民族特性、历史地理条件、对外反应等。

但就总体而言，日本避免陷入半殖民地化的关键，首先在于日本比中国更成功地走上了近代化的道路。日本学者依田憙家认为，与中国作比较，日本的近代化在亚洲各国中之所以比较快和顺利，应该说是各种因素起了综合作用的结果："第一，江户时代的文化、社会的结构是近代化及摄取其必要的外国知识的极其有利的基础，在这一基础之上，西洋学能作为一门学问而成立等。第二，日本较早地形成了国内统一市场，因而以此为基础，成立了可成为近代国家前提的统一国家，并能够进一步把它向近代国家的方向推进。第三，欧美对东亚的外来压力主要是针对中国、印度等国家，因而对日本的压力相对地比较小。第四，由于统治机构的组成方式，在中国没有出现统治阶级内部的分裂，整个统治阶级对现体制强烈地迷恋；相反，日本出现了分裂，特别是统治阶级的下层不执著于对现体制的维持；等等。"[②]依田憙

① (日)安冈昭男著，林和生、李心纯译：《日本近代史》，第72页。

② (日)依田憙家著，卞立强、陈生保、任清玉译，卞立强校：《近代日本与中国·日本的近代化——与中国的比较》，上海远东出版社2004年版，第429页。

家为我们提供了另一种思考路径，其中包括中日两国不同的文化社会结构、国内市场、外来压力、统治机构，等等。

结合以上两位日本学者的思考路径，我们认为可以从中日两国的政治制度、经济程度、社会形态、文化形态、对外反应等五个方面来予以回答。必须说明的是，由于中日两国的比较研究，涉及庞大的历史背景与知识体系，我们在这里所提供的答案，也仅仅是抛砖引玉的一家之言。

1. 政治制度

就政治制度而言，近代中日两国最为明显的差异，是中国的中央集权制度与日本的幕藩分立制度。众所周知，强大的中央王权、统一的民族国家，是任何前近代国家向近代国家过渡的必要前提。仅此看来，仿佛中国比日本更具备迈向近代国家的良好条件。“在中国，由看起来好像是高度中央集权的清朝过渡到近代国家似乎比较容易。但是，事实上直到辛亥革命以后，中国仍然长时期遭受国内分裂的痛苦，这是阻碍中国近代化的一个重要的原因。看来这是由于清朝的统治体制并不是像绝对主义王权国家那样可以成为近代国家前提的那种强有力的统一国家……清朝的体制与绝对主义王权那种可以成为近代国家前提的中央集权国家是不一样的，绝对主义王权国家是由于国内统一市场的发展而中央集权化的国家……存在着三百诸侯的日本反而像欧洲国家那样分阶段地解决了解决了实现统一国家、向近代国家过渡的课题，而形式与实质混淆难分的中国在实现近代化上却出现了更多的困难。”[①]总体而言，清朝末年的中国是从统一走向分裂，而幕府末年的日本却是从分裂走向统一，出现这种相反走向的深层原因，很大程度上在于国内市场与国民经济的分裂与统一。尽管近代早期中日两国的经济发展程度不相伯仲，但若论实现国内市场的统一与国民经济的统一，则国土狭小的日本无疑比国土广阔的中国要有利得多。

值得注意的是，像中国和日本这样被动地卷入近代化浪潮的国家，如果中央政权未能同时肩负起抵抗外敌与改革内政的双重历史使命，则中央政权反而会不自觉地承担阻碍历史前进的角色，最终因为落后于时代而被时代所淘汰。“在清朝的统治制度下，不可能有像日本那样的藩领存在。集中

① (日)依田憙家著，卞立强、陈生保、任清玉译，卞立强校：《近代日本与中国・日本的近代化——与中国的比较》，第348—350页。

的封建统治制有合理的一面，但另一方面当中央权力一旦削弱时，可以代替它的强有力的政治势力难以成长。而且需要发展地方产业或引进新技术时，如中央机构不积极，则难以实现。”①

众所周知，在面对西方列强的入侵时，清朝中央政府实际上是拒绝面对现实、也拒绝承认西方文明先进性的，在经历了两次鸦片战争的惨败之后，清朝的洋务运动声势浩大而且持续数十年，但却始终局限于地方层面，由以各省督抚为代表的地方实力派为主导，并且始终得不到清朝中央政府的全力支持。与此同时，在日本，京都朝廷与江户幕府实际上形成了两个彼此分立、相互竞争的中央政权，当江户幕府的统治权威由于幕藩体制的瓦解与西方列强的挑战而受到严重削弱时，作为西南强藩政治代言人的京都朝廷取而代之，并且在统一国家的戊辰战争与改革内政的明治维新中树立起新的统治权威。

2. 经济程度

就经济程度而言，如前文所述，可以成为近代国家前提的中央集权国家，建基于“国内统一市场的发展”，“在这一阶段的经济问题上，最大的差异是国内统一市场形成的差异。这一差异首先表现为两国的统一与分裂的问题。在幕藩体制下，日本存在着幕府与三百诸侯的分割统治。但当幕府末期出现统一方向时，戊辰战争与西南战争（这是地方军事势力的叛乱）都能在较短的时间内平息下去，以后并未出现过分裂的危机。在中国……由于太平天国革命，清朝的统治机构遭到沉重的打击。这时，曾国藩的湘军和李鸿章的淮军等私人武装集团势力抬头，中国开始趋于割据……中国在欠缺可以成为近代国家前提的统一国家的状况下发生了辛亥革命，辛亥革命后又陷于军阀割据的状态……统一如此迟缓，当然成为近代化的一大障碍。”②总体而言，经济分割与政治分裂构成了近代中国的恶性循环。

如前所述，政治与经济实际上是相互作用并且形成循环的。“日本为什么能很早形成统一的市场呢？一般认为，一个原因是日本的国土狭小；另一个原因是四周围大海所环绕，因而可以积极地利用海运。此外参觐交代制也可以说是起了促进的作用。可以这样认为，日本是在由海运与参觐交代

① （日）依田憙家著，卞立强、陈生保、任清玉译，卞立强校：《近代日本与中国·日本的近代化——与中国的比较》，第 350 页。

② 同上，第 341—342 页。

制所结成的统一市场的基础上，走上统一国家的道路，并以此为阶梯，向近代化发展。""中国是一个内陆国家，而且拥有极其广阔的国土。当然，有着长江、黄河的船舶运输，这也是一个'巨大的地方市场'，但这反而可以说很可能成为地方军阀政权的基础。"[①]

同样以农业为主导的农村自然经济的条件下，中国作为比日本庞大许多倍的政治经济实体，其内部存在着巨大的地区差异与地理阻隔。正因如此，在缺乏自然地理边界而且内部心理隔阂严重的中国，一旦中央政府未能承担起维护国家统一与实现内政改革的双重历史使命，在地方上很容易形成独立于中央之外的政治经济实体与军事割据势力。实际上，从太平天国运动时期湘军系统与淮军系统的形成，到义和团运动时期长江以南各省督抚的东南互保，清朝末年的中国已经出现了严重的割据倾向，这预示着清朝灭亡后随即出现的军阀混战，也预示着近代中国革命的一个艰巨使命就是重新实现国家统一。与此同时，在日本，西南强藩挑战江户幕府统治权威的举动，却并未产生长期割据的严重局面。相反，在日本，无论是萨摩藩阀还是长州藩阀，都是以地方军阀长期把持中央政权的方式存在的，而这也预示着近代日本强烈的军国主义倾向。

3.社会形态

就社会形态而言，近代中日两国最为明显的差异，是中国的科举选拔制度与日本的世袭继承制度。中国的科举选拔制度历史悠久，可以说是无比庞大的中国封建统治制度中极具特色的组成部分。"这一制度最大的优点是可以从全国各阶层中收罗有为的人才，吸收进统治机构。'赤贫如洗'的阶层的人，当然不可能取得可以中举的学历。但只要出生于拥有学习所需要的一定家产的家庭，在科举考试中取得优良成绩，就有可能成为大官……相反，科举的考试如不合格，即使是大地主、大官僚的子弟也只不过是'土豪劣绅'，不能成为统治机构的成员。""作为封建社会的制度，这样的制度有着很大的合理性。所以像孟德斯鸠等在封建时代末期活跃的欧洲的思想家，尽管认为它是相当理想化了的形式，但还是给予了很高的评价。"中国的科举选拔制度，是中国封建社会比日本乃至欧洲封建社会更为成熟的本质特

① （日）依田憙家著，卞立强、陈生保、任清玉译，卞立强校：《近代日本与中国·日本的近代化——与中国的比较》，第342—343页。

征。“科举制度对于维持封建制度是一种有效的制度,但对于向近代化过渡,应当说是极大的障碍。其原因,首先由于科举制度有着许多合理面,因而使得整个封建统治阶级对现行体制有着强烈的迷恋,热衷于维持现行体制。”

如果说,中国的科举选拔制度最大的优点是可以收罗全国各阶层的人才,那么,其最大的缺点就是将全国各阶层的人才全面体制化。正如唐太宗李世民所说:“天下英雄尽入吾彀中矣”。知识阶层的全面体制化,让晚清的中国在面对“千年未有之变局”时,只能徒劳无功地维护圣人之教与祖宗家法,而不是以大刀阔斧的社会改革与毅然决然的社会转型来应对变局。“与此相反,日本的世袭制与血统制所具有的不合理面,表现为包括一部分统治阶级的人对现行体制的反感。”“日本在幕府末期能够把下级武士的力量集结起来,而中国却未能形成相应的势力,上述情况即使不能说明全部原因,起码可以说明部分原因。”①在日本,在统治阶级的内部,出现了上层与下层之间的脱节与分裂,在原有统治体制之中缺乏晋身阶梯的中下级武士,成为社会改革与社会转型的中坚力量。

4. 文化形态

就文化形态而言,中日两国在前近代时期的文化差异,同样与是否存在科举选拔制度有重大关系。在中国,“由于统治机构在录用人才方面有一定程度的合理性,因而妨碍了人才向其他方面流动。由于存在着这种制度,有为的青年只热衷于学习儒家的经典和繁琐的八股文。与此相反,日本的统治机构一向贯彻血统制和世袭制的原则,因而产生了这样的现象,比如说,认为研究新兴的学问——西洋学是脱出下层的最有效的方法。”“没有科举制的社会的学术状况与以科举制为中心的社会的学术状况是不一样的……它意味着在研究儒家的伦理之外,也可以成立学问。这有着极其重大的意义。如果没有这样的立场,看来西洋学也不可能作为一门学术而成立。与此相反,中国的学术为科举所左右,对中举无用的学术几乎就不能称之为学术。”“日本能够较早地在权力机构以外存在学问和人才。很大的原因看来是由于日本与中国不同,它没有采取科举制,而采取了世袭制。”“由于存在

① (日)依田憙家著,卞立强、陈生保、任清玉译,卞立强校:《近代日本与中国·日本的近代化——与中国的比较》,第 352—352 页。

着通过儒家经典的学习就可以飞黄腾达的科举制，所以不承认外国的学问为学问，学习外国语的人被排斥于社会之外，有为的青年都不朝这个方面去发展。"[1]非常明显的例证是，在中国，明朝末年传入中国的西方近代科学技术，并未得到官方与民间的重视，传播范围仅仅局限于以徐光启为代表的士大夫阶层，而在清朝更加沦为皇帝在宫廷里面的玩赏之物；在日本，即使在奉行锁国政策的德川幕府统治时期，兰学（最初特指荷兰人带来的西洋学问，后来泛指所有西方人带来的西洋学问）也始终是一个长盛不衰的学问门类，日本民间修习研究兰学的大学问家不乏其人，普通学习者也是人数众多，从而为后来的明治维新做好了充分的人才储备。

不得不承认，中国的科举制度本身具有其合理性与优越性，以至于近代欧洲各国在建立科层制文官制度时，也在一定程度上参考了中国的科举制度。然而，中国科举制度的主要问题，不在于其形式，而在于其作用。由于中国科举制度以四书五经为其主要考查内容，导致通过科举制度选拔出来的官员大多是脱离实务的儒学家与道学家。他们并不熟悉科学技术，更加欠缺科学思维。他们深信"非我族类，其心必异"，坚守"华夷之辨"，对外来文化缺乏包容，更加不屑于主动了解外部世界。而且，科举制度本身还在不停地制造这种脱离实务的儒学家与道学家，他们成为维护传统文化、排斥外来文化的主要力量，在中国知识阶层内部形成闭目塞听的恶性循环。

5. 对外反应

同样可以由中日两国的社会形态与文化形态，引申出中日两国对外部世界的看法，也可以从中理解中日两国面对外来势力冲击时的反应。依田憙家认为："有必要比较一下日本与中国同欧美各国正式接触时所产生的问题——中国的华夷思想与日本的攘夷思想。华夷思想是以册封体制为前提而形成。所谓册封体制是这样一种制度：在中国皇帝是中国周围的整个'中国世界'的天子这一前提下，承认周围的国王是该国的主权者，令其进贡，同时给予回赠……在鸦片战争以前的东亚，册封体制是一种客观存在的并为很多国家所公认的国际关系。华夷思想正是以这种册封体制为前提而成立的。""在东亚一直以册封体制的形式，存在着与西欧各国不同的国际关系，

① （日）依田憙家著，卞立强、陈生保、任清玉译，卞立强校：《近代日本与中国·日本的近代化——与中国的比较》，第 353－354 页。

并在中国根深蒂固地残留着华夷思想。”由于中华册封体制在东亚地区的长期存在，中原王朝观察外部世界的视角是居高临下的，既没有与外国平等交往的思想准备，也缺乏应对外国入侵的危机意识。

与中国正好相反，“日本在这样的东亚世界中一向占据特殊的地位。东亚各国一贯基本上处于这种册封体制的内侧，而日本对这种册封体制有时是处于内侧，有时是处于外侧……所以幕府末期的攘夷思想主要是来自对外危机意识……攘夷思想如果是以中国式的华夷思想为前提，日本在幕府末期面临外来压力时，就不可能按国家对国家的关系来处理。”“由于长期存在着册封体制，当时的中国根本不可能想象国与国是对等的关系。当时的欧美各国没有把中国、日本等亚洲国家以对等的关系来对待，也有着很大的问题。但面临同样的事态，日本方面不存在强烈的华夷思想。”由于日本并非处于东亚国际关系的中心，因此日本能够以比较平和的心态与比较充分的准备去面对外部世界。

“日本的问题是，必须在攘夷和全面开放国家之间进行选择。所以在所谓的攘夷无法实行时，很快就把同外国的关系看作是国际关系，转向争取废除不平等条约的方向。”“幕府末期的攘夷包含着封建的排外主义的因素和萌芽的民族主义的因素。不管怎么说，日本有着经常通过对外国文化的摄取来发展本国文化的悠久的传统，即使说‘攘夷’，也是在吸收欧美的文化特别是科学技术这一前提下的攘夷……这种主张的目的是在于要雄飞世界，而且一旦看到实行攘夷已不可能，就积极转向开放国家。”“在明治维新的过程中，热烈的攘夷论者和攘夷藩之所以能够转向开放国家的政策，其原因可以说是，日本的攘夷思想中就包含着可以转向开放国家的因素。”[①]明治维新前夕，萨摩藩与长州藩从“攘夷”到“师夷”的急剧转变，明治维新期间，明治天皇“求知识于世界”的决心与信心，都可以从日本民族这种勇敢面对外部世界的现实主义态度当中得到解释。

二 视野拓展及重点问题分析

关于明治维新与戊戌变法的成败，我们除了在种种客观条件当中寻找

① （日）依田憙家著，卞立强、陈生保、任清玉译，卞立强校：《近代日本与中国·日本的近代化——与中国的比较》，第359—364页。

原因之外，还可以着眼于主观条件，尤其是历史事件参与者的因素。如何从改革者的支持者与反对者的角度来看待明治维新与戊戌变法的成败？

仅就改革者而言，在洋务运动期间（19 世纪 60—90 年代），中国最主要的革新力量是以曾国藩、李鸿章、左宗棠等极个别开明督抚为代表的地方实力派，洋务派督抚在东南各省的洋务实验一度颇有成效，甚至让腐朽不堪的晚清政局一度呈现“中兴之象”，但兴办洋务始终未能成为中央政府的既定国策，满人朝廷对于汉人督抚的改革举动，也往往诸多掣肘、诸多防范，导致洋务运动最终归于失败；而在戊戌变法期间（19 世纪 90 年代末），中国最主要的革新力量则是以康有为、梁启超、谭嗣同等人为代表的上书建言的科举士子，这些参与“公车上书”的举人都只是纯粹的知识分子，他们欠缺强硬的政治手腕与娴熟的行政能力，在戊戌变法中只能发布一些不出宫门的空头政令，在戊戌政变中更加成为帝后党争的政治牺牲品。与中国不同，在明治维新前夕，日本主要的革新力量是西南四强藩的中下级武士，他们是有着丰富政治军事经验的技术官僚与职业军人，高杉晋作、坂本龙马、木户孝允、西乡隆盛等人，几乎都是以组建和训练新式军队作为其步入政坛的起点，而在戊辰战争之后，当年在战场上奋勇拼杀的维新志士，马上就转型为明治政府的改革人才。

就改革的反对者而言，中国的革新对象是清朝政府，在这个极端保守的晚清朝廷中，作为既得利益者的宫廷守旧派，动辄以祖宗家法来打压洋务派与维新派，甚至宫廷当中的清流派如翁同龢等人，对于洋务运动与戊戌变法也依然持反对态度或者保留态度。与中国不同，日本的革新对象是德川幕府。从严格意义上说，德川幕府其实并非冥顽不灵的顽固守旧派，德川幕府固然致力于维护其世代相传的“幕藩体制”，但其自身也致力于推行近代化的幕政改革，而且还取得了一定成效。早在 19 世纪 60 年代，德川幕府就已经在法国军事顾问的协助下，在关东地区建立起高度近代化的陆军与海军，而为了防范外国势力入侵北海道，甚至在北海道箱馆（今天的函馆）附近修建了规模巨大的西式堡垒“五棱郭”（参考了法国元帅沃邦的先进设计）。而在德川幕府内部，也活跃着以胜义邦（又名为胜海舟）为代表的具有近代民族国家意识与近代科学文化知识的新式人才。甚至可以说，在西南强藩与德川幕府之间，存在着一场近代化的竞赛，只不过在这场争先恐后的竞赛中，德川幕府因为维护早已过时的身份等级制度在历史的浪潮中被淘汰。

三　深入探究指引

毫无疑问，在世界各国的近代化改革中，日本的"明治维新"是最为受到中国人关注、也最能引起中国人思考甚至反省的历史事件。原因在于，中日两国作为地处东亚的、历史悠久的古老国家，面对西方文明殖民扩张的严重威胁，却走上了截然不同的近代化道路，分别成为东亚国家近代化进程中失败与成功的典型范例。中国在经历了两次损失惨重而且教训深刻的"鸦片战争"之后，尽管中国的知识精英已经开始尝试"开眼看世界"，并且提出了各种"师夷长技以制夷"的改革方案（尽管这些以"制夷"而非"自新"为目的的改革方案，本身就具有浓厚的保守性），但中国统治阶层当中的顽固派却依然闭目塞听，拒绝承认"天朝上国"早已落后于世界的现实，而中国统治阶层当中的改革派所推行的"洋务运动"，也只停留于最为肤浅的科学技术层面，而对制度层面的任何变更都避而远之，以致一再错失变革的机遇，最终在半殖民地化的泥淖中越陷越深。与此恰成对照的是，日本从 1853 年"黑船来航"开始，在西方列强的武力威胁之下被迫打开国门，但也让日本的统治阶层与知识精英幡然醒悟，认识到日本全面落后于世界的现实，必须通过制度变更来革新国政、挽救国家，在 1868 年打倒幕府、统一国家的"戊辰战争"取得总体胜利后，马上拉开了全面向西方国家学习的"明治维新"的大幕，开启了所谓"脱亚入欧"的高速近代化进程。但令人遗憾的是，由于日本社会根深蒂固的军国主义传统与扩张主义传统，日本近代史既是日本民族国家强势崛起的历史，但也是亚洲各国人民深受苦难的历史。

由于中日两国语言文字比较相近，但文化心态与民族性格差异巨大，因此我们在认识与理解日本历史时，不妨对中日两国学者研究日本历史的著作进行对照阅读。作为入门著作，中国学者的著作，可以阅读王仲涛、汤重南著的《日本史》（人民出版社，2008 年版）。这部关于日本历史的通史性著作，无论是历史材料还是历史叙述，都具有深入浅出、简明扼要、角度新颖、观点独到的特点，非常适合大学本科阶段的同学对日本历史进行总体了解。

至于日本学者的作品，在已经被译介为中文的、具有严肃学术素养的著作中，可以阅读安冈昭男独著的《日本近代史》（中国社会科学出版社，1996 年版），以及依田憙家的历史著作集。首先是安冈昭男的《日本近代史》，译者林和生、李心纯曾经对此书评价道："日本法政大学教授安冈昭男先生所著《日本近代史》是以日本明治维新为中心贯以始终的，所以从严格的意义上来讲应称之为日本明治维新史。《日本近代史》一书的特点是，历史线索清晰、系统，史料翔实，学术风格严谨，且涉及内容广泛，除政治、经济、军事、外交等以外，还包括文学、艺术、教育、风俗民情诸方面，堪称一部明治维新史的小百科全书。书中涵括了40年代以来至1988年为止的日本史学界有关明治维新史研究的优秀成果……即便在日本史学界，像这样的书也是不多见的。"[①]然而，正是由于此书具有的"小百科全书"的优点，此书便同时带有"以史代论"的缺点。的确，安冈昭男在《日本近代史》中提供了极为清晰、系统、详尽的叙述，但却很少作出判断与评价。正因如此，安冈昭男的《日本近代史》更适合作为初入门者的史实备览工具书，如果要对明治维新史有更为深入的掌握，我们可以阅读依田憙家的历史著作集。

依田憙家的历史著作集，由《简明日本通史》（上海远东出版社，2004年版）、《日本帝国主义研究》（上海远东出版社，2004年版）、《近代日本与中国·日本的近代化——与中国的比较》（上海远东出版社，2004年版）、《日中两国近代化比较研究》（上海远东出版社，2004年版）以及《近代日本的历史问题》（上海远东出版社，2004年版）五个分册构成。译者卞立强曾经对依田憙家的历史著作集评价道："依田先生研究的学术领域是日本史。难能可贵的是，他始终坚持进步的唯物史观，批判反动的皇国史观和近年来猖獗一时的所谓的'自由史观'（即以'学术自由'为名，恶意制造各种否认日本侵略历史的奇谈怪论——引者注）。运用大量确凿的史实资料，正确阐述日本社会发展的历史，特别是揭露了近百年来日本帝国主义对中国、朝鲜的残酷的剥削、掠夺和侵略。"[②]其中，"本文集卷一收录的《简明日本通史》，是依田先生在中国讲学时所使用的讲稿"，"卷二《日本帝国主义研究》着重从经济上揭露二战前日本帝国主义对我国东北和华北地区的侵略，其特点是运用大量的资料、统计和图表，而且几乎全部都是日本统治阶层的资料"，"卷三中收录的《近代日本与中国》，论述了近代日本帝国主义是在野蛮侵略和掠夺中国、朝鲜的基础上发展壮大起来的"，"卷三中收录的《日本的近代化——与

① （日）安冈昭男著，林和生、李心纯译：《日本近代史》，第459页。

② （日）依田憙家著，卞立强、李天宫、雷慧英译，卞立强校：《简明日本通史》，第2页。

中国的比较》和卷四《日中两国近代化比较研究》","后者是学术专著,前者通俗易懂地概述了后者的主要内容。两者从政治、经济、文化等各个方面,比较了中日两国近代化背景的'异'与'同',特别强调了两国文化类型与民族性的差异","卷五《近代日本的历史问题》收录了作者近年来发表的单篇论文,其中涉及明治维新、天皇制、自由民权运动以及战前日本的殖民政策、军部独裁等近代日本史中的重大问题。《战后教科书问题》一文中,揭露主审教科书的文部省(教育部)文教官僚中根深蒂固地存在着反动的皇国史观的传统。这表明日本的教科书问题屡屡发生,日本当局负有不可推卸的责任。"①

在依田憙家的五卷本历史著作集中,卷一《简明日本通史》可以作为入门性质的通论,卷五《近代日本的历史问题》可以作为有所着重的专论,而卷三《近代日本与中国·日本的近代化——与中国的比较》则应该列为中国学生与学者学习日本"明治维新"历史的必读著作,尤其是其中的《日本的近代化——与中国的比较》。在这部著作中,依田憙家对中日两国在进入近代之前的文化形式、革命对象、思想前提、国家观念、经济基础等五个方面,进行了系统全面的比较研究,从中探讨日本在清朝末年成为中国人心目中所谓"近代化楷模"的各种复杂原因。由于在中国国内对中日两国历史进行系统比较研究的学者与成果相对较少,而且目前中国国内的相关研究成果多为零散论文而非系统专著,因此依田憙家的系统性著作就更加显得弥足珍贵,更加值得学习"明治维新"历史的学生与学者仔细研读。

---

① (日)依田憙家著,卞立强、李天官、雷慧英译,卞立强校:《简明日本通史》,第2—3页。

第四章　现代的改革

一些国家的资产阶级通过革命或改革建立的政权，经过几百年的发展逐渐暴露出存在的问题，迫切地需要加以调整，以确立新的制度来安定社会秩序，故而现代史上改革更是充当了重要的角色。

第一节　中国现代的改革

中华人民共和国成立后，中国共产党领导全国各族人民在巩固政权的同时展开现代化建设，并于 1956 年确立了社会主义基本制度。但由于政治、经济、文化体制还不够完善，一些不利于生产力发展、民主政治建设和文化繁荣的问题日益显露出来。因此，自 50 年代后期开始中共中央就陆续进行改革和调整，十一届三中全会以后，中国进入了改革开放时期，随着改革的全面推进和逐步深入，中国的社会主义体制日益完善，有力地推动了现代化建设和人民群众生活水平的提高。

一　中国现代的改革概述

1. 改革开放的历史背景和启动

1956 年社会主义改造的基本完成标志着中国进入了社会主义社会阶段，如何在中国这样一个人口众多、生产力发展水平还很落后的东方大国建设社会主义的问题就摆在了全党和全国人民的面前。早在 1955 年底，毛泽东在中国共产党内就率先提出了以苏联的经验为借鉴，探索适合中国国情的社会主义建设道路的重大问题。第二年四月，他在《论十大关系》的讲话中正式提出了探索中国社会主义建设道路的任务，提出了调动一切积极因素为社会主义事业服务的基本方针。毛泽东的《论十大关系》是对中国社会主义建设道路进行的初步探索，其阐明的基本思想一直是中国共产党人探索中国特色社会主义道路的指导思想，即把马克思主义的理论与中国实际相结合，实事求是，走适合中国国情的社会主义建设道路。根据这个基本思想，中国共产党对中国社会主义建设道路问题进行了进一步的探索，取得了许多重要成果。

1956 年 9 月召开的中共八大正确分析了三大改造完成后国内形势和主要矛盾的变化，在决议中指出：几千年来的阶级剥削制度的历史已经基本结束，社会主义制度在我国已经基本建立起来，革命的急风暴雨时期已经过去，无产阶级和资产阶级的矛盾已经基本解决，国内的主要矛盾，已经是人民对于建立先进的工业国的要求同落后的农业国的现实之间的矛盾，是人民对于经济文化迅速发展的需要同当前经济文化不能满足人民需要的状况之间的矛盾，党和全国人民的主要任务是集中力量发展社会生产力，实现国家工业化，满足人民的经济文化需要。

1957 年 2 月，毛泽东在最高国务会议第十一次扩大会议上作了题为《如何处理人民内部矛盾》的讲话，系统阐述了社会主义社会的基本矛盾和主要矛盾以及党和国家的主要任务。报告承认了社会主义社会充满了各种矛盾，其中基本矛盾仍然是生产关系和生产力之间的矛盾，上层建筑和经济基础之间的矛盾，这个矛盾主要通过社会主义制度本身来解决。社会主义社会存在两类不同性质的社会矛盾，分别是敌我矛盾和人民内部矛盾，前者是对抗性，要采取专政的方法解决；后者是非对抗性的，解决的办法只能是民主的办法，也就是运用讨论、批评和自我批评的办法，说服教育的办法。毛泽东特别强调：社会主义制度在中国建立以后，“革命时期的大规模的急风暴雨式的群众阶级斗争基本结束”，人民内部矛盾是最主要的社会矛盾，必须正确区分和处理两类不同性质的矛盾，把正确处理人民内部矛盾作为国家政治生活的主题。

上述关于社会主义时期中国主要矛盾的变化、党今后的根本任务和国家政治生活主题的论述无疑是正确的，符合中国的现实国情和社会主义建设的需要，是中国共产党探索中国社会主义建设道路的重要成果。但是这些正确的观点并没有坚持下来，1957年以后中共中央也逐步背离了这个观点，最终导致一系列错误的发生，使在探索中国社会主义建设道路的过程中出现严重曲折，进而走上歧途，给党和国家造成了极其严重的危害。

对于“文化大革命”发生的原因，《关于建国以来党的若干历史问题的决议》第十八条指出：“毛泽东同志在关于社会主义社会阶级斗争的理论和实践上的错误发展得越来越严重，他的个人专断作风逐步损害党的民主集中制，个人崇拜现象逐步发展。党中央未能及时纠正这些错误。林彪、江青、康生这些野心家又别有用心地利用和助长了这些错误。这就导致了‘文化大革命’的发动。”①“文化大革命”的十年是中国社会主义建设遭受严重挫折的十年，社会主义民主法制遭到践踏，人民代表大会制度等基本政治制度受到极大的干扰和冲击，处于动荡之中的国民经济损失巨大，人民群众生活艰难，文化教育惨遭浩劫。而正当中国社会主义建设在“左”错误的道路上屡屡受挫的时候，世界范围内的第三次科技革命蓬勃兴起，原子能技术、信息技术、生物技术、空间技术、新材料技术等尖端技术得到迅猛发展并广泛应用，极大地推动了社会生产力的发展，使中国与西方发达国家之间在经济和科技方面的差距不断拉大。

社会主义的理想与现实的落后之间反差如此之大，不能不发人深省。作为中国第二次领导集体的核心，邓小平对1957年以后中国社会主义的模式进行了深刻的反思，从而开启了中国共产党人对中国特色社会主义建设道路的重新探索。对此，中央党校党史研究部副主任曹普教授撰文指出：我们党从成立的第一天起，就把社会主义、共产主义作为我们的奋斗目标。但是，大家看，“文革”时期搞的这种社会主义，难道就是我们千百万共产党人流血牺牲所要追求的那个社会主义吗？社会主义的优越性就是如此体现的吗？按照这样的社会主义继续发展下去，社会主义还有吸引力、号召力、凝聚力吗？人民能答应吗？中国还有希望吗？每一个关心党和国家前途命运的人都会提出这样的问题。邓小平更是如此。从第三次复出伊始，他就对“文革”这样的社会主义、对社会主义的这种“优越性”打出了沉重的问号。

① 中共中央文献研究室：《关于建国以来党的若干历史问题的决议》注释本，人民出版社1983年版，第26页。

1977年12月26日，邓小平在会见澳大利亚共产党(马列)主席希尔和夫人乔伊斯时，他尖锐地提出："怎样才能体现列宁讲的社会主义的优越性，什么叫优越性？不劳动、不读书叫优越性吗？人民生活水平不是改善而是后退叫优越性吗？如果这叫社会主义优越性，这样的社会主义我们也可以不要。"1978年3月10日，在国务院第一次全体会议时，他又说："什么叫社会主义？它比资本主义好在哪里？每个人平均六百几十斤粮食，好多人饭都不够吃，28年只搞了2 300万吨钢，能叫社会主义优越性吗？"1978年9月，在东北三省视察期间，他说："外国人议论中国人究竟能够忍耐多久，我们要注意这个话。我们要想一想，我们给人民究竟做了多少事情呢？""我们太穷了，太落后了，老实说对不起人民。""社会主义要表现出它的优越性，哪能像现在这样，搞了20多年还这么穷，那要社会主义干什么？"这一连串的"问号"，实际上也是发出了重新探索"什么是社会主义、怎样建设社会主义"的强有力的信号。①

随着1976年10月"文化大革命"的结束，历史的契机终于显现。尽管在此后的两年间"左"倾错误的指导思想没有根本改变，"两个凡是"的方针继续肯定"文化大革命"的"左"倾理论，但内乱局势彻底被扭转，国家的各项事业逐步走向正轨，社会上出现了一股思想解放的潮流，要求拨乱反正的呼吁越来越强烈。1978年5月11日，《光明日报》发表题为《实践是检验真理的唯一标准》的特约评论员文章，批判了"两个凡是"观点，旗帜鲜明地指出："实践不仅是检验真理的标准，而且是唯一的标准。"②这篇文章发表后，引发了全国规模、影响深远的关于真理标准问题的大讨论，邓小平、叶剑英、李先念、陈云等中央领导人先后表态支持这场讨论，不赞成"两个凡是"。真理标准大讨论促进了人们的思想解放，冲破了"两个凡是"的精神禁锢，重新恢复了党的解放思想、实事求是的思想路线，为十一届三中全会的召开准备了思想条件。

1978年11月10日，中共中央工作会议在北京召开，来自各省、市、自治区以及各大军区和中央各部门的主要领导同志参加了会议。会议历时36天，对党今后的各方面工作进行了充分的讨论，在将党的工作重心转移到社

① 曹普：《中国改革开放的历史由来》，《学习时报》2008年10月6日。
② 特约评论员：《实践是检验真理的唯一标准》，《光明日报》1978年5月11日。

会主义现代化建设上来和在恢复、发扬党的优良传统等问题上统一了认识。邓小平在会议闭幕式上作重要讲话，指出要解放思想，实事求是，团结一致向前看，并郑重提出了改革的任务，说："如果现在再不实行改革，我们的现代化事业和社会主义事业就会被葬送。"①

由于这次中央工作会议的充分准备，1978 年 12 月召开的十一届三中全会比较顺利，只开了 5 天，主题报告实际上就是邓小平在中央工作会议闭幕式上的讲话。全会决定停止使用"以阶级斗争为纲"的口号和"无产阶级专政下继续革命"的错误理论，重申中共八大关于社会主义在中国确立以后"大规模的急风暴雨式的群众阶级斗争已经基本结束"的正确结论，决定恢复党的民主集中制的优良传统，严格区别和正确处理两类不同性质的矛盾，加强社会主义民主和法制建设，重新确立解放思想、实事求是的指导思想，并作出了把党和国家的工作重心转移到社会主义现代化建设上来和实际改革开放的战略决策。十一届三中全会从根本上冲破了长期"左"倾错误思想的严重束缚，在思想上、政治上和组织上全面恢复和确立了马克思主义的正确路线，开始了全面拨乱反正，实现了建国以来中国共产党历史上具有深远意义的伟大转折，标志着改革开放的正式启动，开创了中国社会主义现代化建设的新时期。

2. 改革开放的发展历程

中共十一届三中全会开启了中国改革开放的大幕。自此以后，中国各族人民在党的领导之下，对内改革，对外开放，解放思想，实事求是，不断探索中国特色社会主义道路，有力地推动了中国的社会主义现代化建设和人民群众生活水平的提高，是三十多年来中国社会发展进步和经济高速发展的根本动力。

回顾三十多年来的历程，中国改革开放走过了一条循序渐进、逐步深入和全面推进的道路。从总体上看，可以分为四个阶段：(1)从 1978 年中共十一届三中全会的召开到 1984 年 10 月中共十二届三中全会的召开是改革开放的第一阶段。

这一阶段属于改革开放的起步阶段，即初步探索和思想准备阶段，"其

---

① 《邓小平文选》第二卷，人民出版社 1994 年版，第 152 页。

中最重要的成果是完成了指导思想上的三个转变：即从以阶级斗争为纲转变到以经济建设为中心，从封闭转变到开放，从固守陈规转变到大胆改革”①。

改革首先在农村展开，而农村改革是从实行以包产到户、包干到户为主要形式的农业生产责任制方面入手并取得突破的。十一届三中全会以后，党的工作重心转向经济建设，恢复和发展农业生产成为农村的中心工作，而多年以来农村主要实行的人民公社集体生产的体制弊病较多，越来越不适应经济发展需要，因而改革迫在眉睫。

改革的方式就是实行生产责任制，其中走在前面的是安徽。1978 年 9 月，肥西县山南区柿树公社黄花大队决定以借地为名，把大队的土地包给农户耕种，实行“四定一奖”（即固定任务、上缴额度、工分和生产成本，奖励超产），实际上就是包产到户。1978 年 12 月，安徽省凤阳县梨园公社小岗生产队首创包干到户，比黄花大队的包产到户更进一步，即生产队将土地直接包给农民耕种，收获的粮食除上缴给国家和集体的以外全部归农民所有，故称“大包干”。鉴于这种作法在当时被批判为“分田单干”明文禁止，冒着较大的风险，小岗生产队的 18 户农民在生产队队长严俊昌的带领下，立下包干到户的保证书，保证如果干部因此坐牢，其他社员就养活他们的孩子到 18 岁。“大包干”的效果立竿见影，1979 年小岗生产队获得大丰收，一年的粮食产量相当于 1966—1970 年五年粮食产量的总和，第一次向国家交了公粮，农民为此还编了几句顺口溜说：“大包干，就是好，干部群众都想搞。只要搞上三五年，吃陈粮，烧陈草，个人富，集体富，国家还要盖仓库。”②

包产到户和包干到户的做法尽管最初在全国引起较大的争论，但由于它们在促进农业生产方面作用明显，因而受到越来越多的干部和群众的欢迎和支持，相继在安徽、四川、广东、云南、贵州等省发展起来，并得到了邓小平、胡耀邦等中央领导人的支持。1982 年 1 月 1 日，中央 1 号文件向全国发出。文件第一次正面肯定包产、包干到户等农业生产责任制为“社会主义集体经济的生产责任制”，明确提出：“目前实行的各种责任制，包括小段包干

① 王怀超：《中国改革开放的历史进程与基本经验》，《科学社会主义》2009 年第 6 期。

② 中共中央党史研究室第三研究部：《中国改革开放 30 年》，辽宁人民出版社 2008 年版，第 86 页。

定额计酬，专业承包联产计酬，联产到劳，包产到户、到组，包干到户、到组，等等，都是社会主义集体经济的生产责任制。不论采取什么形式，只要群众不要求改变，就不要变动。”①

1983年的中央1号文件不仅充分肯定了以包产、包干到户为主要形式的各种农业生产责任制，而且将它们统称为“家庭联产承包责任制”，指出：“这是在党的领导下我国农民的伟大创造，是马克思主义农业合作化理论在我国实践中的新发展。”②从此，全国各省纷纷在农村实行家庭联产承包责任制，到1983年底实行包干到户的农户已达到全国农户总数的95%以上，并逐步扩展到林、牧、渔、副、工业等农村非种植经济领域。以此为契机，中国农村改革不断走向深入发展。

在农村改革逐步推进的同时，城市经济体制改革开始试点并逐步展开。这一阶段城市经济体制改革尚处于初步发展阶段，主要是扩大企业自主权。改革率先在四川进行，选择部分国有企业试点，扩大企业经营管理的自主权，在保证完成国家计划的前提下允许自产自销部分产品，实行利润留成。通过扩权让利，试点企业拥有了一定的经营管理自主权，促使企业积极改善经营管理，努力搞活生产、销售等各个环节，将经营好坏与职工的物质利益挂钩，激发了广大职工的积极性和主动性，经济效益迅速提高，社会反响良好。继四川省企业扩权试点之后，国家进一步向其他省、市、自治区推广。随着扩大企业自主权试点的初见成效，城市经济体制改革进一步扩展和推进，如推行经济责任制、改革商品流通体制、发展多种经济形式等。

几乎在农村改革启动和城市经济体制改革试点的同时，广东和福建两省先行一步启动对外开放。1979年7月15日，中共中央和国务院根据广东、福建两省的有利条件，决定“对两省对外经济活动实行特殊政策和灵活措施，给地方以更多的自主权，使之发挥优越条件，抓紧当时有利的国际形势，先走一步把经济尽快搞上去”，同意两省分别在深圳、珠海、汕头和厦门试办出口特区。之后根据广东省的建议，中央将“出口特区”改称“经济特区”。1980年5月，中央确定在深圳、珠海、汕头和厦门各划出一定范围的区域，试办经济特区，“在特区内，在维护中国主权、执行中国法律、法令等原则

① 庞松、黄一兵：《30年：转型与变迁》，广东教育出版社2008年版，第68页。

② 郑有贵：《一号文件与中国农村改革》，安徽人民出版社2008年版，第56页。

下,实行经济开放政策,吸引侨商、外商投资办厂,或同他们合办企业,引进先进技术,发展对外贸易”。[①] 三个月后,全国人大常委会正式批准了《中华人民共和国广东省经济特区条例》,决定在深圳、珠海和汕头三市分别建立经济特区;又过了二个月,国务院正式批准在厦门建立经济特区。1983 年 4 月,中共中央和国务院批转《加快海南岛开发建设问题讨论纪要》,决定对海南岛也实行经济特区的优惠政策。创办经济特区迈出了我国对外开放的第一步,是中国改革开放起步的标志性事件。就在经济特区条例公布后不久,《纽约时报》一篇文章写道:铁幕拉开了,中国大变革的指针正轰然鸣响。[②]

(2)从 1984 年 10 月中共十二届三中全会作出关于经济体制改革的决定到 1988 年 9 月中共十三届三中全会的召开是第二阶段,即改革开放的全面展开阶段。

1984 年中共十二届三中全会的召开使中国改革开放进入了第二个阶段,即全面展开阶段。这次中央全会的主要议程是研究和部署在全国开展以城市为重点的全面改革问题。全会讨论通过了《中共中央关于经济体制改革的决定》,根据马克思主义基本原理同中国实际相结合的原则,明确提出进一步贯彻执行对内搞活经济、对外实行开放的方针,阐明了加快以城市为重点的整个经济体制改革的必要性、紧迫性,规定了改革的方向、性质、任务和各项基本方针政策,是指导我国全面开展经济体制改革的纲领性文件。

《中共中央关于经济体制改革的决定》在理论上的重大贡献是,突破了把计划经济同商品经济对立起来的传统观点,确认我国社会主义经济是公有制基础上的有计划的商品经济,强调“商品经济的充分发展,是社会经济发展的不可逾越的阶段,实现我国经济现代化的必要条件。只有充分发展商品经济,才能把经济真正搞活,促使各个企业提高效率,灵活经营,灵敏地适应复杂多变的社会需求,而这是单纯依靠行政手段和指令性计划所不能做到的”。[③] 这些论述创造性地提出了发展社会主义有计划的商品经济问题,为全面改革我国现行经济体制提供了理论依据,是中国特色社会主义理

---

① 程中原,王玉祥,李正华著:《1976—1981 年的中国》,中央文献出版社 1998 年版,第 438、440 页。

② 庞松,黄一兵:《30 年:转型与变迁》,第 92 页。

③ 中共中央党史研究室第三研究部:《中国改革开放 30 年》,第 159 页。

论的重大突破性成果，使改革开放走向深入。对此，邓小平给予了高度评价。这次经济体制改革的文件好，就是解释了什么是社会主义，有些是我们老祖宗没有说过的话，有些新话。我看讲清楚了。过去我们不可能写出这样的文件，没有前几年的实践不可能写出这样的文件。写出来，也很不容易通过，会被看作"异端"。我们用自己的实践回答了新情况下出现的一些新问题。不是说四个坚持吗？这是真正坚持社会主义，否则是"四人帮"的"宁要社会主义的草，不要资本主义的苗"。[①]

中共十二届三中全会之后，经济体制改革的重点就由农村转向城市。这一阶段城市经济体制改革围绕着增强企业活力这一中心环节全面铺开，并向纵深发展，涉及经营管理体制、产权制度、所有制结构、分配制度、市场体系、财政和金融体制等各个方面。概括而言，主要包括：经营管理体制改革方面，进一步扩大企业自主权，并逐步推行承包经营责任制；产权制度改革方面，开展股份制试点；所有制结构改革方面，发展个体经济、私营企业、"三资"企业和其他非公有制企业，发展公有制为主体多种所有制成分并存的结构；分配制度改革方面，落实企业内部的经济责任，实行多种形式的工资和奖金分配制度；市场体系培育方面，继续疏通商品流通渠道，并开始进行价格体系改革，实行国家定价的平价商品和市场调节的议价商品并存的"双轨制"，促进企业之间的横向经济联合，进行计划体制改革和投资体制改革，下放管理权限；财政和金融体制方面，改革传统统收统支的财政体制，实行"划分收支、分级包干"的体制，之后又进一步改为"划分税种、核定收支、分级包干"的财政管理体制，同时对广东和福建两省分别实行定额上缴包干和定额补贴包干体制，努力创建以中央银行体制为主体、多种金融机构相配合的新型金融体系。与此同时，进行城市综合改革试点，以搞活国有企业为中心环节，包括拓展城市功能、培育社会主义市场体系、搞好宏观经济调控和促进城乡一体化发展等方面，推动改革开放向纵深发展。到 1986 年底，国务院和各省、市、自治区批准的各类改革试点城市达到 72 个。

中共十二届三中全会以后，经济体制改革的重点转向城市，但农村改革仍在进行之中。家庭联产承包责任制继续推行，已经成为中国农业生产经营的主要形式，同时实行政社分开，到 1984 年底基本完成取消人民公社体

---

① 《邓小平文选》第二卷，第 92 页。

制和建立乡、镇政府的工作。1985年以后在农村进一步进行第二步改革，主要是进一步改革农业管理体制，改革农产品统购派购制度，在国家计划指导下，扩大市场调节，除个别品种外，国家不再向农民下达农产品统购派购任务，按照不同情况，分别实行合同定购和市场收购，使农业生产适应市场需要，从而将农村经济逐步纳入有计划的商品经济轨道。经过第二步改革，到1987年多数农产品已基本实行市场交换，粮食实行合同定购和市场收购并行的“双轨制”，促进农业产业结构的合理化，进一步把农村经济搞活，使农业生产和农民收入得到持续增长。在改革农产品购销体制的同时，中共中央和国务院还对农村所有制形式进行改革，坚持集体所有制为主体，同时支持其他所有制形式，尤其是大力扶持由原来社队企业改过来的乡镇企业的发展，使乡镇企业异军突起，发展迅猛，为国民经济的发展和社会主义新农村建设发挥了重要作用。

随着经济体制改革走向纵深，对外开放格局也在逐步推进。在这一阶段形成了5个经济特区（深圳、珠海、汕头、厦门、海南）——14个沿海开放城市（大连、天津、秦皇岛、青岛、烟台、上海、南通、连云港、宁波、温州、福州、广州、湛江、北海）——5个沿海经济开放区（长江三角洲、珠江三角洲、闽南厦漳泉三角地区、辽东半岛、胶州半岛）的对外开放格局，并逐步向内地扩展。上述沿海开放地区着重发展外向型经济，即利用我国劳动力资源丰富的优势，主要采取“三来一补”（来料加工、来样加工、来件装配和补偿贸易）的形式，引进外资、技术和原材料，以国际市场为导向，生产和加工的产品以出口为主。外向型经济是我国根据比较优势理论积极参与国际分工和国际竞争而提出的沿海地区发展战略，尽管以劳动密集型产业以及劳动密集与知识密集相结合的产业为主，附加值较低，利润普遍不高，经济经营尚嫌粗放，但为我国现代化建设积累了大量的资金和技术，一定程度上带动了国民经济的快速发展。

(3)从1988年9月中共十三届三中全会作出治理整顿、深化改革的决策到1991年底是第三阶段，即改革开放的治理整顿阶段。

1988年，中国改革开放进入了第十个年头。十年来，我国各个方面都发生了巨大的历史性变化，国民经济持续增长，社会生产力有了很大的发展，国家综合实力明显增强，城乡人民生活明显改善，这一切都与改革开放有着极其密切的关系，可以说改革开放正是十年来中国社会巨大发展的根本动因。然而，改革充满了复杂性和艰巨性，改革开放的决策和方向没有出现问题，但由于注意综合配套不够，在坚持放权搞活的过程中，未能及时加强管理监督和抓紧建立宏观调控体系，导致在改革取得巨大成绩和国民经济快速发展的同时，许多深层次的矛盾和问题也不断暴露出来，日益制约改革开放的进一步深化，并影响到国家和社会的稳定。

在这些矛盾和问题中，最突出的是价格改革受挫，出现了明显的通货膨胀，物价上涨幅度过大，全国零售物价总指数比 1987 年上升 18.5%，超越了群众、企业和国家的承受能力，相当一部分城市居民的实际生活水平有所下降。这些情况引起了社会的普遍关注和群众的严重不安，影响了社会的安定和群众对改革的信心。如果不采取坚决措施遏制通货膨胀，不仅经济无法稳定和发展，各项改革也无法深入下去。[①] 针对这种情况，1988 年 9 月召开的中共十三届三中全会作出《关于治理经济环境、整顿经济秩序、全面深化改革的决定》，决定把 1989 年和 1990 年改革和建设的重点放到治理经济环境和整顿经济秩序上来，即治理整顿。治理经济环境，主要是压缩社会总需求，控制货币发行，治理通货膨胀，克服经济过热，逐步实现社会供需总量和结构的大体平衡；整顿经济秩序就是要整顿新旧体制转换中出现的各种混乱现象，特别是解决流通领域的混乱现象。治理整顿的目的是遏制物价上涨幅度过大的势头，克服经济混乱现象，为深化改革、扩大开放创造一个良好的社会经济环境，确保改革开放和中国现代化建设事业持续、稳妥、健康地发展。十三届三中全会后，改革开放进入了第三个阶段，即治理整顿阶段。根据《关于治理经济环境、整顿经济秩序、全面深化改革的决定》的精神，主要采取了以下几条治理整顿的措施：一、加强物价管理，严格控制物价上涨，遏止通货膨胀，使 1989 年物价上涨幅度明显低于 1988 年，1990 年以后的上涨幅度进一步下降；二、压缩固定资产投资规模，紧缩财政和信贷，以消除经济过热，逐步缓解社会总需求大于总供给的矛盾，实现财政、信贷、物资、外汇的基本平衡；三、调整产业结构，加大对农业、能源、交通、原材料等基础产业的投入，增加粮、棉、油等主要农产品的产量和能源、交通、原材料的有效供给；四、全面提高经济素质和效益，进一步增强国营大中型企业活力；五、清理整顿各类公司，加强市场管理，建立健全必要的经济法规以及宏

---

① 李鹏：《坚决贯彻治理整顿和深化改革的方针》，《人民日报》1989 年 4 月 6 日第 1 版。

观调控体系和监督体系，以解决整顿各种经济混乱现象，推进社会主义商品经济秩序的建设。经过三年的努力，到1991年下半年，治理整顿工作已经取得了明显的成效。经济基本恢复了正常的发展速度，投资需求和消费需求双膨胀的局面明显缓解，严重的通货膨胀得到有效的控制，经济秩序明显好转，流通领域的混乱现象得到整顿，产业结构调整初见成效，国民经济各部门发展不平衡的状况得到一定改善。因此，在1991年12月23日召开的国务院第十二次全体会议上，国务院总理李鹏宣布：从总体上来说，治理整顿的任务已经基本完成。

(4)从1992年初邓小平南方视察到现在是第四阶段，即以建立和完善社会主义市场经济体制为核心内容的改革开放新阶段。

20世纪80年代末90年代初，国际局势再度产生巨大的深刻的变化，东欧剧变、苏联解体，两极格局终结，中国在1989年政治风波后遭到西方的制裁。在这种复杂而困难的特殊时刻也是中国改革开放最紧要的关头，一部分干部和群众面对变幻莫测的国际形势产生了困惑，对改革开放产生疑虑，对党的"一个中心、两个基本点"的基本路线产生动摇，一时间改革开放姓"资"还是姓"社"的争论甚嚣尘上，严重干扰了改革开放和中国社会主义现代化建设的顺利进行。在此历史关键时刻，1992年初，88岁高龄的邓小平南下视察武昌、深圳、珠海、上海等地，调查研究并发表了关系中国往哪里走的重要讲话。讲话要点包括六个部分：

(一)革命是解放生产力，改革也是解放生产力。不坚持社会主义，不改革开放，不发展经济，不改善人民生活，只能是死路一条。城乡改革的基本政策，一定要长期保持稳定。(二)改革开放胆子要大一些，敢于试验。要害是姓"资"还是姓"社"的问题。判断的标准，应该主要看是否有利于发展社会主义社会的生产力，是否有利于增强社会主义国家的综合国力，是否有利于提高人民的生活水平。计划多一点还市场多一点，不是社会主义与资本主义的本质区别。计划经济不等于社会主义，资本主义也有计划；市场经济不等于资本主义，社会主义也有市场。计划和市场都是经济手段。社会主义的本质，是解放生产力，发展生产力，消灭剥削，消除两极分化，最终达到共同富裕。(三)抓住时机，发展自己，关键是发展经济。经济发展得快一点，必须依靠科技和教育。科学技术是第一生产力。(四)要坚持两手抓，一手抓改革开放，一手抓打击各种犯罪活动。这两只手都要硬。在整个改革开放的过程中，必须始终注意坚持四项基本原则。（五）正确的政治路线要靠正确的组织路线来保证。要注意培养人，要按照“革命化、年轻化、知识化、专业化”的标准，选拔德才兼备的人进班子。（六）世界上赞成马克思主义的人会多起来的，因为马克思主义是科学。[①]

邓小平的南方讲话是对中华人民共和国历史进程产生过深远影响的重要文献，它冲破了姓“社”姓“资”的怪圈，阐明了社会主义的本质，提出了一系列新思想、新观点，深刻地回答了长期束缚人们思想的许多重大认识问题，进一步丰富和发展了建设有中国特色社会主义的理论；它高举改革开放的旗帜，坚持实事求是，解放思想，为中国改革开放和社会主义现代化建设走向新的发展阶段奠定了思想理论基础。正如1997年江泽民在中共十五大报告中所论：“1992年邓小平南方谈话，是在国际国内政治风波严峻考验的重大历史关头，坚持十一届三中全会以来的理论和路线，深刻回答长期束缚人们思想的许多重大认识问题，把改革开放和现代化建设推进到新阶段的又一个解放思想、实事求是的宣言书。”[②]

邓小平南方讲话之后，中国改革开放进入了以建立和完善社会主义市场经济体制为核心内容的新的发展阶段。1992年10月召开的中共十四大明确提出我国经济体制改革的目标是建立社会主义市场经济体制，同时确立邓小平建设有中国特色社会主义理论在全党的指导地位。经过充分讨论和准备，1993年11月召开的中共十四届四中全会审议通过了《中共中央关于建立社会主义市场经济体制若干问题的决定》。这是根据邓小平建设有中国特色社会主义的理论和中共十四大精神，把十四大提出的经济体制改革目标和基本原则加以具体化而制定的社会主义市场经济体制的总体规划，也是中国接下来进行经济体制改革的行动纲领。

按照建立社会主义市场经济体制的要求，从1994年起，中国加大了经济体制改革的步伐，在国有企业、财税、金融、外贸、外汇、投资融资、价格管理、流通、住房和社会保障等方面的体制改革日益深入，取得重大进展。如

---

① 中共中央文献研究室编：《邓小平年谱（1975—1997）》（下），中央文献出版社2007年版，第1341—1345页。

② 江泽民：《高举邓小平理论伟大旗帜，把建设有中国特色社会主义事业全面推向二十一世纪——在中国共产党第十五次全国代表大会上的报告》，《学习月报》1997年第10期。

国有企业改革从以往的以放权让利、承包责任制、所有权和经营权分离等为主要内容的政策性调整阶段进入到以产权制度改革为主要内容的制度创新和机制转换阶段，以建立现代企业制度为方向，推行公司制、股份制改革，使企业活力显著增强。

经过多年的改革和发展，中国的经济体制和结构已经发生了根本性的变化，市场经济的基础结构基本建立起来，市场取代计划在资源配置方面起基础性作用，市场体系不断培育和发展，国家宏观调控体系逐步健全，社会主义公有制为主体的多种经济成分共同发展，合理的个人收入分配和社会保障制度初步建立。

随着社会主义市场经济体制的逐步建立和完善，政治体制改革稳步推进，先后启动多轮国务院和各级地方人民政府的机构改革工作，调整机构设置，转变工作职能，提高行政效率，加速行政立法，使中国基本建立起办事高效、运转协调、行为规范的政府行政管理体系和日益完善的国家公务员制度，逐步形成了适应社会主义市场经济体制的有中国特色的政府行政管理体制。与此同时，中国的对外开放不断拓展，由点到面，由南到北，由东到西，由沿海到内陆，基本形成了全方位、多层次、宽领域、有重点、梯度推进的对外开放格局。2001 年，中国正式加入世界贸易组织，标志着中国对外开放进入了更高的历史新阶段。

二　视野拓展及重点问题分析

1. 家庭联产承包责任制的由来

农村普遍实行家庭联产承包责任制是中华人民共和国历史上具有重大意义的事件，标志着经济体制改革首先在农村取得突破。家庭联产承包责任制最早是对包产到户和包干到户的统称，这两种责任制最早都是从安徽省开始的。安徽省率先对集体化农业生产方式改革，试行生产责任制，这并非偶然，早在 20 世纪 60 年代就曾出现过包产到户的试点和推广。由于三年“大跃进”，安徽省出现了极其严重的经济困难，农业大面积减产，到处发生严重的饿死人现象，省委负责人曾希圣在毛泽东的支持下采取“责任田”的办法，即包产到户、定产到田、责任到人。包产到户打破了人民公社体制下“大锅饭”的平均主义，激发了农民的生产积极性，在恢复农业生产方面效果显著，因而迅速在许多地方得到推广。但1962年召开的中共八届十中全会重新强调阶级斗争，包产到户被打成所谓的“单干风”，指责为“复辟资本主义”。此后直到“文化大革命”结束，包产到户一直遭到压制和批判。

1977年6月，万里出任安徽省委第一书记。在安徽，万里大胆改革，主持制定《关于当前农村经济政策几个问题的规定（试行草案）》（即“六条规定”），打破人民公社“三级核算，队为基础”的框框，允许社员在生产队下根据农活不同组成作业组，以组包产，联系产量计算报酬（即“联产计酬”），引起全国震动。之后，根据“六条规定”的精神，安徽各地开始改革农业生产方式，并大胆试验包产到户、包干到户。

1978年9月，肥西县山南区柿树公社黄花大队决定以借地为名，把大队的土地包给农户耕种，实行“四定一奖”（即固定任务、上缴额度、工分和生产成本，奖励超产），实际上就是包产到户。包产到户的做法在全国引起了较大的争论，万里数次表态支持。1978年12月，安徽省凤阳县梨园公社小岗生产队首创包干到户，比黄花大队的包产到户更进一步，即生产队将土地直接包给农民耕种，收获的粮食除上缴给国家和集体的以外全部归农民所有，故称“大包干”。用当地农民的话说是：“缴足国家的，留足集体的，剩下都是俺们自己的。”这种作法在当时被批判为“分田单干”，并在十一届三中全会通过的《农村人民公社工作条例（试行草案）》中明文禁止，故冒着较大的风险。

包产到户和包干到户的做法尽管最初在全国引起较大的争论，但由于它们在促进农业生产方面作用明显，因而受到越来越多干部和群众的欢迎和支持，相继在安徽、四川、广东、云南、贵州等省发展起来。邓小平、胡耀邦等中央领导人支持安徽等地的责任制。

在同年7月召开的全国宣传工作会议上，主持中央书记处工作的胡耀邦专门谈到农村政策问题，认为包产到户与单干不是一回事，更不等于资本主义道路，明确指出：中央不反对包产到户。[①] 邓小平、胡耀邦等中央领导人的讲话是对包产、包干到户的很大支持，有力地推动了农业生产方式的改革。在经过国家农业委员会组织对全国十几个省份农业发展状况的大规模调查研究后，1980年9月中共中央召开了各省、市、自治区党委第一书记座

① 庞松，黄一兵：《30年：转型与变迁》，第65页。

谈会，专门讨论农业生产责任制问题，制定了《关于进一步加强和完善农业生产责任制的几个问题》的座谈会纪要，经中央批准后印发，即1980年75号文件。

这个文件明确支持包产、包干到户等农业生产责任制，指出："在那些边远山区和贫困落后的地区，长期'吃粮靠返销，生产靠贷款，生活靠救济'的生产队，群众对集体丧失信心，因而要求包产到户的，应当支持群众的要求，可以包产到户，也可以包干到户，并在一个较长的时间内保持稳定。"这标志着中共农村政策的一次重大转变。此后，随着这个文件的贯彻执行，以包产、包干到户为主要形式的家庭联产承包责任制得到迅猛发展，日益成为农业生产的主要形式，到1981年底全国农村绝大多数生产队实行家庭联产承包责任制。[①]

鉴于当时围绕包产、包干到户的争论依然存在，少数领导干部怀疑甚至反对农业生产责任制，中共中央于1981年10月在北京召开全国农村工作会议，研究讨论农业生产责任制问题，统一全党认识。会议最后形成《全国农村工作会议纪要》，明确提出："目前实行的各种责任制，包括小段包干定额计酬，专业承包联产计酬，联产到劳，包产到户、到组，包干到户、到组，等等，都是社会主义集体经济的生产责任制。不论采取什么形式，只要群众不要求改变，就不要变动。"[②]这份纪要在1982年1月1日作为中央1号文件向全国发出。至此，包产、包干到户等农业生产责任制终于被正面肯定为"社会主义集体经济的生产责任制"，给广大农民群众吃了一颗"定心丸"。1983年的中央1号文件再度以党的农村政策为中心主题，充分肯定了以包产、包干到户为主要形式的各种农业生产责任制，并将它们统称为"家庭联产承包责任制"，指出当前我国农村工作的主要任务就是稳定和完善家庭联产承包责任制，土地承包期15年不变。文件指出：

党的十一届三中全会以来，我国农村发生了许多重大变化，其中，影响最深远的是，普遍实行了多种形式的农业生产责任制，而联产承包制又越来越成为主要形式。联产承包制采取了统一经营与分散经营相结合的原则，使集体优越性和个人积极性同时得到发挥。这一制度的进一步完善和发

---

① 中共中央党史研究室第三研究部：《中国改革开放30年》，第103页。

② 庞松，黄一兵：《30年：转型与变迁》，第68页。

展，必将使农业社会主义合作化的具体道路更加符合我国的实际。这是在党的领导下我国农民的伟大创造，是马克思主义农业合作化理论在我国实践中的新发展。[①]

从此，全国各地纷纷在农村实行家庭联产承包责任制，到1983年底实行包干到户的农户已达到全国农户总数的95%以上，并逐步扩展到林、牧、渔、副、工业等农村非种植经济领域。以此为契机，中国农村改革不断走向深入发展。

以普遍实行家庭联产承包责任制为重心的农村经济改革很快就取得了举世瞩目的成就。改革打破了长期以来人民公社体制的束缚，充分调动了农民的生产积极性，大大提高了农村劳动生产率，极大地解放了农村生产力，使农村经济获得全面的迅速的增长，无论主要农产品的产量还是林、牧、副、渔、工业等非种植经济都实现了大幅度的增长。据统计，1986年农村社会总产值达到7 554亿元，按可比价格计算比1978年增长1.7倍，平均每年增长13.2%。[②]

2. 城市经济体制改革的不断深入

中共十一届三中全会以后，以农村改革为突破口，推进了城市经济体制改革的实行。由于传统计划经济体制下企业经营管理的各项权力集中于国家，政企职责不分，企业缺乏必要的自主权和活力，日益制约国民经济的发展，因此城市经济体制改革首要的问题就是扩大企业自主权。中共十一届三中全会在总结我国经济建设以往经验教训的基础上，明确提出要改革传统的经济管理体制，大胆下放权力，使企业有更多的经营管理自主权。据此精神，1979年4月召开的中央工作会议明确提出要扩大企业自主权，并且把企业经营好坏同职工的物质利益挂钩，实行严格的经济核算和按劳分配原则，以充分调动广大职工的积极性。之后，率先在四川进行，扩大企业经营管理的自主权，在保证完成国家计划的前提下扩大生产，允许自产自销部分产品，实行利润留成，逐步提高固定资产折旧率。通过扩权让利，试点企业拥有了一定的经营管理自主权，促使企业积极改善经营管理，努力搞活生

① 郑有贵：《一号文件与中国农村改革》，第56页。

② 国防大学政治部宣传部：《统一思想深化改革——十一届三中全会以来改革资料选编》，国防大学政治部宣传部1987年版，第12页。

产、销售等各个环节，将经营好坏与职工的物质利益挂钩，激发了广大职工的积极性和主动性，经济效益迅速提高，社会反响良好。继四川省企业扩权试点之后，国家进一步向其他省、市、自治区推广。

随着扩大企业自主权试点的初见成效，城市经济体制改革进一步扩展和推进，如：借鉴农村改革经验，在企业中全面推行经济责任制，把国家、企业和劳动者个人三者的责、权、利紧密结合起来，以提高广大职工的积极性，促进企业生产；改革传统商品流通体制，建立多渠道、少环节、产销结合的商品流通体制，以活跃和繁荣城乡经济；改革单一的公有制经济结构，允许在公有制为主体的前提下，多种经济形式、多种经营方式并存，还放宽政策推动"三资"企业（中外合资、中外合作和外商独资企业）的建立和发展，等等。

1984 年 10 月召开的中共十二届三中全会决定在全国开展以城市为重点的全面改革，这样我国经济体制改革的重点就由农村转向城市。城市经济体制改革由此全面铺开，并向纵深发展，围绕着增强企业活力这一中心环节，扩权让利和实行承包经营责任制仍是改革重点。各地根据中共中央和国务院的部署安排，层层下放权力，贯彻落实减少政府直接干预和扩大企业自主权利的各项措施，进一步扩权让利，加快技术改造、技术引进和技术协作的步伐，使企业经营管理方面的自主权不断扩大，有力地推动了国有企业改革，提高了企业的经济效益，促进了商品经济的发展。

在进一步扩大企业自主权的基础上，广泛推行承包经营责任制，是这一时期搞活国有企业的一个主要措施，也是深化企业扩权中普遍采用的一种形式。承包经营责任制是借鉴农村"大包干"责任制的经验，是在坚持企业的社会主义全民所有制的基础上，按照所有权与经营权分离的原则，以承包经营合同形式，确定国家与企业的责、权、利关系，使企业做到自主经营、自负盈亏的经营管理制度。实行承包经营制的企业在上交国家利润、完成技术改造任务、实行工资总额与经济效益挂钩的基础上，超额完成承包任务的实行超目标分成，企业应得的利益由财政部门按照承包合同的规定，同企业结算，拨给企业，作为企业留利处理。企业实行按劳分配原则，积极推行计件工资制和定额工资制，使职工的劳动所得同劳动成果紧密挂钩。

这种承包经营责任制兼顾国家、企业、职工和承租人（承包人）四方利益，对于进一步简政放权，改善企业外部条件，扩大企业经营自主权，促进城市经济体制改革，具有重要意义，并取得了明显的经济效益。因此 1986 年

12 月国务院制定《关于深化企业改革增强企业活力的若干规定》，明确提出要把推行各种形式的承包经营责任制作为深化企业改革和增强企业活力的重要内容。

据统计，1987 年有 9 270 家国有大中型工业企业实行了多种形式的承包经营责任制，北京、上海的国有大中型工业企业几乎全部实行承包经营责任制。凡是实行承包经营责任制的企业，生产经营面貌都发生了变化，据有关部门对 2 172 家实行承包经营责任制企业的调查，这些企业承包经营后，1987 年 1 月至 9 月份全员劳动生产率比上年同期提高 9.4%，实现利润增长率为 9.8%，均高于未实行承包制的企业。就全国来说，1985 年后的 22 个月中，我国财政收入曾一度出现连续滑坡的严峻形势，而广泛推行国有大中型企业承包经营责任制后，一举扭转了财政收入下滑的局面，显示了承包经营责任制的重要作用。①

为增强企业活力，还开始产权改革的尝试，开展股份制试点。1984 年，上海部分国有企业（如飞乐音响公司、豫园商场等）试行股份制，向社会公开发行股票。到 1985 年，试行股份制的企业越来越多，涉及多个行业。股份制试点得到了中共中央和国务院支持，在 1986 年 12 月国务院制定的《关于深化企业改革增强企业活力的若干规定》中明确指出："各地可以选择少数有条件的全民所有制大中型企业，进行股份制试点。"此后，股份制试点迅速在全国多个省、市、自治区展开。不过，作为新生事物，80 年代中国股份制经济尚处于初步探索阶段，缺乏足够的经验，法规不健全，证券市场不规范，因此股份制并没有大面积开展，尚处于慎重稳妥的试行阶段。尽管如此，股份制试点对搞活国有企业还是发挥了重要的积极作用。

除此之外，城市经济体制改革还涉及所有制结构、分配制度、市场体系、社会保障等方面。所有制结构改革方面，大力发展个体经济、私营企业、"三资"企业和其他非公有制企业，发展公有制为主体多种所有制成分并存的结构所有制结构；分配制度改革方面，落实企业内部的经济责任，实行多种形式的工资和奖金分配制度；市场体系培育方面，继续疏通商品流通渠道，并开始进行价格体系改革，扩大市场定价的商品种类，实行国家指导价和市场调节价并存的价格"双轨制"，此外促进企业之间的横向经济联合，并进行计

---

① 中共中央党史研究室第三研究部：《中国改革开放 30 年》，第 164 页。

划体制改革和投资体制改革；财政和金融体制方面，改革传统统收统支的财政体制，实行“划分收支、分级包干”的体制，之后又进一步改为“划分税种、核定收支、分级包干”的财政管理体制，同时对广东和福建两省分别实行定额上缴包干和定额补贴包干体制，努力创建以中央银行体制为主体、多种金融机构相配合的新型金融体系。与此同时，进行城市综合改革试点，以搞活国有企业为中心环节，包括拓展城市功能、培育社会主义市场体系、搞好宏观经济调控和促进城乡一体化发展等方面，推动改革开放向纵深发展。

1992 年以后，建立社会主义市场经济体制成为中国经济体制改革的目标。城市经济体制改革紧紧围绕着社会主义市场经济体制的要求全面、深入地展开，在国有企业、财税、金融、外贸、外汇、投资融资、价格管理、流通、住房和社会保障等方面的体制改革取得重大进展。如国有企业改革从以往的以放权让利、承包责任制、所有权和经营权分离等为主要内容的政策性调整阶段进入到以产权制度改革为主要内容的制度创新和机制转换阶段，以建立现代企业制度为方向，推行公司制、股份制改革，使企业活力显著增强。

经过多年的改革和发展，进入 21 世纪中国的城市经济体制和结构已经发生了根本性的变化，市场经济的基础结构基本建立起来，市场取代计划在资源配置方面起基础性作用，市场体系不断培育和发展，国家宏观调控体系逐步健全，社会主义公有制为主体的多种经济成分共同发展，合理的个人收入分配和社会保障制度初步建立。2002 年中共十六大提出全面建设小康社会的目标，中国城市经济体制改革由此进入以调整经济关系为中心的新阶段。当前，中国城市经济体制改革仍在稳步推进，并不断扩大城市综合配套改革试点。加强宏观经济调控和实现经济“软着陆”，处理好改革、发展和稳定三者之间的关系，在实现经济快速、稳妥增长的同时抑制通货膨胀、整顿市场秩序、调整经济结构和妥善解决民生问题等，这些都日益成为改革关注的焦点。

三　深入探究指引

1978 年中共十一届三中全会开启了中国改革开放和中国社会主义现代化建设的历史新时期，揭开了中华民族伟大复兴的新篇章。改革开放是中国共产党在新的时代条件下带领中国人民进行的新的伟大革命，使中国社会的面貌发生了历史性根本变化:社会主义制度实现自我完善和发展,赋予新的生机活力;国民经济得到持续、快速的增长,人民生活水平大幅改善;政治、文化、社会进步显著,国家综合实力大大增强。正如胡锦涛在中共十七大政治报告中所指出:"事实雄辩地证明,改革开放是决定当代中国命运的关键抉择,是发展中国特色社会主义、实现中华民族伟大复兴的必由之路;只有社会主义才能救中国,只有改革开放才能发展中国、发展社会主义、发展马克思主义。"①

作为中华民族历史上波澜壮阔、璀璨夺目的伟大篇章,改革开放受到了学术界高度重视,学术成果十分可观,论著累出,不少专题的研究已经相当深入。其中中共中央党史研究室第三研究部承担撰写、辽宁人民出版社2008年出版的《中国改革开放30年》是一部完整反映改革开放30年历史全貌的著作。该书包括序篇共十三章,全面系统地梳理和考察了改革开放的历史背景、启动、全面展开、波折和治理整顿以及1992年邓小平南方视察后的新发展和新突破,阐述了改革开放以来中国社会的巨大变化和显著进步。该书将1978年十一届三中全会以来改革开放的历程分为五个阶段,即起步阶段(1978.12—1984.9)、全面展开阶段(1984.10—1988.8)、治理整顿阶段(1988.9—1991.12)、以建立社会主义市场经济为核心内容的新阶段(1992.1—2002.10)、全面建设小康社会阶段(2002.11—2012.12)。该书以"十个结合"作为对中国共产党领导改革开放的主要经验,分别是:把坚持马克思主义基本原理同推进马克思主义中国化结合起来、把坚持四项基本原则同坚持改革开放结合起来、把尊重人民群众首创精神同加强改善党的领导结合起来、把坚持社会主义基本制度同发展市场经济结合起来、把推动经济基础变革同推动上层建筑改革结合起来、把发展社会生产力同提高全民族文明素质结合起来、把提高效率同促进社会公平结合起来、把坚持独立自主同参与经济全球化结合起来、把促进改革发展同保持社会稳定结合起来、把推进中国特色社会主义伟大事业同推进党的建设新的伟大工程结合起来。②

---

① 胡锦涛:《高举中国特色社会主义伟大旗帜 为夺取全面建设小康社会新胜利而奋斗——在中国共产党第十七次全国代表大会上的报告》,《人民日报》2007年10月25日。

② 中共中央党史研究室第三研究部:《中国改革开放30年》,第492—494页。

顾亚奇、常仕本、章晓宇等合著的《伟大的历程：中国改革开放 30 年》一书，全面回顾了 1978 年中共十一届三中全会以来中国改革开放 30 年历程。该书与《中国改革开放 30 年》的写作风格差异较大，它主要是选择改革开放期间具有重大意义的历史事件进行阐述，以点带面，展现党和政府以及全国人民在这不平凡的 30 年中面对的巨大挑战和取得的伟大成就。该书是根据中央电视台历史文献纪录片——《伟大的历程》整理而成，语言生动，结构明晰。该书共七章，分别是：于无声处听春雷（1976—1978）、吹面不寒杨柳风（1979—1983）、雄关漫道真如铁（1984—1988）、事非经过不知难（1989—1996）、轻舟已过万重山（1997—2002）、而今迈步从头越（2003—2007）、直挂云帆济沧海（2008），分别对应纪录片的七集（即“历史转折”、“春暖大地”、“大潮涌动”、“激流勇进”、“世纪跨越”、“发展新篇”、“复兴伟业”），体现了作者对改革开放 30 年历史进程的整体认识。①

关于改革开放的历史分期，学术界有多种观点，除了前文所述之外，中共中央党史研究室研究员章百家有较为独特的看法。他分为四个阶段，分别是：第一阶段，从 1978 年 12 月十一届三中全会的召开到 1982 年 8 月中共十二大前，主要内容是拨乱反正和改革开放的起步；第二阶段，从 1982 年 8 月中共十二大召开到 1992 年 1 月邓小平南方视察前，主要内容是改革开放的全面展开；第三阶段，从 1992 年 1 月邓小平南方视察到 2002 年 11 月中共十六大召开前，主要内容是初步建立起社会主义市场经济体制；第四阶段，从 2002 年 11 月中共十六大召开至今，是改革开放的关键时期，即中共十六届六中全会提出的“经济体制深刻变革、社会结构深刻变动、利益格局深刻调整、思想观念深刻变化”的新时期。②

关于改革开放的分期和各阶段的历史特点，中央党校王怀超教授在《中国改革开放的历史进程与基本经验》一文中的表述实际上代表了目前学术界普遍认可的基本观点。该文将 30 多年改革开放的历史进程分为五个阶段，各阶段的时限范围和历史特点如下表所示：

---

① 顾亚奇、常仕本、章晓宇：《伟大的历程：中国改革开放 30 年》，中信出版社 2008 年版。
② 章百家：《改革开放史研究中值得关注的问题》，《北京党史》2008 年第 3 期。

	时　限	历史特点
第一阶段	从1978年12月十一届三中全会召开到1984年10月十二届三中全会《中共中央关于经济体制改革的决定》发表	改革的初步探索和局部试验阶段
第二阶段	从1984年10月中共中央作出关于经济体制改革的决定到1988年9月中共中央作出《关于治理经济环境整顿经济秩序全面深化改革的决议》	以城市为中心全面改革的探索阶段
第三阶段	从1988年9月中共中央作出治理整顿深化改革的决策到1992年初邓小平南方视察前	总结经验、整顿调整阶段
第四阶段	从1992年初邓小平发表南方讲话到2003年10月中共十六届三中全会召开	整体推进，重点攻坚，以创立社会主义市场经济体制的基本框架为核心内容的综合改革阶段
第五阶段	从2003年10月十六届三中全会召开至2012年11月	以完善社会主义市场经济体制为基本内容的制度创新阶段

王怀超在上文中还对30多年改革开放历史实践和基本成就进行了高度概括，指出：回顾中国改革开放的实践，其关键问题主要集中在六个方面：一是计划经济与市场经济的关系；二是公有经济与非公有经济的关系；三是按劳分配与按生产要素分配的关系；四是政府与企业的关系；五是党与政府、与社会的关系问题；六是人治与法治问题。经过30年的改革开放，计划经济体制已经被冲破，市场经济体制初步建立；以公有制为主体、多种所有制经济共同发展的基本经济制度已经确立；按劳分配与按生产要素分配相结合的分配制度已经在实践中全面推行；政府与企业的关系正在按照市场经济规则进行调整；全方位、宽领域、多层次的对外开放格局基本形成。①

当然，关于1978年中共十一届三中全会以来中国社会主义现代化建设新时期的历史特点、成就和思想标志，胡锦涛在2007年10月中共十七大报告中的科学总结是最为精辟的。他指出：

新时期最鲜明的特点是改革开放。从农村到城市、从经济领域到其他各个领域，全面改革的进程势不可当地展开了；从沿海到沿江沿边，从东部

① 王怀超：《中国改革开放的历史进程与基本经验》，《科学社会主义》2009年第6期。

到中西部，对外开放的大门毅然决然地打开了。这场历史上从未有过的大改革大开放，极大地调动了亿万人民的积极性，使我国成功实现了从高度集中的计划经济体制到充满活力的社会主义市场经济体制、从封闭半封闭到全方位开放的伟大历史转折。今天，一个面向现代化、面向世界、面向未来的社会主义中国巍然屹立在世界东方。

新时期最显著的成就是快速发展。我们党实施现代化建设"三步走"战略，带领人民艰苦奋斗，推动我国以世界上少有的速度持续快速发展起来。我国经济从一度濒于崩溃的边缘发展到总量跃至世界第四、进出口总额位居世界第三，人民生活从温饱不足发展到总体小康，农村贫困人口从两亿五千多万减少到两千多万，政治建设、文化建设、社会建设取得举世瞩目的成就。中国的发展，不仅使中国人民稳定地走上了富裕安康的广阔道路，而且为世界经济发展和人类文明进步作出了重大贡献。

新时期最突出的标志是与时俱进。我们党坚持马克思主义的思想路线，不断探索和回答什么是社会主义、怎样建设社会主义，建设什么样的党、怎样建设党，实现什么样的发展、怎样发展等重大理论和实际问题，不断推进马克思主义中国化，坚持并丰富党的基本理论、基本路线、基本纲领、基本经验。社会主义和马克思主义在中国大地上焕发出勃勃生机，给人民带来更多福祉，使中华民族大踏步赶上时代前进潮流、迎来伟大复兴的光明前景。①

胡锦涛报告中所使用的"三个最"("最鲜明的特点是改革开放"、"最显著的成就是快速发展"和"最突出的标志是与时俱进")，科学地准确地概括和总结了改革开放的历史实践及成就，是对改革开放作出的新的高度评价，从而引起社会的热烈反响，目前也是国内学术界普遍认同的表述。

第二节　外国现代的改革

俄国十月革命之后，在全世界出现了一种新的社会制度，进入了世界意

① 胡锦涛:《高举中国特色社会主义伟大旗帜　为夺取全面建设小康社会新胜利而奋斗——在中国共产党第十七次全国代表大会上的报告》,《人民日报》2007 年 10 月 25 日。

义上的现代史时期，新生的社会制度面临着前所未有的难题——如何建立新的制度，当政者开始尝试进行新的经济改革；与此同时，资本主义国家的发展也非一帆风顺，经济危机像梦魇一般伴随着它们，由政府出面干预代替自有资本主义势在必行。

一　外国现代的改革概述

1. 苏俄新经济政策：计划经济对市场手段的借鉴

1917 年 11 月 7 日，随着阿芙乐尔号巡洋舰的一声炮响，俄国十月革命在首都彼得格勒取得了最初的胜利。然而，十月革命的阶段性胜利，并不意味着俄国革命的历史使命就此大功告成。一方面，刚刚诞生的苏维埃政权立足未稳，不得不面对国内反革命军队与国外干涉军队的双重威胁，随时都有被扼杀在摇篮之中的危险；另一方面，刚刚执政的布尔什维克党人尚在苦苦思索，他们对于如何建设苏维埃国家并没有成熟而完整的方案，但他们对于仿佛近在眼前的共产主义社会充满了憧憬，并且随时准备将理想变成现实。

1918 年 3 月 3 日，苏维埃政权与以德意志帝国为首的同盟国集团签订《布列斯特－里托夫斯克和约》，在付出了极大的代价之后，终于退出了第一次世界大战。但宝贵的喘息时间仅仅只有大半年。1918 年 11 月 11 日，随着第一次世界大战正式宣告结束，协约国集团终于可以腾出手脚，大力支持俄国境内的反革命武装发动内战。1919 年春天，前沙皇俄国海军上将高尔察克纠集起 20 多万军队，在东线发起全面进攻；1919 年夏天，前沙皇俄国陆军将领邓尼金与弗兰格尔也纠集了 20 多万军队，分别在南线与西线同时发起攻势。至此，苏维埃俄国处于前沙皇俄国旧军队（白军）的三面攻击之中，苏维埃红军的处境变得极为艰难，不仅武器、弹药与医药异常短缺，而且粮食与草料同样供应紧张。

正因为形势所迫，“社会主义管理第一个阶段特有的迟疑和不确定性，都随着内战的爆发而消失。1918 年秋天，经济危机和分配体系的瘫痪促使一种新的社会经济体系的实施，这就是后来所谓的‘战时共产主义’。”“‘战时共产主义’提出了一系列的临时和特别手段，从 1918 年末到 1921 年初，在反革命和外国入侵的背景之下，苏维埃推行了这些措施。布尔什维克比其他任何一个卷入战争的政权都付出了更多的努力，以度过危急时刻。他们还更改了经济和社会政治的模式，停止对计划中两个主轴的调整：一方面，他们放弃了在一个工人掌权的国家向共产主义缓慢过渡的想法；另一方面，他们越来越明显地接纳了关于直接采取组织结构的集体主义形式。”“这个体系的独特之处，逐渐在十月革命之后的俄国显现出来，是将战争期间采用的紧急政策，与连贯的‘和平时期’的社会主义体系结合起来。”[①]总而言之，正是因为形势危急，内战爆发之前所有“向共产主义缓慢过渡”的温和想法，都被紧急状态下的“组织结构集体主义化”所取代。值得注意的是，尽管“战时共产主义”其实是非常时期不得不采取的特殊措施，但却有相当一部分渴望马上实现共产主义的布尔什维克党人，将“战时共产主义”视为战时与平时均可适用的向共产主义过渡的现实手段。

“战时共产主义政策”又被人们称为“军事共产主义政策”，其总体目标是由苏维埃中央政府集中国内所有人力物力财力，以力求在内战中保卫新生的苏维埃，具体措施包括大中型工业企业全面国有化、取消货币流通、取消自由贸易、实行余粮征集制度、实行生活用品实物配给制度等。早在 1918 年 6 月，苏维埃人民委员会就已颁布法令，宣布实行全面的工业国有化，将全部大型工业企业以及部分中型工业企业收归国有，并且将这些大中型工业企业按照行业部门划分到各个专业管理总局之下进行垂直管理，而各个专业管理总局又直接向最高国民经济委员会负责。及至 1918 年 12 月，最高国民经济委员会已经设立了 52 个专业管理总局，各个行业部门的总管理局体制由此成型。总管理局体制的最大特点是企业管理集中化行政化，最高国民经济委员会、专业管理总局、大中型企业层层下达生产指令，生产流程如同完成军事命令，非常适合战争时期的统制经济模式，但其明显的缺点是基本忽略成本核算环节，生产效率极高而生产效益极低。

除了工业生产的总管理局体制，“战时共产主义政策”还表现为流通与分配领域的实物化。不过我们必须认识到，尽管取消货币、实物分配的确是布尔什维克党人的革命理想，但实物配给制也的确是恶性通货膨胀背景下不得不采取的无奈之举。“从 1918 年至 1921 年，苏联发生了极其严重的通货膨胀……在货币严重贬值的情况下，经济关系走向实物化。具体内容是：

① （意）安东尼拉·萨洛莫尼著，卡佳、吉娜、文娟译：《列宁与俄国革命》，第 110—111 页。

1. 调整粮食分配方法，按阶级属性确定居民口粮等级配给制。1919 年按 4 个等级发放粮食配给卡（重体力劳动工人、一般工人、职员、其他居民，口粮重量按照劳动强度从高到低逐级递减——引者注）……1920 年实行劳动口粮配给制，不劳动者无权得到配给卡。2. 单位和企业之间的经济交往无货币结算。3. 免费配给生活必需品及生活服务（水、电、邮政、铁路运输等）”[①]。至此，不仅生产领域完全由中央政府直接掌握，而且流通领域、分配领域、消费领域都由中央政府统一调度，这种高度集中的统制经济，是苏维埃政权在国内经济状况极为艰难的情况下，得以全力支援前线并且最终取得战争胜利的制度性保障。

在“战时共产主义政策”中，最具有共产主义特色的莫过于“余粮征集制”。早在 1918 年 5 月，苏维埃人民委员会就已实行粮食贸易垄断政策，禁止私人买卖粮食，所有粮食必须集中向政府交售。1918 年 10 月，苏维埃人民委员会宣布农业税从货币形式改为实物形式，以应对不断恶化的通货膨胀。及至 1919 年 1 月 11 日，苏维埃人民委员会颁布了《向生产者征集国家分配所需粮食和饲料法令》，宣布在全国范围内实行“新的余粮原则”，“它表明苏维埃政权征粮原则和政策的根本性变化，即由粮食垄断制转向‘余粮征集制’（又被翻译为‘余粮收集制’——引者注），而且国家所需要的粮食数目，就是农民应该交纳的‘余粮’数。”[②]显而易见的是，尽管在名义上，“余粮征集制”是以征收农村地区的“剩余粮食”为目的，但实际上，由于自上而下的征粮指标只考虑城市的粮食需要而不考虑农村的自给能力与供应能力，征收粮食的范围已经从农村居民的“余粮”扩大到“口粮”，甚至连“种子粮”也被纳入征收范围。而且，在征收粮食的实际操作中，往往是由全副武装的工人、士兵、水兵组成的武装征粮队下乡进行征收。正因如此，尽管“余粮征集制”让苏维埃政权得以在 1918 年至 1921 年间征集到了大量的粮食，但也严重伤害了农民的切身利益与生产意愿，为 1921 年至 1923 年的粮食大幅减产种下了祸根。

总体而言，“战时共产主义建立在两个紧密相关的现实基础之上：第一，政治和经济权力的集中，对人口和社会的集中控制，以比较大型的经济单元

① 张建华著：《俄国史》，第 168－169 页。

② 同上，第 167 页。

替代较小的企业，初步尝试国家计划；第二，消除分配领域的商业和货币形式，代之以配给和免费获得基本物资和服务、易货、实物支付，以及一个更倾向于直接消费，而不是市场的生产体系。”与此同时，“经济体系的整体集中和政治权力不成比例的集权，不单是内战强加给社会的结果，也是和平阶段的革命所能预想到的合理结果。”[①]遗憾的是，这种罔顾经济运行状况与经济发展阶段的、强行过渡到共产主义阶段的激进做法，不仅加深了城乡居民之间与工农群众之间的对立，而且破坏了在十月革命期间形成的工农联盟，最终动摇了苏维埃政权的统治基础。

及至1921年春天，“战时共产主义政策”尤其是“余粮征集制”引起农村地区的粮食短缺和普遍饥荒，全国的农村地区先后发生农民骚动。粮食生产危机不仅仅出现在农村，而且同样出现在受到“余粮征集制”保障城市，因为农村居民已经再也没有生产粮食的劳动积极性，即使以武装征粮队强制推行“余粮征集制”，也同样征收不到足够的粮食，城市的粮食供应自然就会陷入短缺。1920年10月，在向来具有光荣革命传统的彼得格勒普梯洛夫工厂，工人们举行了大罢工，要求增加工资和增发粮食。1921年2月，在同样具有光荣革命传统的彼得格勒喀琅施塔得海军要塞，水兵们爆发了大规模的暴动。事实证明，“战时共产主义政策”尤其是“余粮征集制”已经难以为继。正因如此，过分激进的“战时共产主义政策”必然会被较为温和的“新经济政策”所取代。

列宁后来对“战时共产主义政策”曾经有过深刻的反思：“在经济战线上，由于我们企图过渡到共产主义，到1921年春天我们就遭到了严重的失败，这次失败比高尔察克、邓尼金或者皮尔苏茨基（即波兰军事强人毕苏茨基——引者注）使我们遭到的任何一次失败都要严重得多，重大得多，危险得多。这次失败表现在：我们上层制定的经济政策同下层脱节，它没有促成生产力的提高，而提高生产力是我们党纲规定的紧迫的基本任务。”[②]

1921年3月，在俄罗斯共产党（布尔什维克）第10次代表大会上，通过了《关于以实物税代替余粮收集制》的决议，决定废除余粮收集制，代之以粮食实物税。苏维埃全俄中央执行委员会（苏维埃政权的常务机构，后来演变

---

① （意）安东尼拉·萨洛莫尼著，卡佳、吉娜、文娟译：《列宁与俄国革命》，第121—122页。

② 张建华著：《俄国史》，第170页。

为苏维埃主席团)随即通过《关于以实物税代替粮食和原料收集制》的法令,"其主要内容包括:用粮食税取代余粮收集制;减低粮食税,使其低于上年余粮收集制的数额;农民在完税后可以自由处理余粮,用来交换生活必需品;撤销一切工人征粮队和武装征粮队。从此,开始了从战时共产主义向新经济政策的过渡。"①

以较低交纳额度的粮食实物税,代替较高交纳额度的余粮收集制,是从"战时共产主义政策"过渡到"新经济政策"的过程中最为关键的步骤,并且由此启动了其他相关领域的过渡措施,包括农村地区自由贸易的逐步恢复。"撤销战时共产主义期间采用的政策的过程是渐进的。首先,政府引进了一系列措施以消除平民生活中那些军事化的方面。这些措施将会引发一系列的事件,伴随着市场经济的重新引入,在城市和农村之间建立起一种新的均衡,并且,最终将货币注入国家的经济结构之中。在农村,强行征用被明确否定,而一定程度的自由贸易成为当时的正常现象。这就改善了当权者与农民之间的关系,新的农业政策得到贯彻执行。"而在取消余粮收集制的过程中,最为必要的措施无疑是取消武装征粮队。"布尔什维克党的第十次大会批准了第一个关键的政策,开始执行新经济政策:实物税收。它代替了强行征用农村剩余产品。强行征用曾经是工人小分队的任务,曾在不同社会群体之间激发了可怕的冲突。在完成对国家的义务之后,农民今后可以用他们认为合适的方式自由处理剩余产品。城市和农村之间可以进行自由贸易,尽管有很多的限制,对于农民和工人来说,还是意味着可以形成一种更加和谐的关系(就是工农联盟),没有这个基础,苏维埃政权甚至可能无法生存下去。"②

随着国内农村经济的逐步复苏,以及国内自由贸易的逐步恢复,工业领域也出现了下放经营权力的可喜变化,主要表现为对国内资本开放的租借制,以及对国外资本开放的租让制。1921 年 5 月,人民委员会宣布废除 1920 年 11 月颁布的企业国有化法令,从而为租借制和租让制的推行扫除了法律障碍。1921 年 7 月,苏维埃全俄中央执行委员会又颁布了《关于出租最高国民经济委员会所属企业的程序》法令,从而为租借制和租让制的推行规定了

---

① 张建华著:《俄国史》,第 171 页。

② (意)安东尼拉·萨洛莫尼著,卡佳、吉娜、文娟译:《列宁与俄国革命》,第 141—143 页。

运作程序。对国内资本，包括合作社、联合体、个体户，允许其承租不宜由政府直接管理的中小型企业，政府从出租的企业中每年提取一到两成的利润，并且规定承租人有义务优先完成政府下达的订货任务。对国外资本，主要是外国私人资本家，允许其承租政府管理不善的大中型企业，以便引入外国的闲置资本、生产技术、管理手段。

总体而言，1921年出台的"新经济政策"，是布尔什维克党人及其领导下的苏维埃政权，在"战时共产主义政策"遭遇严重挫折后，所采取的必要的经济退却。在此过程中，布尔什维克党人虚心总结了"战时共产主义政策"的经验教训，即在经济条件与社会条件尚未成熟时，不再强制推行高度集中的计划经济模式，转而采取市场手段以恢复国民经济。事实充分证明，"新经济政策"缓和了国内的城乡关系与工农关系，巩固了苏维埃政权。此外，通过引入和利用了国外的闲置资本，以及国外先进的生产技术和管理手段，从而为苏维埃俄国后来的大规模经济建设打下了良好的基础。

2. 美国罗斯福新政：市场经济对计划手段的借鉴

从1919年至1929年，美国经历了在其历史上前所未有的"大繁荣"时代。其中，除了1919年至1921年，经济增长一度有所放缓，失业人数一度有所上升，此后的八个年度都是经济高速增长的年份。而且，1919年至1921年美国经济增长局部放缓也属于正常现象，但这并不意味着美国经济的不景气，因为这完全是美国经济从战争时期轨道转向和平时期轨道的必然结果。随着第一次世界大战的结束，美国远征军从欧洲回国，美国政府面临着两百多万复员退伍军人的再就业问题，而消化这些青壮年劳动力需要一定的时间。与此同时，随着第一次世界大战的最终结束，美国企业也开始从军用产品的生产转向民用产品的生产，而生产计划的调整同样需要一定的时间。遗憾的是，尽管民主党人威尔逊政府为此付出了巨大的努力，最终实现了美国经济的成功转型，但民主党在经济转型问题上的内部分裂，共和党在参议院中对民主党内政措施与外交政策的恶意抨击（尤其是站在孤立主义立场上，对《凡尔赛和约》以及国联盟约的抨击），以及威尔逊本人身体状况的每况愈下，最终让民主党输掉了1921年的总统大选，而共和党则搭上了"大繁荣"时代的经济便车。

从1921年至1933年，是共和党长期执政的十二年，先后经历了三位共和党人总统：哈定(1921—1923年在任)、柯立芝(1923—1929年在任)、胡佛(1929—1933年在任)的执政时期。在这十二年间，从1921—1929年的八年是空前繁荣时期，由于哈定的执政时间较为短暂(1923年猝死于任上)，因此从1923—1929年的六年又被称为"柯立芝繁荣"，以此作为整个"大繁荣"时代的最高阶段。此时在美国国内，左翼政党与右翼政党的分野不算明显，但依然有大致上的左右翼之分。在中左翼的民主党人执政时期，民主党人进行了一系列的具有进步主义倾向与新自由主义的社会实验，其中就包括国家干预经济与社会福利保障等内容。但在中右翼的共和党人上台之后，共和党人一改民主党人的做法，坚决实行具有保守主义与旧自由主义倾向的政策措施，即以传统的"自由放任"为特征的政策措施，并且在20世纪20年代取得了重大成功。

哈定总统在1921年发出的"恢复常态"的呼吁，充分说明了共和党"自由放任"政策的本质特征与外在表现。哈定认为，当时的美国所急需的，"不是英雄主义，而是调养创伤；不是各种济世妙策，而是正常状态……不是进行实验，而是保持平衡，不是沉湎于国际理想，而是保持优胜的国家地位。"哈定在1921年3月的总统就职演说中，提出了"重建、调整、恢复"的施政纲领。哈定声称："我们的当务之急是恢复我们正常前进的步伐。"哈定在1921年作出的所谓"恢复常态"的呼吁，奠定了共和党此后十二年执政时期"自由放任"的政策基调。当然，"自由放任"仅仅是针对企业界而言的，而对于工人阶级，尽管早在民主党执政时期，工人阶级已经取得了举行罢工的合法权利，但共和党政府镇压起工人罢工来却可谓不遗余力。柯立芝更是公开声称："任何时候、任何地方、任何人均无权利举行危害公共安全的罢工。"[①]哈定与柯立芝等人维护资产阶级绝对统治地位的立场可见一斑。

20世纪20年代美国经济的"大繁荣"，得益于国内外一系列的有利因素，并非完全是共和党执政者的功劳。这些有利的因素包括：

首先，大规模战争。在第一次世界大战中(其实第二次世界大战的情况也是如出一辙)，美国是最后卷入战争的大国，而且还是绝无仅有的本土没有成为战场的大国，这就为美国在世界大战期间大发战争财提供了千载难逢的历史机遇。"一次大战期间，为了战争的需要，国家不得不设法调动一

① 何顺果著：《美国史通论》，学林出版社2001年版，第254页。

切积极因素以配合军事上的行动，包括一切必要的经济因素，这使美国的工业产量急剧上升……战后，这种增长虽然一度下降，但到 1920 年又基本恢复到战时水平。战争主要在 4 个方面刺激了美国经济的发展：(1)战争增加了军需直接订货，如钢铁、机械、造船、铁路等；(2)战时有政府管制作保障，联邦政府特别设立了战时工业局来负责物资的配置与供应；(3)战争刺激了粮食和食品的生产，因当时协约国正面临粮荒，需要美国的救济和援助；(4)更重要的是，由于战时对外投资的增加，美国由过去的债务国变为现在的债权国，战后它已成为国际金融的中心。"①

值得注意的是，由于第一次世界大战期间正值民主党政府执政时期，民主党政府在战争期间所构建的统制经济，是一种井然有序的经济模式，也可以理解为一种带有宏观调控性质的经济模式。可以说，第一次世界大战结束后上台执政的共和党政府，其实是搭了民主党政府的经济便车。同样值得注意的是，作为第一次世界大战的后续效应，20 世纪 20 年代的美国暂时垄断了百废待兴的欧洲市场，但随着欧洲国家战后重建的展开以及战后恢复的完成，这种由美利坚一国占有大西洋两岸市场的特殊好年景是难以持续的。

其次，大规模生产。主要体现为"自动化、标准化、流水线"三大要素在工业生产领域的运用，这种最早出现于汽车生产领域(福特汽车工厂)的流水线生产方式，极大地提高了生产效率，极大地降低了生产成本，后来成为其他所有工业行业模仿的标准模式。商品价格的下降与商品数量的增长，为 20 世纪 20 年代消费社会的到来提供了仿佛是无比广阔的前景。

最后，大规模消费。如前所述，大规模生产为大规模消费提供了可能，而且消费领域的新模式又反过来促进了生产领域的大发展。在当时的消费领域，最为典型的消费方式是分期付款(主要用于小宗商品，如日常消费品)与按揭贷款(主要用于大宗商品，如动产、不动产)的出现，两者都涉及银行金融体系。"它反映了当时市场经济发展的两种趋势：(1)大宗商品交易活动的增加；(2)信用在交易活动中地位的提高。"②值得注意的是，消费信贷的大规模出现，其实是必须建立在健全的信用记录体系的基础上的，而在当

① 何顺果著：《美国史通论》，第 262 页。
② 同上，第 264 页。

时，谁都无法确保消费信贷是否可能被没有实际消费能力的人们滥用，人们所看到的仅仅是消费市场在表面上的空前繁荣，而完全没有考虑到信用体系崩溃的任何可能性。

不得不承认，共和党三任总统哈定、柯立芝、胡佛在20世纪20年代实施的“自由放任”政策，在很大程度上确保了“大繁荣”时代市场经济的自主运行。然而，如果说这种完全“自由放任”的经济政策适用于繁荣时期，那么在萧条时期，“自由放任”政策其实就相当于束手无策。更为严重的是，共和党政府对于萧条时期的到来毫无警觉也毫无准备。

实际上，早在20世纪20年代的中后期，美国经济就存在着几方面的严重隐忧。首先，是美国国民的贫富分化。在“大繁荣”时代，资产阶级的投资性收入（例如房地产交易）和投机性收入（例如有价证券交易）大幅上升，仅占全国人口不到半成的大资产阶级占有全国接近一半的国民收入，而小资产阶级也因为持有数量不等的动产和不动产，而在经济泡沫造成的虚假繁荣中有所获利，但劳动阶层包括工人和农民的劳动性收入增长却长期处于停滞状态，甚至还有所倒退，劳动阶层已经成为被资产阶级刻意遗忘的社会阶层。

其次，是工业繁荣而农业萧条。在“大繁荣”时代，美国农产品销量一直处于供过于求的慢性危机状态。与可以通过分期付款购买的工业品，或者可以通过按揭贷款购买的房地产均有所不同，农产品的销量很少会受惠于消费信贷，因为人们通常不会通过消费信贷来购买农产品（例如人们不会以分期付款来买面粉或者面包），因此农业萧条也很难被人为制造的消费信贷虚假繁荣所掩盖。正因如此，农产品销量的长期不景气，直接反映的是整个社会实际购买能力的长期不景气，尤其是劳动阶层实际购买能力的长期不景气。而且，作为上至达官贵人、下至劳苦大众都必须消费的日常基础消费品，农产品的消费数量通常不会因为阶层更高、收入更高而消费更多，因此农产品销量的长期不景气，就意味着美国社会存在着庞大的无力购买日常基础消费品的社会阶层，意味着美国社会隐藏着巨大的潜在社会危机。

复次，是消费信贷的恶性膨胀。在“大繁荣”时代，美国的分期付款销售额度增加了将近一倍，从20亿美元增加到35亿美元，这种“寅吃卯粮”的消费信贷，让绝大多数小资产阶级，甚至部分劳动阶层的成员，卷入到远远超越实际购买能力的过分消费与透支消费中，虽然在几年时间内制造了美国经济的表面虚假繁荣，但经济泡沫也在急剧膨胀，尤其是银行金融体系所承受的信用压力也在急剧增长，美国经济正日益逼近信用体系崩溃的边缘。

最后，是股票投机的繁荣假象。在“大繁荣”时代，与美国消费市场的虚假繁荣彼此呼应的，是美国证券市场的虚假繁荣，因为消费市场的资金流动与证券市场的资本活动，存在着以对方为参考指标的相互观望的关系。在20世纪20年代，由于银行信贷的任意投放与投机资本的刻意炒作，美国证券市场上的股票交易量扩充了将近四倍，从3亿股扩张到11亿股，而且许多具有指标意义的垄断企业股票的股价也翻了两三倍，这种股票炒作在1928年至1929年达到顶峰。由于美国人往往习惯把美国股市的表现视为美国经济的晴雨表，股票投机的繁荣假象，蒙蔽了绝大多数美国人对美国经济实际运行状况的清醒判断。

归根到底，美国经济最大的危机正是共和党政府对危机缺乏任何预见性。在1928年8月的总统候选人提名演说中，共和党候选人胡佛自信满满地声称：“我国今天比任何国家历史上的任何时代都更接近于消灭贫困的最终胜利”“贫困从我国消失将指日可待”。在1929年3月的总统就职演说中，已经成为美国总统的胡佛更是得意忘形地声称：“总的看来，我们达到了世界上前所未有的慰藉和安全，从普遍的贫困中解脱出来后，我们得到了空前的个人自由。”[①]胡佛并不知道，在前所未有的大繁荣背后，前所未有的大萧条与大危机已经迫在眉睫，而胡佛本人也将在这场突如其来的全面危机中身败名裂。

1929年是美国历史上从“大繁荣”急剧转向“大萧条”的转折之年。1929年10月下旬，此前一路上扬的美国股市突然掉头向下，此后股票市场如同雪崩，及至1929年11月份，美国股市竟然在短短一个月之间跌去一半，此后三年间，美国股市毫无起色、继续下跌，并且将美国国内的证券业、金融业、商业、工业、农业一起拖入万丈深渊，所有行业都在急剧萎缩甚至崩溃，一切如同对往日泡沫经济与虚假繁荣的报应。及至1932年，美国已经有5 100家银行倒闭，在这些银行存钱的储户的全部积蓄付诸东流，工商企业也纷纷从盈利转为亏损，大批企业因为资金链断裂而倒闭，而尚未倒闭的企业也纷纷裁员以节约成本，美国的失业人数上升到1 200万，相当于美国劳动人口的四分之一，而尚未失业的劳动人口也不得不面对开工不足以及工资下降的困境。失业人口的

---

① 何顺果著：《美国史通论》，第267页。

急剧增加与购买能力的急剧下降，反过来又导致美国经济形势的进一步恶化。

面对这场在美国历史上前所未有的经济危机，胡佛总统也从危机开始时的掉以轻心，转变为危机蔓延时的焦虑盲动，极力说服企业界人士不要轻易裁员与减薪，例如要求联邦储备银行为企业界人士提供紧急信贷。然而，胡佛总统的反危机措施严重缺乏系统性，往往是病急乱投医的、治标不治本的临时措施，而且通常在实行短短数月之后就被迅速取消。尽管在胡佛总统任期的最后阶段，在 1931 年底也成立了复兴金融公司，为银行和信托公司提供紧急贷款和财政担保，在 1932 年中通过紧急救济与建设工程法，允许复兴金融公司向各州的州政府贷款，以便发放失业救济和投资公共工程，但这些已经具备日后罗斯福新政苗头的救济措施，却往往如同杯水车薪（复兴金融公司的注册资本额度只有 5 亿美元，难以发挥重大作用），几乎无济于事。究其原因，是因为胡佛总统在从事反危机紧急救济时，依然把国家干预经济，看做是违反资本主义经济常规的非常措施，不肯放弃作为共和党传统的“自由放任”经济政策。胡佛坚持认为：“美国的真正的成长在于美国人的那种特殊个性的成长，而政府的干预则会毁了美国人的那种创新精神和特殊个性。”而对美国奉行至今的自由企业制度，胡佛也完全欠缺制度性的反思与检讨，他坚持认为美国的企业制度“是建立在健全的和繁荣的基础之上的，没有必要对它们进行根本性的改革和调整。”[①]正因如此，尽管胡佛在其总统任期内一直为应对危机而焦头烂额，但美国经济却依然毫无起色，胡佛在竞选总统和就任总统时的豪言壮语如同对现实的莫大讽刺。在美国的城乡结合地带，出现了大批由失业人士用废弃材料搭建的简易窝棚，这些窝棚被称为“胡佛屋”，而这些窝棚集中出现的街区，更是被称为“胡佛村”。

1932 年 11 月，民主党人罗斯福击败试图连任总统的胡佛，成功夺回被共和党占据了长达 12 年之久的总统宝座。1933 年 3 月，罗斯福正式就任总统，在就职演说上，罗斯福公开宣告：“伟大的美国将像它坚持过的那样坚持下去，它将复兴，它将昌盛……我坚决相信，我们唯一引为恐惧的只是恐惧本身。”[②]此时，罗斯福总统已经下定决心要为美国民众实行“新政”（New

---

① 何顺果著：《美国史通论》，第 272—273 页。

② 余志森编著：《美国史纲——从殖民地到超级大国》，华东师范大学出版社 1992 年版，第 276 页。

Deal)，而他所能凭借的，一是民意对他的殷切期盼与充分信任；二是民主党在20世纪初期从事进步主义社会实验的历史经验；三是他本人在1929年担任纽约州州长以来所积累的、从事社会改革实验、建立失业救济制度、发起产业福利计划的历史经验。正因为罗斯福的“新政”首先是建立在经验主义与实用主义的基础上的，因此“新政”仿佛是杂乱无章的大杂烩，仿佛与胡佛的反危机措施并无二致。然而在实际上，“新政”的各项措施是有其内在的逻辑联系的。我们可以把“新政”分为短期阶段与长期阶段。

在罗斯福“新政”的短期阶段，“新政”的目的在于为美国经济“疗伤”，让美国经济重回正轨。这一阶段的新政措施着眼于短期的紧急救济，因此罗斯福政府与参众两院和最高法院尚且能够紧密合作，在此期间的新政措施被称为“百日新政”，包括15项配套法案与临时措施，但其中最主要的是以银行业、农业与工业为整顿对象的三大法案。

“百日新政”的第一项紧急措施是“紧急银行法”。1933年3月9日，参众两院紧急通过了罗斯福政府提交的《紧急银行法》草案。“紧急银行法规定，所有州银行将通过审查定级，健全可靠的被授予营业执照，即可开业，有问题的则需要继续进行整顿；联邦储备银行授权向有偿付能力的健全银行提供贷款，必要时可增发纸币；胡佛时期创办的复兴金融公司可购买银行优先股，提供流动资金；此外，禁止囤积与输出黄金。政府进一步采取措施制止提取存款，宣布5月1日以后从银行里提取黄金者若不声明正当缘由即张榜公布。”[①]《紧急银行法》的通过，确保了罗斯福政府有权对美国的银行体系进行大刀阔斧的整顿，而且确保了罗斯福政府能够掌握相当数量的黄金作为货币准备金，以维持美元货币不至于过分贬值，以避免动摇人们对货币体系与银行体系的仅存的信心。3月12日，罗斯福向全体美国国民发表“炉边谈话”，解释《紧急银行法》的政策宗旨与政策成果，呼吁美国国民相信美国的银行体系是稳健可靠的，此举提振了美国国民对美国银行体系的信心，几年来经常出现的银行挤兑风潮终于暂时告一段落。此后，罗斯福政府着手对美国的银行体系进行全面整顿，资本健全的银行获准重新开业，资本不健全的银行则要视其呆账坏账程度，或者予以金融帮助，或者实行破产清盘。1933年6月，参众两院又通过了罗斯福政府起草的补充银行法案。“该

① 余志森编著：《美国史纲——从殖民地到超级大国》，第279页。

法案旨在使商业银行与其附属的投资公司分离，防止银行利用联邦储备体系资金或存户存款进行投机；规定联邦储备系统对其成员银行有更大的节制权，并建立了联邦储蓄保险公司，对个人存款实施保险。”[①]罗斯福政府整顿银行金融体系、建立存款保险制度的紧急措施，让人们对之前已经声名狼藉的美国银行体系重新恢复了信心，从而为后来罗斯福政府其他新政措施奠定了相对良好的金融基础与信用基础。

“百日新政”的第二项紧急措施是“农业调整法”。1933 年 5 月 12 日，参众两院通过了罗斯福政府提交的《农业调整法》草案。“为实现农产品价格的平价（并非指便宜的价格，而是指确保农民基本收入稳定的农产品基准价格——引者注），农业调整法规定对主要农作物的生产进行控制和调节，具体措施有：对自愿缩减农产品产量者给予补贴；签订销售合同，规定销售定额；向愿意与政府合作的农场主发放商品贷款；出口实施津贴；农业部购买剩余农产品等。休耕土地的补贴款来自对农业商品加工所征的税款和对某些列举商品所征的关税。”[②]此后，为了避免农产品丰收而导致农产品价格下降，农业调整署派出大量人手监督农场主销毁剩余农产品，或者把农业调整署集中收购而来的剩余农产品再集中销毁。在大批美国民众还在忍饥挨饿的年代，罗斯福政府这种通过监督减产甚至销毁粮食来勉强实现供求平衡的做法，曾经在民间引起过很大争议，甚至可以说是罗斯福政府最引人非议的新政措施，但是作为应对农业产能相对过剩、保证农产品基准价格的非常手段，《农业调整法》最终还是被贯彻执行了，这是罗斯福“新政”最为人们所诟病的方面。

“百日新政”的第三项紧急措施是“工业复兴法”。1933 年 6 月 16 日，参众两院通过了罗斯福政府提交的《国家工业复兴法》（又被译为《全国产业复兴法》）草案，这是罗斯福政府“百日新政”三大法案中至关重要的法案。“全国产业复兴法共分两大部分。第一部分是《产业复兴》，它宣布国家处于紧急状态，要求部分地停止实施反托拉斯法；决定建立全国复兴总署；在政府协助监督下，私人工业拟定公平竞争法规，调整工资工时；法规经总统批准生效，符合其规定的行为不受反托拉斯法起诉。这些规定旨在通过生产监

① 余志森编著：《美国史纲——从殖民地到超级大国》，第 279 页。

② 同上，第 283 页。

督管理,调解企业主之间的关系。该部分第七条第一款是有关劳工的主要条文,宣布雇工有权组织工会,有权选出代表与雇主进行集体谈判。这一规定旨在调解雇主与工人之间的关系。法案的第二部分是《公共工程和建设项目》,它授权总统建立应急的公共工程署,拨 33 亿美元巨款作为诱导自力发展经济的政府投资,用以建设铁路、水坝、学校和联邦建筑等必需的公共工程。"[①]总体而言,《国家工业复兴法》对企业主和工人的利益诉求均有所让步,致力于调整企业主之间的竞争关系,规范企业主与工人之间的雇佣关系,避免不正当竞争与不公平雇佣等破坏市场经济秩序的不法行为,最终实现行业内部的合作与劳资双方的合作。罗斯福政府甚至发起"蓝鹰运动",对愿意与政府合作调整工资工时、遵守公平竞争法规、履行集体谈判合同的企业,颁发"蓝鹰标记",以彰显其作为团结合作的爱国企业,为工业复兴所作的贡献。《国家工业复兴法》的实施,在一定程度上遏制了混乱无序的资本主义自由竞争,为此甚至不惜局部停止反托拉斯法的实施。正因如此,《国家工业复兴法》也被视为国家垄断资本主义的具体象征与集中体现。

此外,在 1933 年 3 月至 6 月间,《房主贷款法》(保障房主赎回自身房产的权利)、《白银购买法》(放弃金本位,实行银本位,扩大货币发行量)、《证券法》(约束与惩罚证券交易中的投机行为与欺诈行为)、建立民间资源保护队(雇佣失业青年兴建公共工程,实行以工代赈)、建立联邦紧急救济署(联邦政府与州政府共同出资,救济失业人士)、设立田纳西河流域管理局等次要措施,也是罗斯福政府"百日新政"的成果。这 15 项紧急提交国会通过的配套法案与临时措施,及时发挥了挽救美国经济的紧急效用,让美国经济初步恢复正常运行,为后来罗斯福政府的"新政"继续推向深入准备了条件、奠定了基础。

在罗斯福"新政"的长期阶段,"新政"的目的在于为美国经济"治病",解决美国经济中的结构性顽疾。这一阶段的新政措施着眼于其长期的效用,甚至可能从根本上改变美国资本主义制度的存在方式与运行方式。在此期间,罗斯福政府与参众两院和最高法院屡屡发生法律冲突,许多法案不能以总统提案而只能以议员提案的迂回方式提出,以免受到参众两院与最高法

① 余志森编著:《美国史纲——从殖民地到超级大国》,第 281—282 页。

院的阻击。1935 年 1 月，罗斯福在向参众两院呈交的国情咨文中写道："想把复兴与改革区别开来，就是想把现实的外表代替现实本身，这种做法是难以想象的。要使病体复原，不仅要治标，而且要治本，这才是上策……虽然我们已作出了努力，也发表了谈话，但我们还没有清除享有过多特权的阶层，也没有成功地提高无特权者的地位。""人民的委托是很清楚的，履行大胆的新社会使命并使利润与财富服从整体利益的时候到了。"[①]罗斯福已经下定决心要把"新政"从浅层次的复兴变成深层次的改革。

后期"新政"的第一项主要改革措施是"社会保险法"。1935 年 1 月，参众两院通过了由民主党议员提出的《社会保险法》草案。"社会保险法创立了失业保险体制，建立了全国性的老年保险制度。在失业保险方面，法案规定向雇主强征失业保险费作为失业补助基金，雇主可以得到一项贷款作为补偿。1936 年，雇主上缴的失业保险费为全体职工工资总额的 1%；1937 年以后有所增加，保持在 3%左右。失业保险计划由各州政府执行。所有的州在两年内都建立了失业保险体制，并按联邦政府规定的最低标准订立保险赔偿金细目表……在老年保险方面，法案规定了养老金制，保险金由雇主和受雇人平均分担，起初为工资的 1%，以后逐渐增加；年满 65 岁者不管经济有无困难，根据其纳款多少领取相应比例的养老金……此外，为照顾残疾者以及不能自食其力的母亲与儿童，法案还规定由联邦政府向州提供援助。为了使法案得以实施，联邦政府还建立了超党派的社会保障委员会，各州也成立了相应的执行机构。"[②]《社会保险法》的通过，为美国民众初步建立起了失业保险制度与养老保险制度，让美国得以步英国的后尘，成为西方又一个"福利国家"。

后期"新政"的第二项主要改革措施是"劳工关系法"。1935 年 5 月，参众两院通过了由民主党议员提出的《全国劳工关系法》。"全国劳工关系法保证工人获得了通过自己挑选的工会进行集体谈判的权利，宣布公司工会为非法。为监督法案的实施，规定设立一个三人组成的超党派的全国劳工关系委员会，以取代全国复兴总署属下的同名机构。委员会负责听取权利受到侵犯的工人的申诉，在工人选择代表他们的工会时主持投票表决，可发

① 余志森编著：《美国史纲——从殖民地到超级大国》，第 289 页。

② 同上，第 292 页。

布停止争执的命令和强迫雇主服从。委员会有权对劳资纠纷进行调解，根据证词决定集体谈判的工会是行业工会（劳联）还是产业工会（产联）。”[①]《全国劳工关系法》的通过，让美国政府成为劳方与资方之间的协调者与仲裁者，在一定程度上规范与缓和了劳资关系，保护了工人阶级成立产业工会与进行集体谈判的合法权利。

后期“新政”的第三项主要改革措施，则是彼此配套的“银行法”与“公用事业控股公司法”。1935 年 8 月，参众两院先后通过了《银行法》与《公用事业控股公司法》。“这一法案对 1913 年联邦储备法实施以来创立的联邦储备系统的职能作了较大的调整，建立了联邦对储备银行的全面控制。联邦储备系统中央委员会拥有巨大权力，对各联邦储备银行的贴现率、利息兑换率、储备金额以及公开市场活动有直接管理权，并且有权确定据以发行联邦储备货币的证券和商业票据。”“公用事业控股公司法，授权证券交易委员会管制控股公司活动，对违反公众利益的控股公司加以取缔；规定所有公用事业联合企业都必须向证券交易委员会注册登记，委员会对公用事业公司的一切金融业务和证券保险有监督权。”[②]《银行法》与《公用事业控股公司法》的通过，一方面加强了联邦政府对金融领域的直接控制，另一方面削弱了控股公司对企业领域的幕后操纵，两者都极大地改变了美国垄断资本主义的面貌。

此外，在 1935 年 5 月至 8 月间，《财产税法》（对个人收入与公司利润征收超额累进税，收入与利润越高，征税比率越高）、建立工程振兴局、农村电气化管理局、全国青年管理处等次要措施，也是罗斯福政府后期“新政”的成果，这些措施不仅在一定时期内提升了美国民众的就业率，而且让联邦政府承担起了从事基础设施建设的任务，为以后历届政府（无论是民主党政府还是共和党政府）开创了划时代的先例。

从 1933 年至 1938 年，罗斯福政府所推行的“新政”，标志着美国国家制度上的剧变。“这可以从以下 3 个方面来看：(1)通过缓慢通货膨胀或政府的积极经济干预，以实现经济复兴和充分就业；(2)通过社会保障及收入的再分配，来改革资本主义的结构；(3)通过创办政府事业或公共工程，来修正从前的自由企业体制。总之，罗斯福企图把福利国家政策硬加在资本主义

① 余志森编著：《美国史纲——从殖民地到超级大国》，第 291－292 页。

② 同上，第 293 页。

的基础上，以此来建立一个比以前更为公正的社会。但为了实现这些制度化的剧变，就必须在某种程度上改变美国固有的权力结构，赋予总统和政府部门更大的权力。其结果是：国家从此成为经济的发动机和企业创立者。”与此同时，罗斯福政府所推行的“新政”，还改变了美国立法、司法、行政“三权分立”的制度传统。“(1)罗斯福通过向国会提出特别咨文、写信等方式，把过去破例向国会提出立法草案的做法，变成了一种经常性行政活动，从而扩大了总统的立法职能；(2)为了创办和管理新建的大量国家事业或公共工程，罗斯福不得不临时增设许多新的独立机构和附属机构，从而扩大了政府的行政职能。结果，罗斯福总统作为行政首脑的职能，大大超过了历史上的任何一位总统……与此相对应，立法部门和司法部门的权力受到削弱，‘三权鼎立’的格局第一次面临失衡。”①

总体而言，罗斯福“新政”的正面成果与负面后果都是比较突出的。首先看罗斯福“新政”的正面成果。在经济上，罗斯福新政不仅让美国经济度过了前所未有的巨大危机，而且对美国的自由企业制度进行了根本性的结构调整，变私人垄断资本主义为国家垄断资本主义，在一定程度上克服了美国资本主义制度的内在矛盾。在政治上，由于罗斯福新政所取得的经济成效，避免了经济危机蔓延为政治危机，避免了美国政治的法西斯化，并且在后来的反法西斯战争中，让美国成为西方民主国家以及世界反法西斯阵营的坚强后盾与中坚力量。这些都是罗斯福政府的伟大功绩。

然后看罗斯福“新政”的负面后果。在经济上，由于各项政府贷款与政府补贴的设立，以及大批公共工程的兴办，罗斯福新政大大增加了联邦政府的财政负担，导致政府财政赤字和国家内外债务的大幅增加，而联邦政府为了消化日益沉重的内外债务，又只能通过人为制造通货膨胀的办法来冲销债务，实际上是剥夺了中下层民众辛苦积累的微薄积蓄。在政治上，罗斯福新政大大扩充了联邦政府的官僚机构，有许多官僚机构的设立具有相当大的随意性，最终形成了联邦政府臃肿膨胀、尾大不掉、人浮于事的局面，让美国的纳税人背负了极为沉重的税务负担。这些都是罗斯福政府的巨大过失。

---

① 何顺果著：《美国史通论》，第 291—292 页。

二 视野拓展及重点问题分析

1. 如何认识人们对“新经济政策”和“罗斯福新政”是资本主义还是社会主义的争议？

首先必须澄清的事实是，“新经济政策”与“罗斯福新政”，分别是“计划经济对市场手段的借鉴”和“市场经济对计划手段的借鉴”，而不是“社会主义对资本主义的借鉴”或者“资本主义对社会主义的借鉴”，因此并不存在所谓的“姓资姓社”的问题。过去人们关于“新经济政策”与“罗斯福新政”的争议，主要是由于在人们的既定思维中，把计划经济等同于社会主义、把市场经济等同于资本主义，但其实计划经济与市场经济都只是手段，社会主义与资本主义才是目的。如今的人们已经很少在这个问题上产生混淆，但在当时，无论是“新经济政策”的制定者，还是“罗斯福新政”的推行者，都要面临巨大的政治压力，甚至要承担巨大的政治风险，因此改革不仅仅需要一往无前的决心，还需要百折不回的毅力。

早在“新经济政策”出台之初，在布尔什维克党内部就已存在不同意见，认为从“战时共产主义”过渡到“新经济政策”是严重的倒退，甚至有部分立场偏激的党员因此而声言退党。但以列宁为代表的富有政治斗争经验的布尔什维克党人清醒地认识到，如果不根据俄国当时的政治经济状况实行必要的“倒退”，不仅饱受创伤的国民经济无法恢复，而且在十月革命中构建起来的工农联盟也很可能会土崩瓦解（发生在普梯洛夫工厂的罢工与喀琅施塔得要塞的叛乱，就是最为明显的例证）。正因如此，“新经济政策”的历史作用，首先就在于从经济领域对农民乃至市民的利益作出适当的让步与照顾，在巩固工农联盟的基础上，在国民经济状况好转之后，在政治经济条件比较成熟时，再顺理成章地向社会主义经济体制过渡，从根本上维护俄国社会主义事业的健康发展。

同样，甚至早在“罗斯福新政”正式出台之前，美国国内尤其是民主党与共和党之间就已经发生分歧。共和党的政客以及亲共和党的媒体大肆攻击罗斯福总统要搞“社会主义”。然而，罗斯福本人并非社会主义者（尽管他并不反对必要的社会福利措施），而且身为美国总统以及民主党领导人的罗斯福，也不可能在美国大搞社会主义。“罗斯福新政”的根本目的，是在美国的国民经济严重失衡甚至完全失控的严峻背景下，采取适当的计划调控手段，对已经陷入混乱与瘫痪的美国国民经济，进行及时而且适当的调控，最终让美国的资本主义制度克服全面的政治经济危机，重新回归正常的轨道。正因如此，罗斯福是资本主义制度的拯救者，而非社会主义制度的奠基人。

三 深入探究指引

今天，人们对“罗斯福新政”的评价往往是一边倒的溢美之词，仿佛新政是有百利而无一害的救世良方。然而，在美国资本主义发展的历程中，“罗斯福新政”其实是具有极大争议性的历史事件，这种争议不仅仅产生于新政实施期间，而且产生于新政实施之后的几十年间，至今依然是以民主党为代表的自由主义者与以共和党为代表的保守主义者之间争吵不断的话题。如果想了解自由主义者对新政的赞美以及保守主义者对新政的批评，不妨阅读两位美国学者针锋相对的著作，分别是亚当·科恩的《无所畏惧——罗斯福重塑美国的百日新政》，以及伯顿·小福尔索姆的《罗斯福新政的谎言》。

在亚当·科恩的著作《无所畏惧——罗斯福重塑美国的百日新政》中，科恩毫不吝啬地对罗斯福总统及其新政作出如下评价：“‘百日新政’是美国历史上第三次伟大的变革。乔治·华盛顿带领美国摆脱英国的殖民统治，成立了宪政共和国。亚伯拉罕·林肯领导美国经历内战，证明了美国是一个不可分割的联邦，有统一的公民身份标准。罗斯福改革则创造了现代美国。他上任时，美国盛行的是自由放任的经济观和严酷的个人主义，联邦政府既无眼界又无雄心……罗斯福和他的顾问们提出了全新的价值体系。这种价值观认为，美国人应该对彼此负责，当资本主义遭到挫败时，政府有责任干预。在他的发言和炉边讲话中，在新闻发布会上，罗斯福不断地劝导人们接受并奉行这种新的价值体系，并通过一系列政策的实施，成功地使之成为现实。”[①]总体而言，科恩认为“罗斯福新政”从根本上改变了美国人的价值观念，让美国人凝结成“对彼此负责”的命运共同体，而罗斯福则是这个命运共同体的构建者与捍卫者。亚当·科恩对罗斯福及其新政的评价，基本体现了迄今为止美国民众与美国历史学界对“罗斯福新政”的主流观点。

在伯顿·小福尔索姆的著作《罗斯福新政的谎言》中，小福尔索姆认为：

---

① (美)亚当·科恩著，卢晓兰译:《无所畏惧——罗斯福重塑美国的百日新政》，天津教育出版社2009年版，第9—10页。

一直以来，人们“为罗斯福及其新政辩护的四个主要论据（这些论据在过去70年里为绝大多数历史学家所认同）：一、从经济角度来看，20世纪20年代也是灾难；二、新政计划是对20年代的拨乱反正，是朝正确方向迈出的一大步；三、罗斯福（还有新政）是很得人心的；四、罗斯福是个好总统，也是道德楷模。”“这四点构成了许多历史学家口中所谓的‘罗斯福传奇’。”[①]小福尔索姆引用了大量20世纪20年代至40年代的经济数据（尤其是罗斯福执政期间的经济数据），以证明所谓的“罗斯福传奇”与实际的情况存在着相当大的距离。小福尔索姆认为，“罗斯福新政”的主要目的在于通过政府的干预来克服经济危机，让美国社会走出萧条步向繁荣。然而，“罗斯福新政”本身就具有严重的副作用，政府开支的大幅增加，国家债务的恶性增长，官僚机构的急剧膨胀，所换来的并不是经得起时间考验的经济复苏，而是在整个30年代经济危机的慢性化与蔓延化，若非因为第二次世界大战爆发，让美国经济及时转入战时轨道，“罗斯福新政”很可能会难以为继。

不得不承认，小福尔索姆的观点非常具有争议性，不仅与科恩的观点完全对立，而且与美国民众和美国史学界对“罗斯福新政”的主流观点也完全相反，但小福尔索姆的观点却并非一无是处。实际上，第二次世界大战之后，在美国国内反复出现的经济停滞与通货膨胀同时出现的奇怪现象，即“滞胀”，早已证明了政府对国民经济的过分干预，很可能会导致与决策者的良好愿望完全背道而驰的反效果。事实证明，政府干预的程度绝非越多越好，政府干预的限度更是难以确定，对“罗斯福新政”的评价与反思，也将会在争议声中继续下去。

第三节　中外现代改革的比较
——以中俄改革为例

一　中外现代改革的比较概述

十月革命后，苏联实行计划经济，大力发展经济，重点建设重工业，由于

① (美)伯顿·小福尔索姆著，李存捧译：《罗斯福新政的谎言》，华夏出版社2010年版，第10页。

政府的强有力推动使苏联在短时间内跻身世界强国之林。二战后更是成为了能与美国抗衡的超级大国。新中国成立后，以苏联为榜样，同样实行计划经济。故而，在这段时期中苏两国有同样的政体，实行基本相同的经济和政治政策。到1978年中国实行改革开放后，两国政治经济制度开始分道扬镳，到1991年苏联解体，俄罗斯走上资本主义道路后，两国的政治经济制度更是泾渭分明，出现了本质的不同。有差异才能作比较，故在本节比较现代中俄改革时，主要是以改革开放以后的中国和苏联解体后的俄罗斯所实行的政治经济政策作比较。因经济是基础，决定了上层建筑。故而以经济领域的比较为主，以寻求现代中俄改革的异同，以期为今天中国的改革事业寻得一些行动指南。本节主要从改革的时代背景、改革的方式、改革的效果与对改革成效的评价四方面对现代中俄的改革作总体性比较。

1. 改革时代背景的比较

橘生淮南则为橘，生淮北则为枳。中俄两国都是实行改革，但由于所处的时代背景和国情的不同，决定了两国所选择的道路也不同。所以，在比较两国现代的改革时，首先要比较两国改革前所处的时代背景。转轨以前，中俄两国长期以来实行的都是高度集中的指令性计划经济体制，可以说两国的转型有着极为相似的制度背景。但事实上两国改革的初始条件是有很大差异的，而正是这种差异决定了两国选择不同的改革道路。

(1)中国1978年改革前的情况

经济方面：建国后，由于中共在发展经济方面的诸多失误，导致中国面临着严重的经济危机。1978年，人均国民收入为220美元，为低收入国家，农村贫困人口有2.5亿。[①] 与此同时，新中国除了在建国初期完成社会主义改造外，并无经济改革方面的经验。这一特殊情况决定了中国一方面必须进行改革，另一方面又没有改革经验。加之此前几十年的闭关锁国，中国对外部世界的了解相当贫乏，也没有成功的范例可循。中国的改革只能摸着石头过河，边实践边探索，边总结边推广。上述客观情况决定了中国只能实行渐进式的改革。

政治方面：中国虽面临着严重的经济危机，但在政治方面基本是稳定，

---

① 王小鲁：《中俄改革的路径差异及启示》，《国家行政学院学报》2008年第5期。

共产党是执政党,依然坚持社会主义道路和公有制。所以,中国的改革只能是在坚持党的领导的前提下进行,党是改革决策的制定者,也是执行者。为了保持国家的稳定和执政党的领导地位,决定了中国的改革只能是在原有的政治基础上的改革,先经济后政治,走循序渐进的改革道路。

(2)俄罗斯1991年改革前的情况

经济方面:在俄罗斯1991年改革之前,苏联就曾对经济进行了多次改革。如上个世纪五六十年代的赫鲁晓夫和六七十年代勃列日涅夫都曾对苏联的经济进行改革,尤其是80年代后期戈尔巴乔夫进行的经济管理体制改革。可是,几十年的改革探索没有触动旧有管理体制的根基,没有解决苏联经济的滞胀问题,到了80年代中后期,不只是经济陷入负增长,苏联的国际经济政治地位也呈下降态势。在苏联解体前夕,整个社会已经陷入严重的经济危机。苏联解体后,俄罗斯担起未竟的改革事业,但已不可能重走前苏联循序渐进的改革道路。

政治方面:俄罗斯的改革是在苏联解体、共产党丧失执政权力甚至合法地位、激进的自由派执掌政权的情况下发生的,一方面制度变迁的政治方面的阻力较小,另一方面作为新执政的权贵也需要大刀阔斧地破除一切与旧势力、旧权威有关的制度。因为只有迅速地完成制度的转轨,新的执政阶层才具有合法稳固的统治地位和拥有广泛的支持者阶层。所以,就当时的政治形势而言,必须实行快速的、彻底的改革。

2.改革方式的比较

(1)中国的改革方式

1978年的中国同时面临着经济和政治两方面的困难,既有经济危机,也有政治危机。而且如上所述,年轻的新中国在发展经济方面经验不足,更没有经济改革的经验。但重要的是,共产党在中国依然是执政党,拥有绝对的权威和领导力,所以中国的改革是在党的领导下进行的,党是改革的总设计者和领导者。这也就是说,中国的改革只能是在原有的政治体制上进行,先从经济领域入手的,而且需要保持政权的领导地位和国家的稳定。经济和政治两方面的合力,使中国只能选择一条循序渐进的改革道路。

(2)俄罗斯的改革方式

综合上述对俄罗斯1991年改革前时代背景的分析,我们知道苏联后期几十年的改革探索应该是渐进式的改革，但都以失败告终。在这种背景下作为苏联继承人的俄罗斯，尽管对改革还有很大的操作空间，也有各种可能性。但是，经历了多次渐进改革失败后，其选择渐进式改革的可能性已很小。而且，政治制度的本质性转变，使其要求经济层面在短时间内也要出现根本性转变，以确保新的政治制度的稳定性。这两方面的合力作用，注定了俄罗斯的改革必须是推倒了重建，是激进式的改革。

3. 改革效果的比较

(1)2000 年前效果对比

1979— 2000 年的 20 多年间，中国经济的年均增长率在 9.15% 以上，经济实力大大增强，经济总量跃居世界前列，人民生活水平显著提高。反观俄罗斯的改革却造成了经济全面、深刻的危机和持续不断的混乱及衰退，既无成熟的市场，也无丰裕的资金，并且财政赤字严重，1998 年国内生产总值比 1989 年减少了一半，亏损企业比重从 1992 年的 15.3%增加到 1998 年的 53.2% ，整个社会陷入一种悲观绝望的情绪中。[①] 俄罗斯的危机是综合性的全面危机，不仅包括经济危机，还包括政治危机、意识形态危机等。所以，这种危机解决起来要困难得多。截至 2000 年，中国的改革是远较于俄罗斯成功的。

(2)2000 年后的效果对比

2000 年前，中国的改革侧重于经济层面，推动了中国经济在 20 多年的高速发展。但到 2000 年后，只限于经济领域的改革所产生的效用已逐渐递减，而问题却越来越突出，表现为经济发展遇到了瓶颈，速度放缓；社会贫富差距开始拉大；社会矛盾较为明显，并较为集中地出现。随着改革的深入，已触及体制和制度问题。要想进一步推动发展，必须进行深入的改革，即政治制度的改革。反观俄罗斯，由于经济改革和政治改革是同步进行的，到 2000 年后，经济形势开始好转，加之有良好的重工业基础和丰富的资源，在 2000—2010 年间经济取得快速发展，一改 2000 年前的颓势。1999—2003 年 GDP 累计增长 29%，其中 2003 年达到 13.3 万多亿卢布，折合 4 652 亿美元，人均 3 200 美元。[②] 尽管增长速度还没有赶上中国，从经济总量上也还

① 徐向梅：《中俄转轨道路比较分析》，《俄罗斯研究》2005 年第 1 期。

② 同上。

大大低于中国，许多数字还不能与自身转轨之前相比较，但由于政治改革与经济改革是同时进行的，基本上为经济改革和发展经济扫清了制度和体制方面的障碍，展示出了较为强大的经济实力和不可低估的潜力。

4. 对改革成效评价的比较

中外学术界对现代中俄改革的评价以 2000 年为分界线，在 2000 年前意见比较一致，2000 年后随着经济发展形势的变迁出现了较大分歧。

(1)2000 年前，中外学术界普遍认为中国的渐进式改革取得了成功，而俄罗斯的激进式改革是失败的。这主要是基于当时两国的经济发展形势做出的评价。截至 2000 年，两国的改革成效形成了鲜明的对比，中国经济高速发展，生活水平提高，呈现出一幅欣欣向荣的景象；而俄罗斯经济陷于泥潭，通货膨胀，生活水平倒退到二战前水平，经济危机比改革前还要严重。所以中外学术界普遍认为中国的改革取得了成功，而俄罗斯的改革失败了。

(2)2000 年后，随着中俄两国经济发展形势的变化，中外学术界对中俄改革成效的评价开始出现了分歧。中国方面，大部分西方学者认为中国的改革是取得阶段性成功的，但由于政治体制改革的滞后，阻碍了经济的进一步发展。他们认为，中国的执政者对政治体制的改革缺乏实质性作为，故而对中国经济的前景表示出过于乐观。而有的学者认为中国的未来缺乏稳定性，因为政治体制的改革在中国操作性与可控性的难度都很大。俄罗斯方面，由于 2000－2010 年间经济的快速发展，生活水平普遍提高，又是能源与农产品的重要出口国，资本主义的政治体制也已基本建立，并开始步入正轨，其国际地位也迅速上升，在国际事务中扮演重要角色。所以，现在几乎没有人坚持俄罗斯的改革是失败的老调，还有的学者甚至提出了俄罗斯崛起的观点，对俄罗斯的改革表示充分肯定和赞扬。

二　视野拓展及重点问题分析

1. “渐进式改革”与“激进式改革”的适用问题

以往学术界普遍认为中国采取的是“渐进式的改革”，俄罗斯走的是“激进式改革”的路线。时至今日，这种观点仍为大部分学者所接受。但是，越是习以为常的东西，越能躲过人们对它的思考与审视。当然，还是有学者注意到了这两个概念是否适用于概括中俄两国的改革路线。如澳大利亚学者根纳季·卡扎克维奇和拉塞尔·史密斯就认为，在宏观方面，中国的改革是渐进的，俄罗斯的改革是激进的。但在微观层面，中国的改革却是激进的，而俄罗斯的改革是渐进且不连续的。[①] 对于改革方式的选择问题，徐向梅提出了一国的改革方式不应是一成不变的，认为中国"在渐进式改革之中应该也需要某些激进式的跨越。"[②]

2. 中俄现代改革切入点的差异的原因

大部分学者认为中国之所以从经济领域开始改革，是因为当时中国的经济问题较政治问题严重；俄罗斯之所以从政治领域开始改革，即放弃社会主义道路，走资本主义道路，是因为当时俄罗斯的政治问题较经济问题严重。[③] 笔者不认同这种观点，两国选择改革的切入点不同主要是由政治因素决定的。其实，改革前的中国"文革"刚刚结束，政治问题也是很严重的。那为什么中国不从政治领域开始改革呢，答案很简单，因为中国是在坚持公有制和社会主义道路的前提下进行改革，为了确保执政党的领导地位和国家的稳定，比较适合的改革是从经济领域入手，采取渐进式的改革。反观俄罗斯，既然已经选择了资本主义道路，那当务之急肯定是先建立一套资本主义的政体，所以改革必须从政治和经济两个领域同时开始，实行激进式改革。上述观点是因果倒置，把果当成因了。

3. 对中俄现代改革的评价

如上所述，2000 年前学术界对中国的改革是一致好评，但 2000 年后开始出现分歧，近几年分歧呈现越来越大的趋势。很明显，评价的波动主要是源于中俄两国经济发展的波动，当然也涉及政治、民生等方面。2000 年前，中国的改革主要局限于经济领域，即容易操作，见效快。但改革是一个整体，光有经济领域的改革，没有政治领域改革，势必对经济的发展造成瓶颈，使经济改革的成效不持久。一方面经过 30 年高速发展，已积累很多问题；另一方面，新的问题还在不断产生。经济学家杨小凯在考察了现代俄罗斯、

① (澳)根纳季·卡扎克维奇、拉塞尔·史密斯著，于淼译：《渐进主义与休克疗法：重新解读中俄改革经验》，《外国理论动态》2005 年第 12 期。

② 徐向梅：《中俄转轨道路比较分析》，《俄罗斯研究》2005 年第 1 期。

③ 黄景贵：《中俄经济改革的起点、方式、成本及效果比较》，《外国经济与管理》2001 年第 6 期。

中国台湾、韩国和日本等国家或地区的改革后，认为这些国家的改革“经验表明，存在一个制度核心，它是长期成功的经济发展的根本。因此，转轨是后社会主义国家的制度与全球资本主义制度趋同的过程，而不是创造一个本质上不同于资本主义的制度创新过程。”[①]所以，以后中国的走势取决于政治体制改革的力度和进度。总而言之，中国的改革能摸着石头过河走到今天不容易，但还有很长的路要走。

2000年以后，俄罗斯的经济出现了快速发展，经济总量跃居世界前列，因此有的学者提出了“俄罗斯崛起”的观点。对此，我们会问俄罗斯真的在崛起吗？它会成为第二个苏联吗？其实，俄罗斯近十年的高速发展是以2000年前的改革所带来的动荡与不安为代价的。俄罗斯自身有很多优势，如良好的重工业基础、丰富的资源和广袤的国土等，但就改革而言，相对于中国，其优势可能在于在政治领域的改革先行一步，虽然现在的俄罗斯离真正的民主要有相当距离，但其毕竟建立了一套民主制度，并实现了普选。经济与政治是相辅相成的。俄罗斯在政治领域的改革虽在初期带来社会的动荡和政局的不稳定，但站在2010年的时间坐标上回望，2000年前俄罗斯的改革与其说是失败的，不如说这所谓的“失败”是在改革的过程中必须要付出的代价，为经济改革和发展扫清了道路。使两者开始步入良性的互动循环。俄罗斯现在面临的最大问题是其政治改革是不彻底的，而普京提出的“可控民主”依然存在很大争议。故俄罗斯改革的成效也取决于政治领域的深入改革。

4.对现代中俄两国改革成效的比较

对于现代中俄两国的改革，目前尚难言孰优孰劣。何况这是两场同时进行的，也是正在进行的改革。对这两场改革的未来做预测是很难的，也是不大可靠的。但是目前研究的肯定不至于对当下作出判断，也是希望对未来有所指引。那让我们将目光停留在当下，以农业和市场经济体制的建立为切入点对两国的改革成效做比较。

中俄经济体制改革的最终目标都是建立市场经济，都是要让本国经济与国际经济接轨，只是改革的方式和方法不同而已。通过改革，中俄两国都建立起了以金融和财政为主的中央调控体系，建立起各种要素市场，建立起

① 杨小凯：《经济改革和宪政转轨》，《经济学》2003年第3期。

了社会保障体系，建立起了市场经济体系的基本框架。但从总体上看，俄罗斯的经济体制更具有市场经济的属性与特点，其经济的规范化程度、社会化程度、透明化程度、自由化程度和民主化程度比中国相对要高，因此赵传君认为“俄罗斯的经济体制比中国的经济体制更像市场经济”。从中俄经济体制改革后期的情况看，两国的改革都在尽力向 WTO 原则靠拢，都争取使本国的经济体制与 WTO 接轨。中国虽然已加入了 WTO，但中国是以各种明确承诺为前提的，所以中国的经济体制与 WTO 的要求还有一段距离，要缩短和消除这段距离，关键在于中国如何兑现自己的承诺。迄今为止，西方国家还没有正式承认中国的经济体制是市场经济体制。

三　深入探究指引

俄罗斯是在苏联解体的基础上建立起来的，其改革也是在苏联的基础上进行的。任何事物的产生都是有一定的时代背景的，俄罗斯学者罗伊·麦德维杰夫作为苏联瓦解的见证人，在《苏联的最后一年》[①]一书中详细回顾了苏联瓦解的过程，并对苏联解体的原因进行了深入剖析，是了解俄罗斯改革时代背景的重要文献。

关于当今俄罗斯是否在崛起的问题，学术界的意见并不一致。《重新崛起之路——俄罗斯发展的机遇与挑战》[②]一书认为“俄罗斯的发展问题是对当今世界格局有重大影响的问题之一，也是不确定因素最多之一。”并努力对俄罗斯的发展前景作出“前瞻性研究和预测”，认为“俄罗斯发展所面临的机遇与挑战并存。由于存在着种种或然性，其发展实际上是多趋势和多选择的，但无论哪种趋势或选择占上风，所面临的挑战都将大于机遇。”对俄罗斯的前景似乎并不乐观。而美国学者安德鲁·库钦斯主编的《俄罗斯在崛起吗？》[③]一书，从标题上看，似乎是在怀疑“俄罗斯崛起”论，但其总体上却表现出对俄罗斯改革前景的谨慎乐观。安德鲁·库钦斯在书的最后含蓄地表

---

① (俄)罗伊·麦德维杰夫著，王晓玉译：《苏联的最后一年》，社会科学文献出版社 2005 年版。

② 许志新主编：《重新崛起之路——俄罗斯发展的机遇与挑战》，世界知识出版社 2005 年版。

③ (美)安德鲁·库钦斯主编，沈建译：《俄罗斯在崛起吗？》，新华出版社 2004 年版。

达了这种观点："近些年来，人们普遍不屑地把俄罗斯当做一个功能不全的过时大国、一个不再是举足轻重的国家。仔细回顾一下俄罗斯的千年历史，我只能得出这样的结论，上述观点目光短浅、不够成熟。俄罗斯这一代和下一代人所作出的决策同样对我们所有人具有极大的影响。"

美国学者迈克尔·麦克福尔在《俄罗斯未竟的革命——从戈尔巴乔夫到普京的政治变迁》[①]一书中对苏联末期到普京时代的改革做了深入研究，并对未来俄罗斯所面临的挑战和机遇做了分析。前三部分从不同角度来探索戈尔巴乔夫时期(1985－1991)、俄罗斯第一共和国(1991－1993)、俄罗斯第二共和国(1993 年至今)的制度设计尝试及其结果。结论性部分认为：过渡过程本身引起了俄罗斯民主秩序的许多不足。这些过渡的创伤包括强权的政府、微弱的政党体系、不发达的公民社会以及独立的媒体、法治、国家能力和中央一地区关系的衰败。

对中俄经济改革的比较，具有代表性的著作是赵传君的《中俄经济体制改革》[②]，该书为我们全面认识和正确评价中俄经济体制改革的效果、改革理论和改革后形成的体制提供了一面学术多棱镜，从不同侧面、不同角度对中俄经济体制改革的动因、方式、目标、效果、问题及前景等进行了深入的比较分析，使我们对中俄经济体制改革有了更加全面的了解和更深刻的认识，为中俄在 WTO 原则下实现较好地对接，促进中俄经贸合作的发展提供了重要参考和广阔思路。

① (美)迈克尔·麦克福尔著，唐贤兴译：《俄罗斯未竟的革命——从戈尔巴乔夫到普京的政治变迁》，上海世纪出版社 2010 年版。

② 赵传君：《中俄经济体制改革》，黑龙江人民出版社 2002 年版。

第五章　改革的评价与研究

高中历史课标将《历史上重大改革回眸》作为一个选修模块，内容包括古今中外九次关乎社会历史变迁的重大改革。改革的内容在许多历史著作中均可找到，本书前面各章也分别进行了详细的阐述，但如何看待改革与革命的关系、改革的成败、改革与历史发展之间的关系等理论问题，却是中学教材中没有提到的。但这些问题是学习改革的关键所在，也是学习改革的目的所在。我们认为，要正确运用史学观念对革命和改革的历史进行教学，需要解决以下几个具体问题。

第一节　改革与革命

中学历史教学试图通过九个重大改革史实的学习，让学生明了“人类社会自产生以来，改革就与社会进步相伴随而生。”[①]编制课标的专家们也特别指出：“改革虽然不像革命那样轰轰烈烈，却以其特有的方式推动着社会的进步”，“无论改革或是革命都是以促进生产力的发展，实现社会进步为目标的，然而两者却采取了截然不同的方式。”[②]在人类历史发展进程中，改革和

① 中华人民共和国教育部制订：《普通高中历史课程标准》（实验），人民教育出版社2003年版，第16页。

② 历史课程标准研制组编写：《普通高中历史课程标准（实验）解读》，江苏教育出版社2004年版，第115页。

革命是两种推动社会变革的常见方式，但如何看待两种方式在历史上的作用却是史学界至今仍争论不休的问题。

一　关于改革与革命谁是历史常态的问题

一些教师在进行这一模块的教学时，产生了这样的认识：在人类历史进程中，改革是历史发展的常态，而革命是暂时的、突发的形式。改革是历史的常态，是社会变革的最基本形式，这也是教材和课标的基本看法。这种看法有一定的道理。从广义上说，任何国家在任何时期都存在着改革，只是每次改革并非像这九次改革那样惊天动地，那样改变历史进程，其发生频率之高以至于我们根本无法计数和记载。但革命却不是每时每刻都发生的，人类历史上的革命是不多的。一般而言，小规模的改革是人类历史的常态，而革命（包括大改革）却是历史阶段性变迁的常态。所谓"常态"并不是指史实发生的经常性，而是指史实发生的正常性。如果认为革命是突发的，因其流血并激烈动荡处于非正常状态，由此而褒扬改革并贬低革命，则是一种认识误区。

人类每天都在改革，改革的主体有个人，也有团队。但是，我们不能由此就过分抬高改革而否定革命。将改革作为历史发展变化常态的观点是可以理解的，但决不能因此将其视为社会进步的唯一形式。有些学者就热衷于鼓吹改革的和缓有效，无视革命在历史发展中的重大作用。李泽厚先生曾著有一本书叫《告别革命》，该书试图证明革命是现代化进程中的一种破坏力量，而英国的所谓不流血的"光荣革命"才是人类进步的正途，革命方式是不可取的，因而要"告别革命"。李先生的观点不符合历史的事实和基本逻辑。第一，历史上每一次革命性的变革都是在迫不得已的情况下发生的。不论后世还是当时的革命者，他们基本都知道革命会流血牺牲，会付出比改革更大的代价，所以在革命之前就开始做一系列的改革的努力——哪一次革命之前不存在长期改革的尝试？在多次改革失败之后，改革者开始对改革的前途失望，有些人才转向支持或领导革命运动。第二，还有一些革命运动不仅是在努力改革失败的前提下发生的，而且还是在反对势力残酷迫害的情况下不得已而采取的方式。中国共产党的武装起义、列宁领导的十月革命、美国独立战争、许多亚非拉国家的民族解放和建国的革命运动等都是在压迫者残酷镇压的情况下不得已而采取的方式——否则革命者就只能束手就擒。既是在迫不得已的条件下才进行革命，则无所谓革命是否应该发生或者破坏生产力的问题存在了。

另外，改革与革命其实是相伴而生的，二者在历史发展的总进程中相互配合，共同促进了历史的发展。历史上的许多重大改革都是在革命之后完成的，如英国的“光荣革命”就是在英国革命之后的第二次不流血的革命，没有1640年流血的革命，1688年不流血的改革是不会发生的，更不会成功；没有南北战争，则没有美国南方战后的民主重建历史；没有大革命和近代法国的一系列革命运动，则没有1875年向共和制的转变，等等。另外，还有一些重大改革虽然不是在革命之后发生和成功的，但却有其他因素为改革提供了强大的外力，改革才会顺利进行，如日本的明治维新、俄国的1861年改革、埃及穆罕默德的改革等都是在内部具有一定条件的前提下，由外部因素的强烈刺激才发生的。还有一些国家，并未采取革命运行的方式，仅以改革的方式也完成了社会的转变，如日本，但它却经历了两次重大改革：明治维新及二战后吉田茂的改革。

前面已经提到，革命也需要改革的辅助才能实现革命的目的。这主要表现在两个方面：第一，革命之前的改革作为革命的铺垫为革命的成功积累了丰厚的基础。1640年英国革命前，改革者已经进行了多次努力，向王权提出获得权利的申请，并组织了多次行动；辛亥革命前夕，改革者也经历了洋务运动、维新变法、清末新政等多次改革的努力，等等。这些革命前夕的改革，不仅为革命进行了变革社会的舆论宣传，而且训练了一大批革命的领导人，为革命的成功奠定了必要的基础。世界上尚未有哪次重大革命前夜没有改革为其铺垫道路而成功的道理——所有人都愿意通过和平的、代价极小的方式达到自己的目的。在革命后，革命给社会带来了剧烈的震荡，社会秩序混乱，一些革命虽然成功，基本目的达到。但是，革命后动荡的社会无法真正走向革命者的理想境界，因为社会的变革不会因为一次革命就在一夜之间完全实现。一般而言，社会的变革需要在革命之后进行改革式的调整，将革命的成果以温和的形式固定下来，并将革命中矫枉过正的领域予以纠正，使社会真正恢复到合理的状态。

所以，可以这样说，革命与改革都是历史的常态，都是变革社会的基本方式，并且是交互补充的方式。没有改革作为辅助的革命带来的必然是剧烈的社会动荡，而基本不会真正达到革命的目的；而没有革命作为前提的改革又基本都是保守的，必然给社会带来诸多保守因素的恶劣影响，如明治维新后的日本就是如此。改革与革命都是历史的常态，只是适用的范围不同。一些学者认为，革命是一种非常态的形式，这是不科学的。在人类历史上，革命所促成的社会变革与改革的价值同等重要，只不过革命不是每天都在发生，而改革则几乎每天都在发生而已。

二　关于改革与革命后果的比较

很多人认为，革命促成了革命性的巨变，但对社会产生了诸多不利的影响，如造成社会动荡、生产破坏等，而改革是温和地达到了社会变迁的目的。从改革和革命的结果看，改革方式似乎更合适一些。也有人认为，革命方式比改革方式更具彻底性，可以实现社会的迅速变迁，而且可以避免很多保守性的历史遗留，不会造成像法西斯一类的不良后果。简单地说，人们要在改革和革命之间寻找既能完成社会变革又要效果较好的方式。

从改革和革命的过程看，任何改革都不是一次性完成社会变革的，如日本的明治维新，所以在二战后才会出现吉田茂的改革。革命却不一定，在条件成熟的情况下革命可能一步到位，但也出现过经历多次革命才能完成社会变革的现象，法国近代民主制度的建立即是如此。

改革与革命各有自己的优势，又各有自己的缺点。革命方式在达成变革社会的目的方面迅速而彻底，但社会必然因此而出现动荡；改革形式在达成目的方面缓慢，而且会遗留许多历史余孽，但一般不会对社会产生动荡式的局面。改革和革命的历史影响要看二者的具体实践，不能一概而论地认为哪一个更有利于历史发展，而是要根据具体国家和地区当时的历史条件看哪种方式更适合或更合理，革命与改革这两种变革社会的方式本身没有优劣之分，而只有选择乃至执行者的优劣之分。

从二者对后世政权性质的影响看，经过近代革命洗礼的国家一般不会成为法西斯主义的策源地，而留有封建残余之负面因素的国家经常会在社会环境恶劣之时产生破坏性较大的反人类的政权。英法美革命比其他国家的近代革命相对彻底，尤其是法国大革命被称为近代民主革命的典范，这些革命使该国人民经历了民主、人权的资本主义思想改造，将文化信仰中的封建残余涤荡殆尽，因而避免了这些国家在 20 世纪前期滑向法西斯的深渊。改革永远是不彻底的变革，否则就不是改革而是革命了。没经过对旧势力的彻底改造，就会在新社会中保留较多旧势力残余，进而使社会生活缺乏民主。在社会环境较为恶劣之时，人们会将这些旧势力的残余与恶劣的社会环境结合而形成较有破坏性的社会运动——如法西斯主义的诞生就是如此，它仅仅出现在经过不彻底的改革而进入近代社会的德国和日本等。而英法美等国发动大规模战争的难度较大，而且即使发动战争，一旦战争稍微失利，就会立刻停战，因为国家的政策必须相应地照顾到民意。但德日等国则不同，因为带有封建负面因素与现代社会负面因素相结合特征的政权更能动员一切力量投入战争。

从二者对经济变革影响的角度看，改革和革命却是各有千秋。有人认为，改革的国家经济发展更为平稳快速，如英国在1688年改革后就比经过革命的法国发展速度快，政局平稳，社会安定。其实，英国是经过内战等革命方式而后过渡到改革方式的，没有革命对旧制度的冲击，就没有改革的成功。所以说，改革与革命对英国的影响到底谁更大些还难以定论。而且，同样是革命的国家，美国的经济就发展迅速，并在19世纪晚期一跃成为世界第一经济大国并维持至今；法国是彻底革命的国家，其革命历程几乎延续了一个世纪之久，法国虽比多数西方国家发达，但它一直没有成为西方国家经济发展最快和最发达的国家。日本和德国都是改革的典型国家，而且都出现了法西斯主义，并给世界各国和它们自己造成了巨大的伤害，但两国的经济发展速度却是惊人的——德国在二战前即成为资本主义世界第二经济强国，而两国在经历了战争的毁坏之后，却能迅速崛起成为仅次于美国的经济强国。所以，仅仅从经济发展速度来看，革命、改革与经济发展之间没有必然的联系。改革和革命到底哪一种方式对经济的发展更为有利，要看具体的历史条件，不能一概而论。从形式上看，改革与革命各有利弊，但到底利弊呈现的多寡和程度，也要看具体的实践条件。

不过，不论通过改革抑或是革命的方式进入资本主义，其经济方式大体是一样的，尤其表现在对经济高速发展的愿望上，因为市场经济体制本就如此，否则不管民主还是不民主的政权都会垮台。原始社会、奴隶社会、封建社会的崩溃是由于生产力、经济的发展，而资本主义若不快速发展经济也必然会崩溃。作为外向型的资本主义经济，要保证经济高速发展单靠内需是不行的，还需向外扩张。经过改革而非革命的国家，其民主往往不充分，势必会留下封建时代穷兵黩武的赘瘤。法西斯就是外向型的经济方式与穷兵黩武相结合的典型，是人类的异端，经济上向外扩张的需要与政治上的扩张行为结合起来就形成了法西斯主义。那么，美国的西进运动算是对外扩张吗？西进运动时土著印第安人尚未形成国家，西进运动中移民的主体是贫苦的拓荒者，他们大多是猎人、矿工、农民和牧民。美国是在与印第安人争夺生存土地，其实质是部落之间的斗争，虽具有侵略性质，但与近代的争霸战争还是有所区别。但美国向西扩张后，没有平等地对待印第安人，造成了激烈的种族冲突问题。

所以，不论以怎样的方式进入近代社会，政府和整个社会都会采取各种措施积极发展经济，这与革命或改革关系不大。但是，在革命或改革中所采取的近代经济方式却对其日后的经济发展影响深远。如法国在近代经济发展速度较英美德日等国慢，主要是因为革命期间采取小块分配土地的方式造成了法国小农经济在近代的广泛存在，这不仅直接导致法国农业小规模经营模式的泛滥，而且间接导致工业乃至整个国民经济与现代大产业结构的背离，因而导致国家经济发展速度的缓慢。同为采用革命方式的美国则采取资本主义大农业的模式，因而在近代经济的发展过程中，工农业以及整个国民经济发展的集约化发展迅速。德国以改革方式进入近代社会，其经济发展模式类似英美，而非法国，故发展速度较快。

三　关于改革与革命彻底性的比较

20 世纪 80 年代以来，关于英法两国资产阶级革命对比的问题引起了学术界关注。一些学者认为，英国革命（其实，学者们将英国革命视为一场改革）更为彻底，因为革命的任务是为资本主义经济发展开辟道路、扫清障碍，从这一点上说，英国在光荣革命和随后的改革进行后，经济上爆发了工业革命，19 世纪工业总产值为世界第一，成为世界工厂。他们认为，法国的革命虽然手段激烈，但并不彻底，历经百年才走上稳定的共和之路。其经济在近代一直发展缓慢，小农经济盛行，现代工业滞后，这是由于革命没有废除封建残余之故。他们认为，改革的英国在革命后取得了迅猛的发展，发展道路顺利；而法国则经济发展缓慢，政治动荡。所以，保守的英国资产阶级革命要比激进的法国资产阶级革命更为彻底。还有学者从另外的角度考虑双方的革命和改革彻底性问题。他们认为，英国革命比较保守，没有给予农民土地所有权，相反却推动了圈地运动的快速发展；封建势力的代表依然掌握行政权等。而法国革命对旧制度的打碎程度远远高于英国，尤其是限价法令和土地政策更是体现了革命的彻底性。

华东师范大学的陈崇武教授曾明确指出，革命彻底与否与革命后的经济发展、社会发展的程度、速度无关。陈教授的观点是可取的，革命彻底性其实是指对旧制度的打碎程度而言的。革命是否能促进经济的高速发展和社会的稳定，则是革命的后果问题，是要看革命或改革的内容、措施是否合乎当时国家的具体情况。如果符合，则发展迅速、顺利，否则就会造成社会动荡、经济发展缓慢甚至出现倒退的现象。

由此，我们可以思考另外一个问题，即革命或改革彻底性与结果之间的关系，实际上也适用于革命、改革对后世历史的影响问题。

首先，历史的经验证明，革命和改革并非彻底对后世的影响就好，不彻底的革命或改革有时对历史的确产生了非常积极的促进作用。像法国大革命，法国革命者几乎要最大限度地断绝与旧势力的联系，因而其所建立的新社会让人一下子难以适应。这样的革命割裂了历史的连续性，所以不是法国该不该革命的问题，而是革命者的政策出现了问题，没有适合法国的具体情况。当然，很多历史情况下历史道路并不完全由政策的制定者和执行者所掌握，大革命初期的革命者并未准备进行类似雅各宾式的彻底地与旧势力以及传统决裂的革命，所以革命措施相对温和，不仅保留了国王，而且保留了他在国家机关中的行政权，但随着封建贵族的反抗和外国武装干涉的逐步升级，革命形势非常严峻，甚至到了如果不采取决裂性的措施就会断送革命的境地，斐扬派和吉伦特派就是因为没有采取激进的措施而相继倒台，雅各宾派就是在这样的情况下上台的。所以，我们可以认为，激进的雅各宾派的统治虽然缓解了革命的危机，挽救了革命政府，但其激进的政策对历史的长远影响却是具有一定的负面因素。不过，我们却难以因此指责雅各宾政府，因为它也是不得已而为之。在改革的历史上，前苏联戈尔巴乔夫的改革就是例证。一般而言，改革本身就是保守的，但也不尽然，戈尔巴乔夫的改革却是激进的，只是其结果不仅没有达到理想效果，还为后来苏联的解体埋下了祸根。可见，彻底的改革和革命也可能对国家发展产生不利的影响。

渐进的、保守的革命或改革也可能产生积极的影响。如英国革命使得社会动荡近五十年之久，各种政治势力反复登台表演，下层人民深受其苦，上层人士也处于朝不保夕的境地，社会经济在这五十年中发展也较为缓慢。

1688年政变虽然温和，却真正建立了稳定的资产阶级政权——君主立宪制，而且英国从此开始加快经济发展步伐，并在18世纪中期率先开始工业革命，在此后近两百年中独领风骚，成为了世界工厂。在工业革命过程中，英国工人虽遭受了前所未有的剥削，但他们也是世界上第一个获得垄断利益的工人集体，其境遇在19世纪中期以后迅速改善。不过，我们不能从英国的例证中简单地得出结论：保守改革的效果比激进革命的后果要好得多，对任何事物的分析都要具体而深入，不能凭简单的现象对比就可以得出结论。在本章的前面，已经详细地分析了英国革命与改革之间的关系，革命为改革的成功做了各个方面的准备，没有革命及此后近半个世纪的社会动荡，就不会有1688年政变温和而成功的结局。其实，英国资产阶级革命本身就没有法国革命激进，当时革命者就没有彻底消除贵族经济，封建贵族的土地占有权一直得以保留，其反抗程度没有法国那么大，社会也就没有法国动荡，政局也比较稳定，当然，这不是英国资产阶级革命者比法国革命者更聪明，也不是英国的封建贵族更"通情达理"，而是英国得天独厚的地理条件使得英国革命没有遭到像法国革命那样艰难的困境，当然没有必要采取如法国般激进的措施。例如，英国革命和1688年政变后政府解决土地问题的方式主要靠两种：一是扩大圈地运动的规模，至工业革命开始前，英国已经有近六分之一的耕地被圈占，而这些被圈占的土地多数形成大规模经营的资本主义性质的农庄；二是通过出卖贵族土地给资产阶级，并迅速建立资本主义农庄的方式。所以，英国在18世纪时已经进一步减弱了小农生产对资本主义经济的影响。在工业革命过程中，英国的土地及贵族问题得以最后解决，当时经济的发展迫使旧贵族不能再像以前一样收地租，最终投入工业革命的时代大潮之中，成为具有资产阶级性质的工业贵族的一员。但是，我们不能因为英国解决土地问题的方式对后世英国经济发展的效果好，就认为英国保守的革命或改革比法国激进的革命要好。因为英国革命期间没有受到外国的武装干涉，它不需要像法国那样，要给予最广大农民以土地，以换得农民对革命政权的支持——法国革命政府如果没有农民的支持，就会被外国干涉军、本国王党的叛乱所绞杀，革命本身就会被断送。

所以，我们看待一次革命、一场改革对后世的影响如何，要根据具体条件进行分析，而不能仅凭结果就判定革命或改革哪种方法优劣。当然，我们的意思不是对革命或改革进行评价，而是要求评价本身要根据具体的历史条件进行分析，并进而得出结论，如我们可以分析克伦威尔哪些政策存在失误、哪些政策对后世影响较好等等，而不是无限上纲上线地评价革命和改革的功过。

其次，历史同时证明，并不是革命或改革不彻底对后世影响就是积极的，如日、德两个国家的近代变革就是极为不彻底的，它们保留了大量的封建残余。而且，两国最后都走上了法西斯道路，这与它们的改革不彻底密切相关。但是，我们同样不能看到那些改革或革命不彻底就因此得出结论说它们对后世的影响是消极的，对它们的分析同样要依据历史条件。所以，不论革命和改革的程度怎样，只要符合国家的具体情况就好。正如陈崇武先生所指出的那样，保守与彻底并无好坏，其政策的实施要看具体情况，要做到恰如其分。不过，这样的要求对革命者或改革者来说无疑是苛求的，而这种苛求本身就是历史研究的重要价值。

世界历史上，的确有很多保守的改革或革命对后世产生了非常恶劣的影响，德日两个国家都是通过保守的改革而走上近代国家之路，并发动了第二次世界大战，给世界各国人民，包括德日两国人民都造成了巨大的伤害。以日本的明治维新为例，1868 年前后，日本的资本主义经济因素虽有所发展，并产生了豪农、豪商等具有资产阶级性质的新阶级，而且作为封建制度基础的武士阶层亦开始分化，但从日本当时的资本主义发展水平来看，它仍处于萌芽时期，即是说，日本当时并不具有发动资产阶级革命或改革的成熟的国内条件，至少比英法美等国发动资产阶级革命之时在政治、经济及意识等条件方面都要稚嫩得多。但是，日本的改革是在国内具有一定资本主义因素，同时受到国际殖民势力压迫的情况下发生的。所以，日本的明治维新表现得比一般的改革要畸形得多，如它保留了封建时代日本的基本精神——武士道，并将其与近代西方国家的经济发展结合在一起。这就使得其在改革之初就将富国强兵作为基本国策——富国强兵本身没有错，但日本的目的显然不仅要达到富国强兵，而是要像其他殖民者一样走上侵略的道路。在改革后的几年时间内，日本即开始发动对朝鲜、我国台湾的侵略战争；并在 1894 年发动了甲午战争。此后的数十年间，武士道和近代扩张性经济发展的要求结合在一起，继而发动了一系列的对外侵略战争，乃至演变为第二次世界大战的策源地，其结果给亚洲多个国家带来了巨大的伤害，而其本身也付出了惨重的代价。日本的经验教训证明，在改革或革命条件不成熟的情况下，进行跃进式的变革，虽然在外力的促进下暂时会取得较大发展，但对后世会产生消极影响。德国的例证与日本有些类似，都保留了封建时代最基本的精神——武士道与容克精神，而这两种所谓的精神其实都是封建时代最恶劣的文化。

不过，保守的改革或革命并非都会带来影响深远的消极后果。如20世纪70年代后期中国的改革就是如此。中国的改革首先从农村开始，而且在农村中采取试点的方式，而后逐步推行到其他行业。从内容上看，即使是农村的经济改革，我国的改革也是先实行家庭联产承包责任制，而后至2003年以后才实行新的土地制度。从总体上看，我国实行的是先经济改革，在经济发展取得较大成绩后，才开始政治改革。我国的改革事业在30多年的实践中已经取得了显著成效，不论经济、政治乃至人民的日常生活都出现了翻天覆地的变化。可以说，我国的改革基本是保守的，但这种保守型的改革所取得的成绩确实很大，而且整个改革事业非常稳定。但是，并非所有保守的改革都是成功的，中国近代就曾发生过维新变法等一系列保守的改革，但均未成功。

激进与保守对长远历史影响深刻。从较长的历史阶段看，革命会对一个民族、社会和国家造成动荡。自近代以来，民主革命越激烈，当时社会动荡越猛烈，但从长远看来，其对人类所带来的危害比较小。所以，从人类发展的长远利益来看，法国大革命总比明治维新好，法国是一个不会对人类产生重大威胁的国家。当然，历史上英法也出现了法西斯，却因为经历过较为彻底的革命而导致法西斯未能上台。所以，具体分析哪次革命比哪次改革好，这种说法是有一定道理的。纵观世界历史的革命与改革，1688年英国的光荣革命还是比较成功的，因为它不仅没有产生流血冲突，而且完成了制度的转变，对此后的英国高速发展产生了巨大的推动作用。另外，革命的彻底性也较强，英国此后没有出现重大的涉及法西斯性质的政权上台，没有像德国和日本那样成为世界大战的策源地。

四　改革与革命的选择

很多人在比较革命和改革的优缺点后作出各种评估。其中有些学者认为，改革是不流血或少流血的革命，是代价较小的革命，这种方式值得赞扬，李泽厚先生就曾明确说要“告别革命”。还有些人对革命所产生的积极后果非常认同，认为革命是实现社会变革的最有效方式，可以铲除旧势力的影响。其实，看一次社会变革应该采用怎样的方式，应该改革或是革命？要视哪种方式符合当时的历史条件，革命和改革作为推动社会历史发展进程的方式，其本身是没有优劣之分的。

首先，应看改革和革命所发生及发展的历史条件、历史背景。历史条件要求改革时如果进行革命，政局势必会动荡；而该革命时采取改革措施，改革难以成功。

其次，在近代的资产阶级改革和革命中，先进国家往往选择革命，落后国家一般选择改革，如英法美选择革命，俄日意等选择改革。革命有原发的，有扩散的。革命的原发地是英法美，其他国家的革命都是学来的，是扩散而来的。

落后国家选择改革方式进行变革是因为革命条件不成熟，而且上层贵族在外力的压迫下有主动改革的愿望。在近代革命的条件中，资产阶级队伍的规模、成熟程度是必需的条件，而资本主义经济发展规模也是需要的条件。19 世纪中期，相对落后的德意日诸国不具备相应的条件。但是，民族意识更为成熟，而且上层也同意改革。英法在革命前因为没有遭遇外族入侵压迫，上层不会放弃对既得利益的占有。落后国家在外力条件下具备了改革的条件，但是向近代国家转变的内在条件（资本主义经济发展水平、资产阶级的成熟程度的方面）却暂时不具备，这就决定其改革之后的道路依然不会平坦。所以，革命与改革方式的选择，是由国内外多重社会条件决定的。

恩格斯说，只有在民族战争中才能打游击战。如美国为赢得美利坚民族独立打了八年的游击战，游击战是美国发明的。在近代国家的革命和改革中，民族意识的成熟程度成为革命和改革的重要因素。民族意识为革命减少了很多阻力，增加了很多动力。民国时期尤其是抗日战争时期的民族意识表现得非常强烈。林伯渠、张国焘、李鼎铭与张治中等曾到黄帝陵祭祖。他们的祭祖活动是对中华民族圣地的景仰，也表现了他们意识到近代民族主义具有非常强大的力量——抗日战争的胜利与中华民族意识的觉醒密不可分。

中国与日本不同，中国在鸦片战争前的近代因素几乎为零，所以改革、革命都难以取得预期效果。虽然当时的中国不具备改革和革命的条件，但还是不断地进行改革和革命的尝试。因为近代中国资本主义的发展不够充分，同时，在外国资本主义国家的经济和军事的逼迫之下，又必须采取革命或改革的行动以改变中国被动的局面，所以，中国的变革尝试持续了一个多世纪之久，期间的改革与革命都不幸地流于失败。而且，当时民族意识还没形成，不论选择革命还是改革都会失败，结果导致了不断走向更加激进革命的结果。所以，当时中国改革失败的原因并不完全是因为保守性问题。不过，当时探索出路的中国人认为戊戌变法的失败是保守导致的，于是发动了辛亥革命；辛亥革命失败后选择更加激进的革命，于是轰轰烈烈地掀起了国民大革命；大革命依然以失败告终，继而选择了更加激进的新民主主义革命。其实，近代中国的军阀混战恰是社会历史潜在状态的反映，即统一的国内市场尚未形成；因为统一的要素不具备，统一的市场、近代中华民族都没有形成，所以才会出现军阀割据的混战局面。所以说，中国在20世纪20年代之前，尚不具备完成民主革命的条件。

第二节　改革、改革家的成败评价问题

对任何一次改革，不论其效果如何，后人都会对其产生多重评价，有些评价甚至截然相反，这是人们对改革评价体系尚未取得共识所致。而对于改革家的评价似乎更加复杂，几乎没有一个改革家的评价能够取得共识，这是因为对人物的评价体系没有建立的原因。

一　关于改革成败的评价问题

中学教材和课标所讲述的九次重大改革，其实大多是公认的比较成功的改革，只有极少数是不太成功的改革，所以，教材中对这些改革的评价都是较高的。其实，史学家们对这些改革的成败基本没有定论。

1.改革的成败主要看它是否完成了时代赋予的历史使命

每次改革，乃至任何一次变革社会的努力其实都是在完成时代赋予的历史使命。我们一般认为，历史使命实际上就是符合时代发展的潮流，在历史条件的基础上，推动社会的变革。完成这一目的，就是成功的改革，如日本的明治维新、俄国的1861年改革、埃及的穆罕默德改革、中国的商鞅变法

等就是如此。而中国的王安石变法等，都是不成功的改革，王安石变法没有改变北宋积贫积弱的状况就已经夭折，没有完成改革的目的。

下面以我们教材中讲述较多，并经常将两者进行比较的改革：日本的明治维新和中国的戊戌变法为例，说明时代使命与改革成败之间的关系。

明治维新前的一个多世纪，日本的资本主义经济开始出现，尤其在西南诸藩，农村中出现了资本主义萌芽。至 19 世纪中期，日本的资本主义发展已经达到较高的水平，如城市周围的农村商品经济较为发达，粮食和其他农作物大都作为供应市场的商品，而纺织业中的资本主义因素则更加成熟。在阶级关系方面，幕府统治末期，由于资本主义经济的发展，豪农、豪商在社会上地位日隆，许多大名都向他们借债；而作为封建统治柱石的下级武士在 19 世纪中期分化加剧，许多武士因大名经济窘况转而为豪农、豪商看家护院，成为资产阶级利益集团中的一员，进而严重动摇了幕府统治的基础。当时，已经有一些商人、大名联合要求进行改革。即是说，在 19 世纪中期，日本内部在未受外部冲击的情况下已经产生了向资本主义时代转变的某些基本因素，基本具备了改革的条件。1853 年，美国海军佩里率领舰队进入江户湾（今东京湾）岸的浦贺，逼迫日本在 1854 年与美国签订了神奈川《日美亲善条约》，又名《神奈川条约》，向美国开放除长崎外的下田和函馆两个港口，并给予美国最惠国待遇等。外部压力促进了日本资产阶级化的武士激进地要求变革国家体制，以发展日本并免受外部入侵。从历史背景看，日本当时所应该做的是向先进的资本主义国家学习，进行资本主义制度建设——其实，摆在日本乃至所有近代亚非拉国家面前的只有一条路，就是建立像英法美那样的近代国家体制，走上近代国家之路，否则就有亡国灭种的危机。而明治维新所承担的正是这一重要的使命，改革也的确基本完成了这一使命。整个明治维新期间，政府采取了一系列建设近代国家的措施，其中在政治制度建设、经济资本化建设和近代文化体制建设方面都做出了卓越的贡献，尽管有些方面出现了较大偏差——但我们很难因此指责改革者如木户孝允、大久保利通和西乡隆盛等人，他们已经尽力向西方学习，只是日本当时的资本主义发展水平和传统不允许他们建立完全如英法美那样纯粹的近代国家制度。在此后的 20 年时间里，日本逐渐建立了近代国家的雏形。

鸦片战争前，中国处于典型的古代社会发展阶段。虽然很多学者证明了在明末江南某些地区出现了稀疏的资本主义萌芽，并以此证明中国即使没有受到外国的侵略，也会自然走上近代国家之路，西方殖民者打断了我们的发展道路。其实，西方殖民者的确打断了我们的发展道路，只是这条道路未必就是走向近代资本主义国家的道路，因为鸦片战争前夕，中国已经基本没有资本主义经济和阶级因素存在了，而清王朝在战争前夕所表现出来的政治腐败、经济凋敝和军备废弛等堕落景象都是中国古代王朝崩溃前夕的一贯特征，但代之的未必就是新的资本主义社会，而且从当时的条件看，应该不会是新型社会，因为当时中国没有新的社会因素存在。

鸦片战争后，中国国门被打开，西方资本主义因素开始进入中国，尤其是在经济领域，西方的商品进入中国市场。不过，在第二次鸦片战争前，西方商品进入中国市场的份额很低，几乎没有对中国产生影响。第二次鸦片战争失败后，清政府和一些有识之士已经意识到中国的落后，政府开始正视西方的经济优势，发起了洋务运动。随后，中国的民族资本主义开始诞生，并在此后二十年中逐渐壮大。但甲午战争的失败宣告了洋务运动的失败。洋务运动本身就是近代中国第一次较大规模的改革，这次改革的使命不是改变中国的社会性质，不是在中国建立资本主义体制，而是开启中国向西方学习的历程。所以，尽管洋务运动没有真正达到改革者自己所设想的“富国强兵”的目的，但历史使命却是完成了。这里，我们必须清楚，历史使命和改革者自己的设想并非一回事，改革的结果如果没有达到改革者的目的，未必就是失败的；而达到了改革者的目的未必是成功的改革。从这一点上看，洋务运动又不是一次真正失败的改革。如果有人指责洋务运动没有达到“富国强兵”的效果，而界定其为失败的改革，则是超越了历史条件，以莫须有的罪名强加给改革者。

甲午战争中中国的失败，进一步加深了中国的半殖民地化的程度，强烈地刺激了中国的有识之士乃至腐败政府的一些统治者，他们积极寻求新的“富国强兵”的方式。他们不仅从洋务运动中汲取教训，即不能简单地学习西方的科学技术；而且从日本的经验中意识到要全面地学习西方的制度，维新变法运动由此展开。但是，由于中国资本主义政治经济发展水平较低，变法失败了。如果说洋务运动不能完全确定为一场失败的改革，但维新变法却没能实现时代的使命——变革中国的社会制度而失败了。

这里，我们判断改革成败的重要标准之一就是是否完成了时代赋予的历史使命。那么，如何确定历史使命的内涵呢？其一，要从改革所处的世界历史整体的发展历程中的具体阶段来确定改革的历史使命。例如，在19世纪末期，西方资本主义国家大多进入帝国主义阶段，它们疯狂地进行殖民扩张，向亚非拉国家倾销商品和资本输出，而此时的亚非拉被殖民国家的历史使命基本都是尽快向近代国家转化，而改革的基本任务都是建立资本主义性质的国家制度——19世纪末20世纪初所发生的亚洲革命风暴、非洲的反抗殖民统治的武装起义等都具有这一性质，只是由于多数国家的条件不成熟而导致改革和革命运动失败者众。其二，对于有些运动，我们不能超越历史发展阶段要求其完成该由后人完成的使命。如，我们在评论太平天国运动的失败原因时，会总结说，这次农民起义由于没有先进阶级领导，没有实行类似资本主义性质的改革措施等。19世纪中期，尽管西方主要国家已经建立了资本主义制度如英美法等国，还有一些国家正在酝酿和发动走向现代国家的改革如德意俄等。但是，它们对亚非拉的侵略尚属初级阶段，如倾销商品、掠夺原材料等，亚非拉国家尤其是中国这样的古国尚未有亡国灭种的威胁，且亚非拉国家多没有资本主义因素的基础，遂没有实行资本主义改革的基本条件，也不承担发动走向现代国家改革的使命。

2.不以改革家自身的成败得失看改革的成败

从世界上重大改革的历史看，改革者的结局基本都是悲凉的，有的改革者甚至集体付出了生命的代价。但改革者的命运与改革的成败几乎没有任何关系，因为不论改革成败与否，改革者的命运几乎都是相同的——他们会为触犯旧势力的利益而付出代价。

古代的改革都是在专制政权下进行的，他们多是在某个有雄心壮志君主的支持下展开的，商鞅变法就是得到了秦孝公的支持而进行的。但是，变法触及了旧势力的利益，旧贵族代表甘龙、杜挚等起来反对变法。至秦孝公死后，商鞅不仅没有了秦惠文公的信任与支持，而且遭到猜忌以及贵族诬害，被迫远走，最后惨至车裂而死（即五马分尸），招致灭族之祸。商鞅变法二十余年后，秦国势力大增，远在六国之上。可以说，作为改革家而言，商鞅个人的命运是悲惨的，而秦国的改革却是成功的。正是在商鞅变法的基础上，秦国才有实力成为七国中最强大的诸侯国，最后灭六国而统一天下。王安石的变法也有相同之处。王安石是在宋神宗的支持下进行变法的，在变法过程中遭到司马光等大臣的激烈反对，同时还遭到一些宵小的陷害，如

1073年北宋部分地区大旱，京都安上门的监门郑侠画了一幅《流民图》，上呈神宗皇帝，图中流民有的身背锁械，有的口食草根，郑侠告诉神宗说旱灾是王安石造成的，借此诬陷王安石。神宗大受刺激，对变法成效乃至王安石本人产生怀疑，王安石在第二年被罢相，随后改革处于飘摇之中。到宋神宗逝世之后，哲宗即位，高太后主政，重用司马光为首的守旧派，王安石变法中颁布的新法便在元祐初期全被废罢。当然，王安石的境遇要比商鞅好得多，他毕竟只是丢掉官职而没有丢掉性命，但他所主持的改革却没有像商鞅变法那样取得应有的成效，王安石的变法是失败的。

故而，改革家的命运与改革的成败没有必然联系，中西方的改革家多数遭到守旧派的攻击而境遇悲惨，但所主持的改革却有的成功，也有的失败了。

二　关于改革家的评价问题

我们经常讲，不以成败论英雄。但是，对历史人物的评价却经常依据成败来判断历史人物的功过是非。其实，评定历史人物，包括改革家的历史地位，都是应该有较为合理的标准和原则的。

第一，看改革家所从事的事业是否为人类做出了贡献

改革家是改革的策划者、领导者，而他们所从事的改革事业是否正义，直接决定了我们对改革家的定性问题。比如，俾斯麦是德国统一和近代德国的奠基人，其功劳自然很大。德国在19世纪中期处于四分五裂、强国林立的不利境况之下，法国作为欧洲大陆的主要资本主义国家此时力图阻止德国的统一，而沙皇俄国则将其视为自己向西扩张的重要障碍而不愿其统一。从德国发展和德国人民的角度看，德国统一是大势所趋，是无可指责的，俾斯麦领导德国人民完成统一本应获得德国人民乃至全世界人民的尊重，就像解放黑人奴隶的林肯总统一样。在统一德国的过程中，俾斯麦展现出高超的战略意识，领导德国人民战胜了一个又一个困难和障碍。在德国统一完成之时，他的历史功绩是近乎完美的。当然，俾斯麦过分依靠容克地主的势力，以至于近代德国沾染了过多的封建残余的色彩，但当时俾斯麦所能依靠的势力并未给他从容选择的机会。人们或许可以说，条件不成熟可以等到成熟，即资产阶级足够强大时再进行改革和统一国家——但当时法

国、俄国等强敌环伺，德国如果不及时完成统一大业，则失去了统一的机会。在这一点上，我们无法指责俾斯麦及其进行的统一事业。俾斯麦的问题不在于他在领导德国统一的问题上，而是他在德国统一后所采取的内外政策。统一后的德国开始走向对内镇压人民改革要求，对外进行疯狂的殖民侵略，与英法等国展开争夺殖民地的角逐。此后，德国不惜直接参与和发动两次世界大战，给全世界的人民带来难以名状的苦难，也给德国人民带来几乎灭族的惨祸。究其原因，与俾斯麦统一德国后所采取的基本国策有关，当时德国不仅应该富国强兵，而且应该针对本国没有经历近代民主思想洗礼的缺陷，展开国民的民主化教育；对资本主义经济因素发展不足的问题，积极开展个体经济的发展，而不是纵容容克经济泛滥；对带有封建主义色彩的容克贵族，应逐步加以改造，使之近代化。德国不仅没有在这几个方面进行有效的改造，反而对内独裁，对外侵略，这些都是死路。所以，俾斯麦作为一个近代德国的改革家、统一国家的功臣，他的历史贡献是显著的，但他同时也将德国带入一个近代国家不该走的道路，即他没有为德国选择一条民主和平的发展之路。其实，俾斯麦作为一个改革家，实际上是过大于功的。当然，俾斯麦之过并不是他一人之过，是整个领导集体以及德国人民共同的责任，但他作为领导者所担负的引导和决策的责任是不可推卸的。

康有为作为近代中国的改革家，虽然没有帮助中国走上近代国家之路，但他也没有对中国和其他国家的人民产生任何伤害，他是一个功劳虽小但也无过之人，他的真正贡献是开启了近代中国改革的大门。伊藤博文作为近代日本的改革家，为日本走上近代国家的行列做出了巨大贡献，但他同时也是日本进行对外侵略的策划者之一，他是一个大功大过的历史人物。

对于人类历史的解放事业而言，每个改革家的所作所为都不是十全十美的，即我们不能要求每一个改革家所从事的事业没有任何瑕疵，但小的失误可以忽略不计，而大的方向性的错误则必须予以指出并进行批判的。

第二，改革家在改革中的地位问题

改革家在改革中的地位是非常重要的，他们不仅是一般意义上改革的领导者、发动者，而且他们的智慧、谋略有时甚至可以对改革本身的发展进程产生巨大的影响，有时可以左右改革的成败。所以，某些改革直接以改革家的名字命名，如商鞅变法、梭伦改革、穆罕默德改革、彼得一世改革等等。

我们要具体地分析改革家在改革中承担怎样的历史责任，对改革起了怎样的作用，则必须解决以下两个基本问题：

首先，我们必须分清改革家作为领导者和发动者与人民群众的关系。

在重大历史变迁之际，改革作为一种重要方式是人民乐于接受的，因为改革不会带来重大的社会动荡，不论成功与否对人民都没有巨大的伤害——既没有获得更多的利益，也不会因此送命，为改革送命的基本都是改革家，而不是人民。如维新变法失败后，就有戊戌六君子的慷慨赴义，但未闻清王朝屠杀平民；商鞅变法中得益的是人民，但付出生命的却是商鞅。

不论改革成功与否，改革，尤其是重大历史性的改革中，改革家作为运动的领导者和发起者起着极为重要的作用，他们所承担的是重要历史人物的作用[①]。而任何重大的历史事件，都是由领导者和参加者两个集体共同完成的，缺一不可。我们首先要强调的是，改革的成功与否，对后世的影响怎样，都与改革家在改革中的表现有直接的关系，他们负有改革领导者的责任。改革家是改革的领导者，直接负责改革政策的策划、行动的组织，这些方面都是非常重要的。政策制定与行动组织的失误都可能直接导致改革的失败，维新变法中改革者的失误就是例证：在改革策划初期，顽固派也有变革的意图，因为他们也深知中国的不利因素，但改革者没有尽力回避顽固派最为敏感的权力问题，最终导致以慈禧为首的顽固派倒向反对改革的一方。

我们认为，改革都是在既定的历史条件下发生的，而既定的历史条件是改革者无法改变的，这些条件才是决定改革成败与否的根本因素。既定的历史条件主要包括两个方面：第一个条件是物质基础，第二个条件是人民群众的状况。物质条件主要指经济发展水平和经济发展模式。任何改革都必须在既定的经济条件下展开，没有必要的经济保障，改革者不论采取怎样的政策和策略，改革都不会成功的。如，我们经常将中日近代改革进行比较，

---

① 本书这里所说的重要历史人物，类似于马克思和恩格斯所说的“英雄人物”。二人曾系统地论述过英雄人物在历史上的作用，本书部分采纳了马克思和恩格斯的观点。但本书将“英雄人物”改为“重要历史人物”，主要因为本书所讲的改革家中，有的是英雄人物，有的则是人类的罪人，并非都是英雄。当然，近代很多历史学家将富有争议性的历史人物也纳入“英雄”范畴，如卡莱尔就将屠杀爱尔兰人的克伦威尔称为“英雄”，并在其《英雄与英雄崇拜》一书中大力宣扬克伦威尔。但本书还是乐于将“英雄”视为对历史作出重大历史贡献的人，并将其与其他历史人物分开论证。

并找到一系列的原因说明中国不成功和日本成功的理由，其实，在众多原因中，日本在明治维新前一百多年间的资本主义经济发展是不争的事实，是日本之所以改革成功的关键因素之一。而中国在维新变法前刚刚产生了屈指可数的民族企业，资产阶级几乎没有形成，其失败是前定的结果。虽然人民一般不是改革的最后牺牲者，但人民与改革之间非但关系密切，更是改革的主力军，而改革家只是领导者。鲁迅先生在《药》一文中描写了辛亥革命之后人民对革命的无知，其实这是近代中国多次变革失败的重要因素。任何改革，不论政策如何英明，人民群众才是真正的创造者——他们的态度决定着改革的成败。即是说，改革者必须清醒地了解国民的心理和需求，他们的政策必须适应人民的需求。没有人民的支持和参与，任何改革和革命都必然失败。法国在 1789 年革命后，农民实际上在 1875 年之前一直没有转变为近代农民，他们在意识上仍是传统意义上的小农——即拥护专制的小农。小农在 1848 年就曾镇压过巴黎工人的起义，并将拿破仑的侄子路易・波拿巴推上了总统的宝座，而后又支持他当了法兰西第二帝国的皇帝。法国资产阶级的革命家和改革家们虽经多次努力，但都没有改变专制政权轮番更迭的命运，直至法兰西第三共和国时期，对农民及其子女进行共和教育之后才稳定了共和制。我们习惯于将那些改革成功并对后世产生重大影响的改革家奉为神明，如梭伦；而对于那些并未成功的改革者，如康有为和谭嗣同等人虽研究者多，颂扬程度则不如那些成功者。所以，我们必须改变以成败论英雄的思维模式，对那些执著追求人类解放事业的改革家，对那些在追求人类解放过程中付出辛劳和生命的改革家予以较高的评价，而不是看他们的改革是否成功。因为成功与否，关键不在于改革家本身，更在于人民群众的觉悟。

其次，改革家个人的才学、胆略以及性格和人格魅力如何具体引导改革。改革需要有远见卓识者、实践者、具有人格魅力者等一系列才华的人物，尤其需要将多种能力融为一体的人物。才智平庸和没有人格魅力的改革家是很难成就改革事业的。当然，要求一个改革家具有非凡的战略眼光，又有卓越的组织和领导能力，同时具备坚忍不拔的意志品质，还要具备非凡的人格魅力，这是一种理想。但是，作为改革家，必然会具备上述条件中的一种或多种，才能使他凝聚一些人，以共同完成改革事业。

改革家的素质要求之一：对于改革家而言，首先要具有敏锐的洞察力和非凡的战略眼光，即对时代所提出的历史使命能够准确地把握。

邓小平作为伟大的改革家，就具备这种品质；而与其同期的苏联的改革家戈尔巴乔夫就没有这种素质，所以两个国家的改革出现了较大差距。在20世纪70年代末的中国和七八十年代的苏联都在经济发展和政治生活中出现了较大问题，两国的领导人和一些有识之士都已经明确地意识到需要对国家的整个体制进行较大幅度的改革。但是，以邓小平为首的中国领导人首先选择在经济领域进行改革，而且在经济领域中与人们生活保障关系最为密切的农业尤其是粮食生产的具体行业进行改革。此举在短期内即取得了显著成效，在家庭联产承包责任制实行的当年，就基本解决了困扰中国人民多年的粮食安全问题，使全国人民坚定地支持改革，减少了改革的阻力。随后，中国开始在国有企业领域进行制度改革，在取得一定成绩后又逐渐建立了社会主义市场经济体制。在经济改革取得巨大成绩后，中国开始在政治领域实现较大程度的改革，使政府的工作更有效和廉洁。改革开放30多年来，中国的改革事业取得了巨大成就，现在已经位居世界经济总产值第二位，成为世界上经济发展最快、经济安全指数最高、发展潜力最大的地区。

一些没有远见卓识的改革家则对改革事业是致命的伤害，如苏联自赫鲁晓夫以来的改革，尤其是戈尔巴乔夫的改革，由于领导人缺乏远见卓识，在改革中犯了三个重大错误：一是没有遵循循序渐进原则；二是改革领域先后的选择方面出现重大偏差；三是在改革方向上犯了原则性错误。戈尔巴乔夫的改革严重颠覆了苏联70年来社会主义建设的一切成绩，声称以所谓的新思维和民主社会主义为口号，在政治经济的所有领域几乎同时出击，全面而大刀阔斧地进行近乎颠覆性的变革，致使社会出现严重混乱，叶利钦等人发起的民族主义迅速崛起，最后导致苏联解体。对于戈尔巴乔夫改革对俄罗斯的影响，俄罗斯总统普京在2005年的国情咨文中承认，苏联解体是20世纪最大的地缘政治灾难之一，而且对于绝大多数俄罗斯人民来说是一场真正的灾难性悲剧。普京还指出，戈尔巴乔夫所强调的所谓民主政治，其实只是极少数寡头的民主，根本不是人民民主。俄罗斯政界和学术界在21世纪开始反思苏联解体的历史原因时非常明确地指出，自赫鲁晓夫以来的苏联领导人缺乏战略远见，缺乏对历史发展的基本认识，尤其是对西方所谓的民主没有起码的认识，以至于“民主、自由”等口号泛滥，直接导致了改革的失败，并造成了严重的后果。同为社会主义国家的中苏两国，在面临国家需要进行战略改革的关键时刻，由于领导人对时局的把握程度不同、对历史发展方向的理解不同、对西方国家近代制度的认识程度不同，两个国家选择了不同的改革方向，改革的结局出现了鲜明的对比。

改革家的素质要求之二：作为改革家，同时还要具备出色的领导能力和严密的逻辑思维，这是改革领导层面对改革政策顺利推行的组织保障。

王安石作为改革家，是不乏远见卓识的，但却缺少出色的领导能力。王安石作为改革的策划者和除去皇帝以外的最高改革领导人，他在任用重要改革岗位时任人唯亲，比如他任用吕惠卿担当改革大任，但此人师心自用，引起朝中诸多大臣不满，成为群臣攻击新政的重要口实。而且，作为改革的重要领导人，他理应团结更多的人以减少阻力，但他却处处针锋相对，将很多同情改革的人都推向反对派，如苏轼。而对于反对改革的司马光等人，王安石则毫不留情，处处与之相互责难。宋神宗本是锐意改革的皇帝，但由于王安石不善于处理与皇帝的关系，经常顶撞甚至指斥皇帝，失去在当时极为重要的“人臣之礼”，犯了皇家大忌，从而失去皇帝的宠信，进而影响到改革事业的顺利进行。在古代社会，任何重大的改革如果没有君主的支持，必然是水中捞月，所以改革者必须首先取得君主的信任，然后才能推行改革措施，进而实现改革的目的，但王安石却反其道而行之，可以说是不明智的，缺乏作为领导者的必要能力。所以说，王安石是一个出色的改革策划者，但他不适宜担当改革领导者的责任。

但是，如果改革的领导者具有非凡的领导才能，则能为改革争取最多的拥护者，最大限度地减少改革的阻力。改革，尤其是重大的改革，必定会伤及很多既得利益者的利益，也注定会遭到他们的反对。但优秀的改革领导者却可以给这些人以出路，让他们走上改革的轨道。如日本明治维新政府的领导者，他们在改革之初即给予原来贵族的上层大名以较高的地位，将他们集中到京都，并给予他们较好的经济条件。同时，对幕府时期的旧贵族，只要参加新政权的改革，不论从事怎样的行业，政府都给予非常高的待遇，尤其在经济领域鼓励其创业，其中一些人从政府获得了很多补贴。由于改革的领导者没有制定彻底消灭或取消旧贵族一切利益的政策，致使几乎所有旧式贵族都参加到新政权的建设之中。木户孝允、大久保利通和西乡隆盛等改革的领导者，在处理与旧势力关系方面的稳妥做法，在消除旧势力的反抗方面为改革铺平了道路。

改革家的素质要求之三：作为改革家，还要具备非凡的人格魅力，这样会凝聚更多的支持者，从而为改革积累必要的人才和建立公众的信仰。

邓小平作为改革家的个人魅力是得到世界公认的。新中国成立后，邓小平作为国家领导人经历了政治生涯的大起大落，几番浮沉。但他没有任何怨言，更没有对个人和国家的前途失去信心。他在“文革”期间，仍能每天谈笑风生，坚持考虑国家前途，对自己受改造的境遇几乎不在意。在周总理病重期间，他主持国务院工作，不顾再次被打倒的危险，坚持正确的道路。在文革结束后，邓小平作为领导人开始领导中国人民进行伟大的改革事业，但他没有对“文革”中批斗他的人进行任何形式的报复，也没有对“文革”中犯有一般错误的人进行组织处理，只是将“四人帮”等进行了审判，而一般的参加文革批斗的人员，只要没有刑事案件，基本都没有处理，只是进行了全面的全民性的思想教育——这种做法完全打消了文革参加者的顾虑，使他们不仅没有成为改革的阻力，其中一些人反而成为改革坚定的支持者，甚至参加到改革大潮中。同时，邓小平个人的经历本身就近乎一个神话——一个经历革命战争二十余年，大小战斗数不胜数，多少次从枪林弹雨中奇迹般地走出来；一个国家最高领导集体成员，却三起三落。人生能够经历的风雨几乎都经历过的他，具有非凡的个人品格。他在改革开放后首次访问美国时，美国人民见到了一个真正的大国领导人的风采，邓小平热席卷美国。可以说，中国改革开放的成功，不仅是中国人民奋斗的结果，也是邓小平等领导人凝聚人心行为的结果。

第三，改革家作为一个个体的人的评价

对于任何历史人物，包括改革家，我们都要将其作为一个个体的人来看待，不仅要将他们作为改革家来看待，还要看他们作为具体的人的品行。对于个体的人，我们将如何建立评价个体人的评价体系，既是伦理学的课题，也是历史学的重要课题。

首先，要看改革家是否具有正确的人生理想和信仰。人生的理想和信仰是评价一个人是否具有优良品行的重要标志，尤其对于改革家和革命家，以及文化行业的工作者信仰是他们事业的支柱。没有信仰的改革家不是改革家，而是改革的投机者。这些人在改革顺利的时候是改革者，改革处于逆境之时则会投入敌对阵营，反过来镇压改革。中国的维新变法中，就出现了很多这样没有信仰的人，他们在维新变法轰轰烈烈进行之时，就靠近维新派，如袁世凯等。当帝党处于上风之时，他们则出卖维新派，甚至成为帝党的中坚力量。这些人的转变是正常的，因为他们不仅人品低下，而且没有信仰，他们心中所有的只是利益，他们出卖的不是维新派，而是自己的灵魂——当然，他们或许就没有灵魂。

凡是出现过反复的革命或改革，都会涌现出类似袁世凯一样的人物。法国大革命爆发后，由于国内外反对势力非常猖獗，致使革命形势危急，巴黎物价飞涨，群众民不聊生，要渡过革命的难关，就必须依靠下层人民的力量。但革命开始两年后，人民作为革命的参加者却没有得到任何利益，因而开始对革命漠视。要保障革命成果，就需要人民积极参与；而要人民积极参与，就必须分人民一杯革命成果的羹。斐扬派和吉伦特派不愿意改变私有财产神圣不可侵犯的原则，革命危机日益加深，其政权也因为同一原因先后倒台。雅各宾派上台后对吉伦特派进行了残酷的屠杀，但大多数吉伦特党人坦然面对死亡——他们是有信仰的资产阶级革命者，不是投机者。这些人的精神是值得肯定的，都是为理想而奋斗的人。

其次，要看改革家是否具有良好的品行。这里所说的品行，不包括改革者个人的不良嗜好，而是指他们身上所拥有的对他人、对改革以及后世有所影响的个人品德。如对待生命的态度，就是其中重要的品行标准。商鞅就是严刑峻法的维护者，他为树立改革的威信，太子犯法后，严厉地惩罚了太傅公子虔与太子的老师公孙贾，并对太傅公子虔施以割鼻之刑，其执法之严可见一斑。也正因为商鞅所制定法律的严苛特征，致使秦代法律一直非常严苛，不论贫贱富贵，都对秦法望而生畏，而秦朝最后的灭亡也正因为法律的严苛逼得陈胜吴广走投无路而揭竿起义。我们认为，建立法律制度，并以之安邦定国是无可非议的，但商鞅为达到改革的目的，将法律制定得如此严酷，则是其重大过失。

以上所论及的都是评述改革家历史功过的重要标准，至于分析和评价的方法，马克思曾在《路易·波拿巴的雾月十八日》中已对拿破仑一世和路易·波拿巴作出了鲜明评价，为我们提供了很好的方法。马克思非常反对单纯的一分为二的分析方法，他认为这是没有原则的，是失去重点论的两点论，是庸俗辩证法。马克思认为，拿破仑一世是浑身都是缺点的革命家、英雄，他虽然采取了军事独裁政体，甚至与封建皇家联姻，但他顺应历史要求，保卫了法国革命成果，使法国沿着资本主义道路行进；路易·波拿巴是有着很多优点的小丑，他的统治虽然比其叔父民主得多，但他没有顺应历史潮流，而是建立了法兰西第二帝国。

综上所述，我们看待改革和改革家的态度，主要是从历史使命的角度出发的，凡顺应历史潮流，完成或努力完成历史使命的改革家，都是我们要颂扬的，反之则要予以抨击批判。

参考资料

一　中国古代部分

1.(西汉)司马迁:《史记》,中华书局 1982 年版。

2.(北齐)魏收:《魏书》,中华书局 1974 年版。

3.(元)脱脱等:《宋史》,中华书局 1977 年版。

4.(明)版宋濂:《元史》,中华书局 1974 年版。

5.(清)张廷玉:《明史》,中华书局 1974 年版。

6.柯昌颐:《王安石评传》,商务印书馆 1947 年版。

7.漆侠:《王安石变法》,上海人民出版社 1959 年版。

8.(宋)王安石:《临川先生文集》,中华书局 1959 年版。

9.高亨注译:《商君书注译》,中华书局 1974 年版。

10.邓广铭:《中国十一世纪的改革家——王安石》,人民出版社 1978 年版。

11.吴慧:《中国古代六大经济改革家》,上海人民出版社 1984 年版。

12.张白山:《王安石》,上海古籍出版社 1986 年版。

13.顾奎相、陈涴:《中国古代改革家》,辽宁人民出版社 1986 年版。

14.吴廷桢、郭厚安:《中国历史上的改革家》,甘肃教育出版社 1986 年版。

15.莫永明:《中华民族之改革明星》,四川人民出版社 1986 年版。

16.《中国史研究》编辑部编:《中国古代改革家》,中国社会科学出版社 1987 年版。

17. 艾生武、修朋月:《改革史鉴》,沈阳出版社 1988 年版。

18. 刘泽华、李瑞兰:《竞争·改革·进步——战国历史反思》,求实出版社 1988 年版。

19. 张晋藩、王志刚:《变法论——中国古代改革与法制》,法律出版社 1989 年版。

20. 黄中业:《战国变法运动》,吉林大学出版社 1990 年版。

21. 郑君华、葛实如:《中国改革史》,华夏出版社 1991 年版。

22. 顾奎相、陈涴:《中国古代改革史论》,辽宁大学出版社 1992 年版。

23. 王晋光:《王安石论稿》,台北大安出版社 1993 年版。

24. 梁启超:《王安石传》,海南出版社 1993 年版。

25. 林永光等主编:《中国古代改革家评传》,山东大学出版社 1994 年版。

26. 贡绍海、丛曙光、杜朝伟:《中国改革史论》,内蒙古文化出版社 1994 年版。

27. 邓广铭:《北宋政治改革家——王安石》,人民出版社 1997 年版。

28. 漆侠:《中国改革史》,河北教育出版社 1997 年版。

29. 卞孝萱、胡阿祥:《改革通鉴》,湖北人民出版社 2000 年版。

30. 卞孝萱、胡阿祥:《中国改革史鉴丛书》,南京大学出版社 2000 年版。

31. 漆侠:《中国改革通史》(十卷本),河北教育出版社 2000 年版。

二　世界古代和中世纪部分

1.(古罗马)阿庇安著,谢德风译:《罗马史》,商务印书馆 1976 年版。

2.(古希腊)希罗多德著,王以铸译:《历史》,商务印书馆 1978 年版。

3.(古罗马)凯撒著,任炳湘译:《高卢战记》,商务印书馆 1979 年版。

4. Edward James, *The Origins of France: Clovis to the Capetians*, 500—1000, London: Macmillan, 1982.

5. *The Cambridge Ancient History* (2nd edition), Cambridge University Press 1982.

6.(法)古朗日著,李玄伯译:《希腊罗马古代社会研究》,上海文艺出版社 1986 年版。

7.(古罗马)凯撒著,任炳湘、王士俊译:《内战记》,商务印书馆 1986 年版。

8.(古希腊)普鲁塔克著,黄宏煦、陆永庭等译:《希腊罗马名人传》,商务印书馆 1990 年版。

9.(古罗马)李维著,穆启乐、傅永东、张强、王丽英译:《建城以来史》,吉林文史出版社 1992 年版。

10.苗力田主编:《亚里斯多德全集》,中国人民大学出版社 1993 年版。

11.(古罗马)撒路斯特乌斯著,王以铸、崔妙因译:《喀提林阴谋:朱古达战争》,商务印书馆 1995 年版。

12.(法兰克)格雷戈里:《法兰克人史》,商务印书馆 1981 年版。

13.(法兰克)艾因哈德:《查理大帝传》,商务印书馆 1979 年版。

14. Roger Collins, *Charlemagne*, Toronto: University of Toronto Press,1998.

15.(古希腊)柏拉图著,王晓朝译:《柏拉图全集》,人民出版社 2002 年版。

三　中国近现代部分

1.李时岳、胡滨:《从闭关到开放》,人民出版社 1988 年版。

2.陈旭麓:《近代中国社会的新陈代谢》,上海人民出版社 1992 年版。

3.侯宜杰:《二十世纪中国政治改革风潮——清末立宪运动史》,人民出版社 1993 年版。

4.蔡乐苏、张勇、王宪明:《戊戌变法史述论稿》,清华大学出版社 2001 年版。

5.茅海建:《戊戌变法史事考》,生活·读书·新知三联书店 2005 年版。

6.马勇:《中国近代通史》第四卷“从戊戌维新到义和团(1895—1900)”,江苏人民出版社 2006 年版。

7.虞和平、谢放:《中国近代通史》第三卷“早期现代化的尝试(1865—1895)”,江苏人民出版社 2007 年版。

8.张海鹏、李细珠:《中国近代通史》第五卷“新政、立宪与辛亥革命(1901—1912)”,江苏人民出版社 2007 年版。

9.中共中央文献研究室编:《邓小平年谱(1975—1997)》,中央文献出版社 2007 年版。

10.黄彰健:《戊戌变法史研究》,上海书店出版社 2007 年版。

11. 中共中央党史研究室第三研究部:《中国改革开放30年》,辽宁人民出版社2008年版。

12. 庞松、黄一兵:《30年:转型与变迁》,广东教育出版社2008年版。

13. 顾亚奇、常仕本、章晓宇:《伟大的历程:中国改革开放30年》,中信出版社2008年版。

14. 郑有贵:《一号文件与中国农村改革》,安徽人民出版社2008年版。

四 世界近现代部分

1.(日)安冈昭男:《日本近代史》,中国社会科学出版社1996年版。

2. 刘祖熙:《改革和革命——俄国现代化研究》,北京大学出版社2001年版。

3. 何顺果:《美国史通论》,学林出版社2001年版。

4. 曹维安:《俄国史新论——影响俄国历史发展的基本问题》,中国社会科学出版社2002年版。

5. 雷钰、苏瑞林:《中东国家通史·埃及卷》,商务印书馆2003年版。

6. 张建华:《俄国史》,人民出版社2004年版。

7.(日)依田憙家著,卞立强等译:《简明日本通史》,上海远东出版社2004年版。

8.(日)依田憙家著,卞立强等译:《日本帝国主义研究》,上海远东出版社,2004年版。

9.(日)依田憙家著,卞立强等译:《近代日本与中国·日本的近代化——与中国的比较》,上海远东出版社2004年版。

10.(日)依田憙家著,卞立强等译:《日中两国近代化比较研究》,上海远东出版社2004年版。

11.(日)依田憙家著,卞立强等译:《近代日本的历史问题》,上海远东出版社2004年版。

12.(意)安东尼拉·萨洛莫尼:《列宁与俄国革命》,生活·读书·求知三联书店2006年版。

13. 赵士国:《历史的选择与选择的历史——近代晚期俄国革命与改革研究》,人民出版社2006年版。

14. 何顺果:《美国历史十五讲》,北京大学出版社2007年版。

15. 王仲涛、汤重南:《日本史》,人民出版社 2008 年版。

16. 罗荣渠:《美国历史通论》,商务印书馆 2009 年版。

17. 张建华:《激荡百年的俄罗斯——20 世纪俄国史读本》,人民出版社 2010 年版。

五、相关网站

中国改革网:http://www.chinareform.net/

中国改革论坛:http://www.chinareform.org.cn/explore/

中学历史教学园地:http://www.zxls.com/

历史风云网:http://www.lsfyw.com/

国学网:http://www.guoxue.com/

后 记

纵观人类历史,改革无处不在,社会就是在改革中逐渐进步的。一场改革成功与否,要看它是否达到了既定的目的;一场改革进步与否,要看它是否顺应了历史发展的潮流。对于中国而言,肇始于1978年的改革开放,至今已经走过30多年的历程。古人云:"以史为鉴,可以知兴衰"。系统地、深入地研究古今中外的改革,对现实的改革亦有极好的借鉴作用。

根据丛书的总体设计,本书的每一章都分"基本情况概述"、"视野拓展及重点问题分析"和"深入探究指引"三个层次进行介绍,分别适用于不同学习需求的人。对于具体内容的选取,一个来源是中学历史教材涉及的改革,另一个来源是对当时社会极具影响力的改革。另外,改革需要理论的指导,为了提高认知层次,我们还从理论层面对改革及相关问题作了一些探讨。全书尽量做到可读性与学术性统一,为此,我们参考、吸收了不少学者的研究成果,在此,向相关的专家学者表示衷心的感谢。

作为"高等师范院校历史学基础教育教学与研究丛书"中的一种,本书是诸位同仁共同协作的产物,具体分工如下(按所撰章节顺序排序)。梁丽红:导言,第一章,第二章第一节。章衍:第二章第二节、第三节。黄珍德:第三章第一节,第四章第一节。黎英亮:第三章第二节、第三节,第四章第二节。何和义:第四章第三节。张庆海:第五章。本书由魏恤民担任主编,梁丽红担任副主编。另外,本书的撰写工作得到丛书总主编陈文海教授的悉心指导。全书由魏恤民、梁丽红和陈文海负责统稿和定稿。

由于本书是众手成书,不同的作者写作风格有别,虽已尽力完善,但难免还有不少缺点和错误,恳请各位读者批评指正。

编著者

2012年10月18日